教育部职业教育与成人教育司推荐教材
国家旅游局人事劳动教育司推荐教材
高等职业教育饭店服务与管理专业教学用书

FANDIAN QIANTING GUANLI

饭店前厅管理

（第3版）

吴军卫　主　编
张建业　方雅贤　副主编

北京·旅游教育出版社

审定专家

王昆欣

王忠林

出版说明

为配合职业教育体制改革,受国家旅游局人事劳动教育司委托,我社组织业内专家,根据高等职业教育要求和旅游行业的特点,精心编写出版了这套旅游高等职业教育系列教材。这套系列教材自2000年7月出版以来,以其准确的定位和科学的编排受到广大师生的普遍好评,成为业内影响最广、备受欢迎的专业化教材。

此次再版,在充分听取广大读者意见的基础上,根据国家最新的职业教育改革精神,征求了教育部旅游职业教育教学指导委员会有关专家委员的意见,并在杜江等业内专家主持下,确定了修订原则和修订方案,目的是在保持原教材特色的基础上,进一步完善该系列教材,使其更加贴近教学实际。

新版高职教材在保持原教材优势的基础上,以方便教师教学和学生学习为宗旨,增设了引言、学习目标、案例分享、特别提示、拓展知识等模块,目的是在教师和学生之间搭建一个互动的平台,使教师能够更好地和学生沟通。文中示例、公式一律突出显示,目的是让读者花最少的时间掌握最有用的信息。与原版教材相比,本版教材主要具有以下显著特征:

精简优化了内容。在初版中,有些教材花大量篇幅介绍某些工种的岗位职责及主要任务,既占课时,又不便于教师教学。再版时,将这部分内容置于附录中,既便于教师灵活运用,又有利于学生分清主次。同时,针对旅游学科实践性强的特点,修订后的教材特别注意增补了一些案例,目的是强化案例教学的作用。在案例的处理上,有些案例有评析,可以帮助学生进一步掌握每章重点;有些案例没有评析,既给教师布置作业留下了余地,也可供学生自学使用。

更新增补了资料。根据旅游业最新发展情况,此次修订增补了最新行业法规,补充了我国加入世贸组织后的相关内容,更新了旧的材料和数据,使本版教材能充分反映行业的最新发展和业内最新的研究成果。

权威专家严格把关。本版教材的作者均为业内专家,有着丰富的教学经验及旅游企业的管理经验,能将教材中的"学"与"用"这两个方面很好地统一起来。在此基础上,经杜江等业内权威专家把关和专业编辑审读加工,确保了本版教材的权威性和专业性。

贴近教学的全新编排。增引言,帮助读者更好地理解各章内容;拟学习目标,帮助学生与教师更好地沟通;补特别提示、拓展知识、案例分享、思考与练习,让学生尽快消化所学知识;改目录风格,人性化的设计,面面俱到,全书内容一览无余。

作为全国唯一的旅游教育专业出版社,有着丰富的旅游教育专业教材的编辑出版经验和庞大的专业作者队伍,我们将不负众望,力求把最专业权威的教材奉献给广大读者,为发展我国旅游教育事业做出更大贡献。

旅游教育出版社

第3版前言

"饭店前厅管理"是旅游高等职业院校饭店管理专业和旅游管理专业的一门专业主干课程。本教材自2003年9月出版以来，受到了广泛的好评和关注，许多师生也针对教材提出了很好的建议，这成为我们此次修订的基础。本次修订在浙江旅游职业学院吴军卫老师授权下，由大连外国语学院经济与管理学院方雅贤老师完成。本教材不仅可供旅游高等职业学院的学生使用，还可以供饭店在岗人员自学、培训及参加自学考试参考。

本次修订的指导思想是：
(1) 满足学生就业的需要；
(2) 满足主要工作岗位的最新需要；
(3) 满足提升学生综合能力的需要；
(4) 满足学生考国家职业资格前厅中级工的需要；
(5) 理论够用，强调实践，条理清楚，便于记忆。
(6) 立体化建设的思想，为方便教师授课，此次修订时增加了教学PPT(有需要者可与出版社发行部门联系)。

通过学习《饭店前厅管理》，希望学生能掌握前厅部的基础知识，了解前厅布局设备，进入三星级以上饭店后能在1~4周内基本胜任前厅部主要工种的工作，为今后能逐步胜任前厅部各级管理工作打下良好的基础，在人际关系、服务意识、英语水平等方面在同批员工中领先。

由于作者视野有限，修订版教材可能依然会有一些不足之处，恳请各位读者不吝赐教。

编者

目 录

第1章 前厅概述 (1)
  课前导读 (1)
  学习目标 (1)
  第一节 前厅部的地位与发展趋势 (1)
    一、前厅部的定义 (1)
    二、前厅部的地位 (1)
    三、前厅部的发展趋势 (2)
  第二节 前厅部的主要任务 (4)
    一、销售散客房及饭店其他产品 (4)
    二、接待宾客并完成登记手续 (4)
    三、传递信息及了解宾客需求 (4)
    四、保存宾客信息及建立客史档案 (4)
    五、为宾客提供各项前厅日常服务 (4)
    六、协调各部门对客服务过程 (4)
  第三节 前厅部的组织机构及岗位职责 (5)
    一、前厅部组织机构的设置原则 (5)
    二、前厅部的组织机构 (5)
    三、前厅部主要岗位的职责 (8)
    四、前厅部各工种(班组)的主要任务 (8)
  第四节 前厅布局和环境 (8)
    一、前厅布局 (8)
    二、前厅的环境及主要设备 (12)
  第五节 前厅部服务特点及对客服务流程 (17)
    一、前厅部服务的特点 (17)
    二、前厅部对客服务全过程 (18)
  第六节 前厅部员工的素质要求 (20)
    一、道德品质要求 (21)
    二、劳动纪律要求 (21)

三、文化素质要求 ………………………………………………… (21)
　　　四、业务素质要求 ………………………………………………… (21)
　本章小结 ……………………………………………………………… (22)
　思考与练习 …………………………………………………………… (22)

第2章　客房预订管理 ……………………………………………… (23)
　课前导读 ……………………………………………………………… (23)
　学习目标 ……………………………………………………………… (23)
　第一节　客房预订的基础知识 ……………………………………… (23)
　　　一、房价的基本类型 ……………………………………………… (23)
　　　二、折扣策略的实施 ……………………………………………… (25)
　　　三、客房预订的渠道及方式 ……………………………………… (27)
　　　四、客房预订的操作形式及分类方法 …………………………… (32)
　第二节　客房预订的类别与程序 …………………………………… (36)
　　　一、客房预订的类别 ……………………………………………… (36)
　　　二、客房预订的程序 ……………………………………………… (39)
　第三节　客房预订的控制 …………………………………………… (49)
　　　一、客房预订信息预报 …………………………………………… (49)
　　　二、超额订房 ……………………………………………………… (51)
　　　三、客房预订政策 ………………………………………………… (52)
　　　四、订房契约及纠纷处理 ………………………………………… (53)
　　　五、案例分析 ……………………………………………………… (54)
　本章小结 ……………………………………………………………… (57)
　思考与练习 …………………………………………………………… (57)

第3章　前厅接待业务管理 ………………………………………… (58)
　课前导读 ……………………………………………………………… (58)
　学习目标 ……………………………………………………………… (58)
　第一节　接待概述 …………………………………………………… (58)
　　　一、办理入住登记手续的目的 …………………………………… (59)
　　　二、办理入住登记手续所需的表格 ……………………………… (60)
　第二节　房态显示与控制 …………………………………………… (64)
　　　一、房态的种类 …………………………………………………… (64)
　　　二、房态显示的方法 ……………………………………………… (65)
　　　三、正确进行房态控制的目的 …………………………………… (66)
　　　四、房态的转换 …………………………………………………… (66)
　　　五、房态的核对 …………………………………………………… (66)

第三节　入住接待规程 …………………………………………………… (68)
　　一、入住登记准备工作 ………………………………………………… (68)
　　二、入住登记的基本步骤 ……………………………………………… (70)
　　三、散客(VIP除外)入住登记程序 …………………………………… (72)
　　四、团体客人入住登记程序 …………………………………………… (75)
　　五、贵宾(VIP)接待程序 ……………………………………………… (76)
　　六、特色楼层入住接待程序 …………………………………………… (78)
　　七、住宿条件变化的处理 ……………………………………………… (80)
第四节　分房与散客柜台客房销售 ……………………………………… (86)
　　一、分房技巧 …………………………………………………………… (86)
　　二、散客柜台客房销售对员工的要求 ………………………………… (87)
　　三、散客柜台客房销售程序 …………………………………………… (88)
　　四、散客柜台客房销售技巧 …………………………………………… (90)
本章小结 …………………………………………………………………… (93)
思考与练习 ………………………………………………………………… (93)

第4章　前厅其他服务 ………………………………………………… (94)
课前导读 …………………………………………………………………… (94)
学习目标 …………………………………………………………………… (94)
第一节　礼宾服务和行李服务 …………………………………………… (94)
　　一、金钥匙服务 ………………………………………………………… (94)
　　二、宾客迎送服务 ……………………………………………………… (100)
　　三、行李服务 …………………………………………………………… (102)
第二节　问讯服务 ………………………………………………………… (110)
　　一、问讯处的业务范围 ………………………………………………… (110)
　　二、问讯员的职业要求 ………………………………………………… (110)
　　三、问讯处信息资料准备 ……………………………………………… (110)
　　四、查询服务 …………………………………………………………… (111)
　　五、留言服务 …………………………………………………………… (113)
　　六、邮件服务 …………………………………………………………… (116)
第三节　电话总机服务 …………………………………………………… (119)
　　一、电话总机的业务范围 ……………………………………………… (119)
　　二、电话总机的服务程序 ……………………………………………… (120)
第四节　商务中心服务 …………………………………………………… (123)
　　一、商务中心的业务范围 ……………………………………………… (123)
　　二、商务中心的服务程序 ……………………………………………… (124)

本章小结 ·································· (128)
　　思考与练习 ································ (128)

第5章　前厅收银管理 ·························· (129)

　　课前导读 ·································· (129)
　　学习目标 ·································· (129)
　　第一节　前厅收银管理要求与控制流程 ············ (129)
　　　　一、前厅客账管理要求 ······················ (130)
　　　　二、前厅客账控制流程 ······················ (131)
　　第二节　夜审 ································ (138)
　　　　一、夜审工作对象 ·························· (138)
　　　　二、夜审工作步骤和内容 ···················· (138)
　　第三节　离店结账服务 ························ (140)
　　　　一、各部门的准备工作 ······················ (140)
　　　　二、客人结账时前厅的主要工作 ·············· (140)
　　　　三、散客结账服务程序 ······················ (140)
　　　　四、即时消费收费 ·························· (141)
　　　　五、团体客人结账服务程序 ·················· (142)
　　　　六、结账付款方式 ·························· (142)
　　　　七、快速结账服务 ·························· (144)
　　　　八、外币兑换服务 ·························· (145)
　　第四节　贵重物品的寄存与保管 ·················· (147)
　　　　一、贵重物品寄存程序 ······················ (147)
　　　　二、中途开箱程序 ·························· (148)
　　　　三、客人退还保险箱的处理 ·················· (148)
　　　　四、贵重物品保险箱使用注意事项 ············ (149)
　　本章小结 ···································· (149)
　　思考与练习 ·································· (149)

第6章　信息沟通与宾客投诉处理 ················ (150)

　　课前导读 ···································· (150)
　　学习目标 ···································· (150)
　　第一节　前厅部际沟通 ·························· (150)
　　　　一、前厅部际沟通的原理 ···················· (150)
　　　　二、前厅部际沟通的基本方法 ················ (151)
　　　　三、前厅部际沟通协调实务 ·················· (153)
　　第二节　宾客投诉处理 ·························· (156)

一、投诉的定义 …………………………………………………… (156)
　　二、投诉的种类 …………………………………………………… (156)
　　三、投诉的原因 …………………………………………………… (157)
　　四、宾客投诉心理 ………………………………………………… (158)
　　五、正确认识宾客投诉 …………………………………………… (160)
　　六、投诉处理的基本程序 ………………………………………… (161)
　　七、投诉处理结束后饭店所应采取的措施 ……………………… (162)
　　八、投诉的预测与防范 …………………………………………… (162)
　　九、常见宾客投诉处理案例 ……………………………………… (163)
　本章小结 ………………………………………………………………… (175)
　思考与练习 ……………………………………………………………… (175)

第7章　前厅文档管理和经营数据分析 …………………………… (177)
　课前导读 ………………………………………………………………… (177)
　学习目标 ………………………………………………………………… (177)
　第一节　前厅部文档管理 ……………………………………………… (177)
　　一、前厅表格文档的种类与设计原则 …………………………… (177)
　　二、前厅文档管理的原则与步骤 ………………………………… (179)
　第二节　前厅部客史档案管理 ………………………………………… (180)
　　一、客史档案的内容及用途 ……………………………………… (181)
　　二、客史档案的资料来源 ………………………………………… (182)
　　三、建立客史档案的方式及原则 ………………………………… (183)
　第三节　前厅部经营统计数据分析 …………………………………… (184)
　　一、客房销售预测 ………………………………………………… (184)
　　二、客房销售统计指标分析与评估 ……………………………… (187)
　　三、客房经营情况分析 …………………………………………… (188)
　　四、客房产品盈亏临界分析及最大利润分析 …………………… (192)
　本章小结 ………………………………………………………………… (195)
　思考与练习 ……………………………………………………………… (195)

附录一　前厅部的岗位职责 ……………………………………………… (197)
附录二　前厅部各工种(班组)的主要任务 …………………………… (204)
附录三　前厅服务员国家职业标准 ……………………………………… (206)
附录四　中国旅游饭店行业规范 ………………………………………… (220)

参考书目 ………………………………………………………………………… (224)

第 1 章

前厅概述

课前导读

本章是《饭店前厅管理》课程的基础章,主要是介绍前厅部的基础知识,如前厅部的相关定义、任务、地位、作用,前厅部组织机构的基本形态,前厅部的服务流程等。难点是前厅部的相关定义及服务流程。学生通过本章的学习,可在进入饭店后 1～4 周内基本胜任前厅部主要工种的工作,并为今后逐步胜任前厅部各级管理工作打下良好的基础。

学习目标

通过学习本章,要实现以下目标:
- 掌握前厅部、前厅、总服务台的定义
- 了解各种规模、星级的饭店前厅部的组织机构
- 熟知前厅部的服务流程

第一节 前厅部的地位与发展趋势

一、前厅部的定义

前厅,又称大厅、大堂,是指进入饭店大门后到饭店客房、走廊、餐厅等营业区之前的供宾客自由活动的大块公共区域。前厅部(Front Office)是指设在饭店前厅,销售饭店服务,组织接待工作,调度业务,为宾客提供订房、登记、分房、行李、电话、留言、邮件、委托代办、商务、退房等各项服务,以及为饭店各部门提供信息的综合性服务部门。前厅部也可称为大堂部或客务部。

二、前厅部的地位

在饭店各业务部门中,前厅部具有非常重要的地位和作用,具体表现在以下几个方面。

（一）前厅部是饭店的门面，代表了饭店的整体形象

前厅是饭店公关形象设计的一个重要环节。饭店大厅的布置、装饰、色彩体现着饭店的星级，传达着饭店追求的文化氛围，能加深住店宾客及社会公众对饭店的印象，使他们对饭店有一个较为固定的定位，即对饭店的档次和排名作出评价。前厅服务人员的穿着打扮、言谈举止能给住店宾客和社会公众留下非常深刻的、或好或坏的第一印象。而且，前厅部的服务贯穿于饭店对客服务的全过程，在一定程度上决定着宾客的满意程度。也就是说，前厅部是饭店的脸面，这张脸诱人与否在很大程度上决定了宾客是否进来、进来后是否入住、以什么价格入住、以什么心情入住、入住后是否愉快、离店后是否会回头等。

（二）前厅部在一定程度上是饭店的指挥、信息、协调和联络中心

前厅部是饭店的信息中心，它收集、整理、统计、汇总、分析、传递、保存了关于宾客的大量重要信息，如入住登记资料、客史档案资料等，这些资料对饭店向宾客提供个性化服务、有针对性地进行营销、满足宾客的合理要求具有重要作用。前厅部的总机和商务中心既是宾客与饭店联络与沟通的中心，又是饭店内部各部门之间以及饭店与店外沟通及联络的中心。前厅部经总经理授权向饭店各部门下达各项接待指令，这些指令通常应不折不扣地执行，如果各业务部门在执行接待指令过程中遇到困难或发生意想不到的情况，如宾客提出新的要求时，通常应由前厅部出面与宾客协商，提出可行的方案以解决宾客的问题。

（三）前厅部对维护宾客的财产乃至生命安全起重要作用

前厅通常是饭店住店宾客或来访宾客进出饭店的唯一通道，也就是说，如果有人进入饭店进行违法活动，通常是从前厅员工的视线中进出饭店的；前厅员工管理好客房钥匙、宾客寄存的物品及贵重物品，也能在很大程度上保证住店宾客的人身和财产安全。

前厅部的重要性还表现在其销售效果直接关系到饭店的整体经济效益上。

三、前厅部的发展趋势

（一）前厅部的发展历史

在我国，现代饭店的前厅部的发展经历了4个阶段。

1. 单工种单功能——附属于客房部的阶段

20世纪80年代以前，我国的各类饭店都是等客上门，往往在客房部下设一个总台组，负责接待宾客并兼前厅收款业务，此时的总台员工人数少，往往是单一工种——总服务台服务员，通常也不是24小时对客服务。

2. 少工种少功能——独立于客房部的阶段

20世纪80年代初，随着饭店业的发展，前厅的预订和问讯功能日益突出与独立，逐步产生了独立的前厅部。接待（含收款）与预订逐步分离成两个工种，原属

客房部的电话总机组因其对客服务的内容明显有别于客房部而独立出来,成为属于前厅部的工种,此时,前厅部承担了公关及营销功能。

3. 多工种多功能——营销、公关部及前厅收款员从前厅部中分离出来的阶段

20世纪80年代中期以后,市场竞争日益激烈,饭店的营销、公关功能日趋重要,于是营销、公关部逐步从前厅部中分离出来,成为两个独立的部门,前厅收款员也归属于财务部。各部门的功能更明确,分工更细,同时,也逐步产生了独立的大堂副理、驻外代表、门卫、行李员、商务中心文员、商务楼层接待员、订房员、接待员、问讯员等班组或工种。前厅部的分工非常细,工种的独立性很强。此时的饭店效益较好,配备的员工也较多,前厅部对员工的选择余地较大,机构空前庞大,成为一个以服务为主的部门。

4. 少工种多功能阶段

20世纪90年代中期开始,许多隶属于不同部门及行业的旅游涉外饭店(新的《旅游饭店星级的划分与评定》(GB/T 14308—2003)标准用"旅游饭店"取代了"旅游涉外饭店"的名称)投入运行,形成了许多不同的前厅部组织机构。这一时期旅游涉外饭店供过于求,造成饭店经济效益下降。从方便宾客及降低成本出发,前厅部普遍开始工种大合并,如问讯员与接待员合并、文员与商务中心文员合并、接待员与订房员合并、接待员与前厅收款员合并、订房员并入营销部、夜班总机话务员与夜班接待员合并,有些小饭店还把饭店商场营业员、大堂吧服务员、大厅清洁员及前厅收款员并入前厅部管辖,以便于统一管理,这一系列的合并对前厅部员工的素质及前厅部的管理提出了更高的要求。现在,前厅部更强调员工的一专多能,组织机构的设置通常不再固定于某一种模式,而是根据宾客的要求和饭店的实际情况灵活设置,前厅部可以使用一些实习生和兼职人员。

饭店与饭店之间前厅部的组织机构区别越来越明显,有利于饭店提供特色服务、超常服务及个性化服务。

(二)前厅部的发展趋势

(1)服务程序简化。前厅部的各项程序都将尽量简化。

(2)更强调在规范、标准、程序化服务基础上的超常、灵活、个性化服务。前厅培训的重点将从程序培训转向观念、意识、素质和能力的培训。

(3)专业培训更细、更有针对性。

(4)管理较活,要求较高,追求零缺点服务。对前厅的管理既重结果管理,又重过程管理,管理方式较以前更为灵活。

(5)前厅部员工人数少而精。前厅部用工数量会减少,对员工的素质要求则会提高。

第二节 前厅部的主要任务

前厅部在饭店承担着许多重要工作,其具体任务主要有以下几个方面。

一、销售散客房及饭店其他产品

前厅部接待员在总服务台这一岗位上,担当着向散客介绍、推销客房的职责,饭店的交通位置越方便,通常散客在住店宾客中所占的比例也就越高;前厅部销售的客房数量通常会少于饭店市场营销部,但达成的价格会远高于市场营销部对团体的售房价格。前厅部的员工还可以在为宾客提供问讯服务的同时,向宾客推销饭店的餐饮、康乐等部门的产品,带动其他业务部门的销售。

二、接待宾客并完成登记手续

前厅部还担负着接待宾客、协助宾客完成入住登记手续的任务。宾客来住店时一般较为疲劳,急于进房,前厅部接待员应尽量加快登记速度,如果宾客嫌登记手续太烦琐,还应进行适当的解释。

三、传递信息及了解宾客需求

前厅部一方面把宾客的信息通知到相关部门,另一方面也把饭店各部门的业务信息进行汇总、加工,并及时有效地按规定渠道进行传递,它是饭店各种信息交换的枢纽。同时,前厅是宾客进出饭店的必经之地,前厅部也自然成为了解、分析宾客需求的最佳环节。

四、保存宾客信息及建立客史档案

前厅部是酒店信息的交流中心,在宾客交流信息的过程中,应该保存宾客信息。大多数现代饭店都为自己的重点客户建立客史档案,并随时补充和更新客史档案中的相关资料,为酒店向宾客提供个性化、人性化、超常服务提供依据。

五、为宾客提供各项前厅日常服务

前厅部下属的各服务班组还为宾客提供各项前厅日常服务,主要有:接转电话、电话问讯、电话留言、叫醒服务、接机(船、车)服务、行李接送服务、金钥匙服务、行李寄存服务等。

六、协调各部门对客服务过程

宾客从到店、入住再到离店是一个较复杂的过程,各个环节都存在着变化的可能。饭店对客服务的各部门、工种,构成了一个复杂的对客服务整体系统,前厅部在这一系统中起着协调作用,它联系各部门形成合力,为宾客提供优质的服务。

第三节 前厅部的组织机构及岗位职责

一、前厅部组织机构的设置原则

(1)必须满足宾客需要。前厅部的组织机构设置首先必须是为了满足宾客的需求,必须方便对客服务。

(2)必须符合国家旅游星级饭店标准的要求。国家旅游星级饭店标准对饭店一些岗位的服务时间有明确的规定,饭店前厅部的组织机构设置必须符合这一标准的要求。

(3)前厅部员工数必须少于或等于饭店管理当局给前厅部确定的编制人数。在设置前厅部组织机构时应当尽量减少人数,降低劳动力成本,提高单位时间的工作效率,尽量做到"一人多能,一岗多能,人尽其才,才尽其用"。

(4)组织机构设置应该合理。前厅部组织机构设置应考虑饭店确定的前厅部岗位职责和任务,饭店的规模、星级、位置、客源类型、客源档次、经营特色、管理方式、管理层次,住店宾客的人均留店天数,具体工种的操作程序,相关部门或工种的岗位职责和操作程序等因素。

(5)组织机构设置既要分工明确,又要便于协作和配合,还要便于管理。前厅部组织机构应分工明确,岗位职责清楚,每位员工同一时间只有一个领导,只向一位上级负责。各岗位有交叉的工作,应明确职责归属。

二、前厅部的组织机构

前厅部通常有接待员、问讯员、订房员、行李员、门童、商务楼层接待员、话务员、商务中心文员、委托代办员、订票员等工种,这些工种员工素质的高低是决定前厅部服务质量的首要因素。通常小型饭店前厅部设立上述工种中的3~5个,中型饭店会设立4~7个,大型饭店会设立6~10个。中、小型饭店根据自身的需要,也会把前厅收款员、大堂吧服务员、商场服务员、大厅清洁员划归前厅部管辖。另外,有些饭店规定大堂副理、金钥匙、宾客关系员或宾客关系主任附属于前厅部。

(一)大型饭店前厅部典型的组织机构

有一部分大型饭店前厅部设立了专职的订票员;而前厅收款员在大多数大中型饭店隶属于财务部,但有与前厅接待员合并成一个工种并隶属于前厅部的趋势;

大堂副理一般为主管级或领班级员工,在有的饭店直属于总经理或驻店经理管辖,大型饭店的大堂副理往往设 3 人以上,其中有 1 人负责管理其他的大堂副理,此人常称大堂经理;有的饭店还设立宾客关系主任(Guest Relation Officer)取代大堂副理,而此种情况下大堂经理通常称为高级宾客关系主任(Senior Guest Relation Officer)。此外,在前厅设点服务的非饭店所属机构有:旅行社派驻机构、银行派驻机构、邮政部门派驻机构、民航及其他交通部门的派驻机构等(如图 1 – 1 所示)。

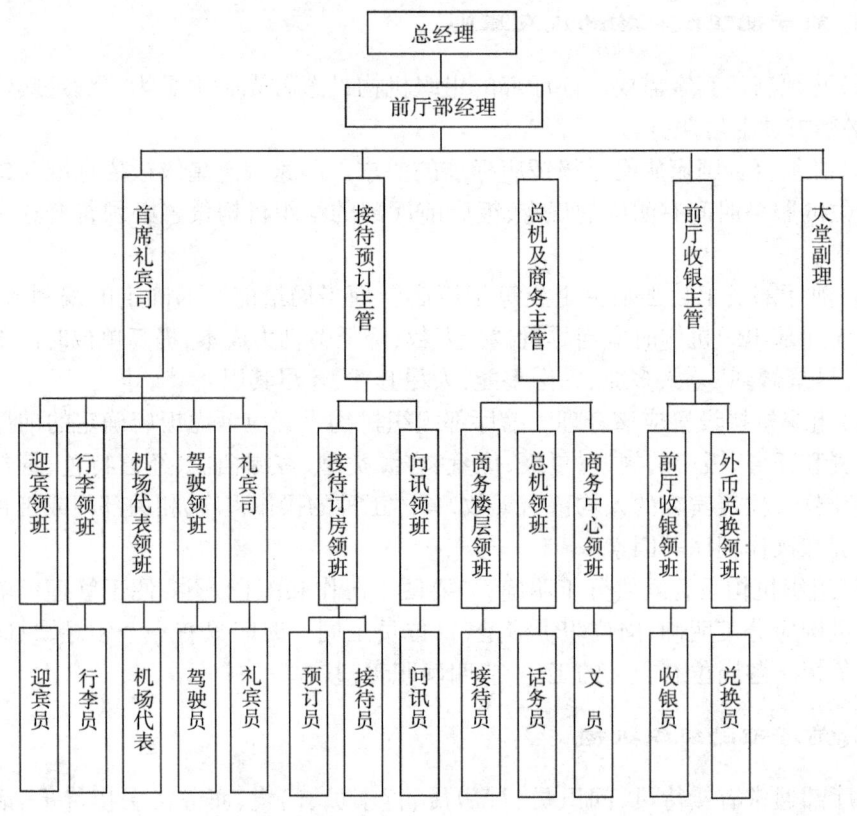

图 1 – 1　大型饭店前厅部组织机构图

(二)中型饭店前厅部典型的组织机构

以部门经理之下服务员之上只设主管或领班一层为例,中型饭店前厅部典型的组织机构如图 1 – 2 所示。

(三)小型饭店前厅部的机构形态

小型饭店指有 300 间以下客房的饭店,小型饭店前厅部典型的组织机构形态如图 1 – 3 所示。

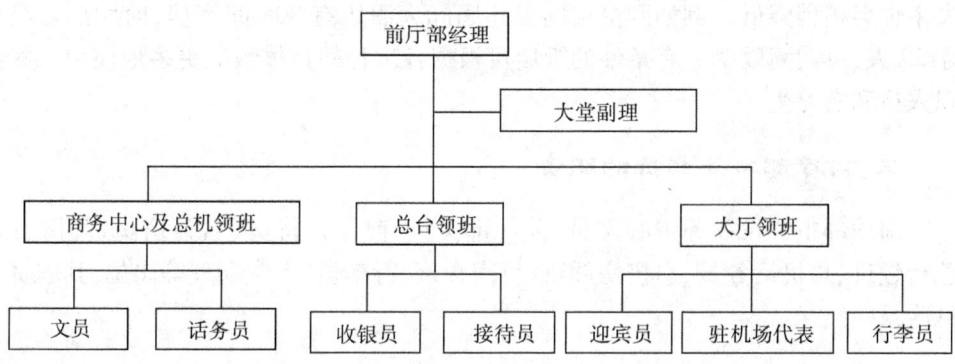

图1-2 中型饭店前厅部组织机构图

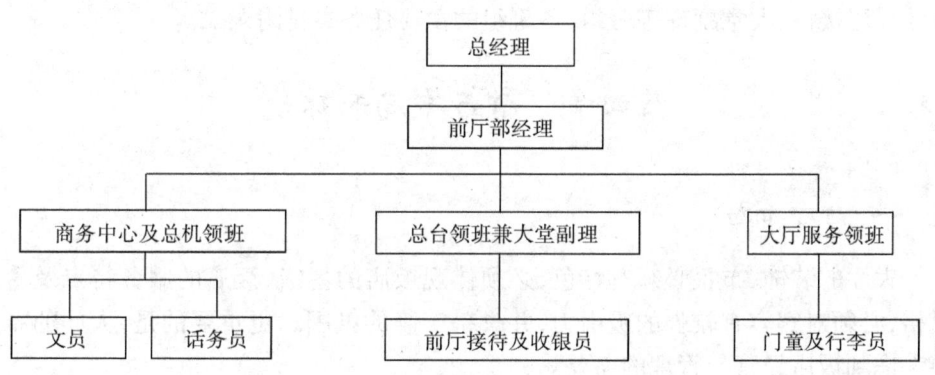

图1-3 小型饭店前厅部组织机构图

部分小型饭店不设前厅部，由客房部经理管理总服务台取代前厅部；也有一些把前厅部与销售部或公关部合并。总之，设置合理的前厅部，能迅速、准确地完成各项工作，基本不会出现员工工作量不足或忙不过来的现象。小型饭店前厅部或总服务台的员工，应尽可能一人兼数项工作，这样，一方面可以提高工作效率，节省劳动力；另一方面可以使员工的工作多样化并富有挑战性，同时，也是对员工的一种激励方式。

目前，前厅部趋于人员少而精，工种趋于减少。如100间以下的三星级饭店，前厅部员工数（含经理等所有前厅部的人员）与客房数之比大致为1∶9～1∶4为宜；100～300间的三星级饭店，前厅部员工数（含经理等所有前厅部的人员）与客房数之比为1∶10～1∶5为宜；300间以上的三星级饭店，前厅部员工数（含经理等所有前厅部的人员）与客房数之比为1∶12～1∶6为宜。在宾客满意的基础上前厅部的服务效率将进一步提高，待遇也会有所提高，前厅部人员特别是服务骨干的流失率也会稍稍降低。例如四星级的温州国际大酒店有308间客房,前厅部含经理才29人,可谓高效率。有条件的饭店可根据各工种的具体情况更多地使用一些兼职人员和实习生。

三、前厅部主要岗位的职责

前厅部主要设商务中心文员、前厅部文员、前厅接待员(含订房员、问讯员)、总台领班、总机话务员、总机房领班、行李领班、行李员、大堂副理等岗位,其职责参见附录一。

四、前厅部各工种(班组)的主要任务

前厅部通常包括预订、问讯、电话总机、接待、行李、迎宾、商务中心、前厅收款、行政楼层接待、大堂副理等班组,各班组的主要任务参见附录二。

第四节 前厅布局和环境

一、前厅布局

大厅的装饰、布置必须有特色,必须体现饭店的星级、饭店的服务特点及管理风格,必须对宾客有较强的吸引力,并具备宁静的氛围。更重要的是,大厅的布局要考虑到饭店经营与管理的需要。

(一)前厅设施的设计原则

1. 分区的原则

分区的原则即各功能区的划分应自然而明显。前厅通常可以划分为11个功能区块:宾客的自由活动区域(沙发等宾客休息处)、宾客吸烟区、饭店员工的活动及工作区域(总服务台及办公室等)、饭店营业点(大堂吧等)员工专用通道、紧急通道、店外单位驻饭店服务点的工作区域(旅行社、邮局、出租的店面等)、公共通道、装饰布置区、设施及图形符号区、保管及存放区(贵重物品寄存间和行李保管间)、公共卫生间等。

2. 渐变的原则

渐变的原则即随着功能区的不同,设计风格也应有所变化,不能千篇一律,但风格的变化又应缓慢转换,不露痕迹。

3. 效益的原则

效益的原则即设计时不能一味地追求奢华、美观,应考虑投资效益,还要考虑充分利用空间及便于宾客来往等因素。

4. 特色的原则

特色的原则即应展示出饭店的星级、民族、区域、规模、特色、经营风格等。

5. 绿色的原则

绿色的原则即设计时要考虑降低能耗和污染，符合环保的要求。例如，如果大厅很高，且用了大块落地玻璃，此种情况下，在冬季及夏季，能耗就非常高；如果大厅向西，能耗会更高。大厅内应尽量使用天然绿色植物而不用塑料人工替代品，因绿色植物不仅能供观赏还能因光合作用产生氧气而改善大厅环境。

6. 美观的原则

美观的原则即大厅的设计应美观、典雅、庄重，让人既喜欢看，又不易产生动手触摸的念头。

7. 管理的原则

管理的原则即各项前厅设施应便于管理。例如，如果大厅很大，需太多的员工清洁，这样的设计也许是建筑上的杰作，但却不利于管理，就不是好的大厅设计。

8. 舒适的原则

舒适的原则即每个细节都应该尽可能符合人体舒适的需要。既要让宾客感到舒适，又要让员工感到舒适。例如，从保护员工的角度出发，应在总服务台后面的地面上铺上加有胶垫的地毯，因为站立服务对员工膝关节有损伤，而上述做法有利于保护员工的膝关节。

9. 安全的原则

大厅的设计还应遵循安全的原则。例如大厅的各个通道应置于员工的视线范围内，这样既便于员工的服务，又有利于保证宾客人身和财产的安全。饭店的幕墙玻璃、台阶、高低不平处、障碍处，应有明显的标志（最好是鲜艳的图形标志）提示宾客注意，以防宾客受伤（特别是残疾人及小孩）。

10. 方便的原则

方便的原则即大厅的各项设施应实用、方便，利于提高效率。

（二）前厅布局

1. 前厅构成及布置

（1）饭店大门。饭店的大门通常由正门和边门构成，大门的外观要新颖、有特色，能对宾客有较强的吸引力。通常饭店采用玻璃门作为正门。饭店的玻璃门要选用厚度、强度、颜色适当的玻璃制作，安装要牢固，防止玻璃落下碰伤宾客。玻璃门要有醒目的中英文及图形标志，饭店的店名和店徽及星级标志要醒目、美观，不会被来往的车辆挡住。大多数饭店的正门分成两扇，便于宾客进出及门卫为宾客提供开门服务；也可以根据客流量的大小增设更多扇门，正门两侧应各开一两扇边门，以便于饭店员工及团体行李进出饭店。正门安装自动感应门的饭店，应同时开设手动边门，以防感应门失灵时宾客无法进出饭店。有些饭店使用双道门,即两道有一定间距的门,内道门开时外道门关,外道门开时内道门自然关闭,这样可以节约能源。使用旋转门的饭店,旋转门的性能应该可靠,固定旋转用的螺丝必须拧紧,以免夹伤宾客。为安全起见,饭店在夜间应关闭正门只留边门。

饭店的大门前,应有供宾客上下车的空间及回车道、停车场,车道宽度应不少于4.5米,人行道与车场车道及划定范围内应无自行车乱放,使宾客进出方便、安全;正门外还应留有足够的空间,以暂时摆放进出店的团体的行李。有些饭店正门前还设计了小花园和喷泉,以给宾客留下良好的第一印象。正门前台阶旁还应设立专供残疾宾客轮椅出入的坡道,轮椅坡道宽度应不少于1.2米,坡度不超过12度。通常在大门口还铺设一块地毯,供宾客擦干净鞋底后进入大厅,以维持大厅的整洁,防止湿鞋带入前厅地面的水珠使宾客滑倒。边门旁边应设置雨伞架,供宾客存放雨伞。饭店大门外的空旷处,通常应设置旗杆,一般设置三根,分别用于悬挂店旗、国旗和在饭店下榻的外国国家元首所在国的国旗。

(2)公共活动区域。大厅的建筑风格、面积必须与饭店的规模、星级相适应,前厅中应有足够的空间供宾客活动。大门外应有停车场,车场与车道应分开,停车位置应画线固定,车辆、轮椅停靠应整齐有序,车位数不少于客房总数的15%。饭店员工进出饭店的通道应与宾客通道分开,应有团队专用通道和行李通道。饭店的公共服务设施应方便宾客辨认、进出和使用;前厅公共面积(不包括任何营业区域的面积,如商场、商务中心、大堂酒吧、咖啡厅等)应达到$0.8m^2$×客房总数的标准或更大。前厅地面、墙壁应采用材料名贵、色泽均匀、拼接整齐、装饰性强的大理石或花岗岩。前厅应气派豪华,风格独特,装饰典雅,色调柔和,光线充足;应设有与饭店规模、星级相适应的总服务台。大厅的非经营区应该有宾客休息的场所。大厅规划布局应合理,环境应整齐、美观、舒适。门前店徽、店名标牌应端正、美观、字迹清楚,并有中英文对照店名,标牌表面四周应无灰尘,大厅内各服务区域的设施设备应齐全,分区摆放整齐、美观,功能一目了然。供宾客休息的沙发座椅不少于20座,设配套茶几,各种设备的完好率不低于95%。大厅内灯光气氛、墙面处理、色彩选用、艺术品摆放与装饰风格应协调,应舒适典雅,有吸引力。大厅内应有美化环境、净化空气的花草、盆栽与盆景,且应摆放整齐、美观,数量及位置要适当。吸烟区烟灰缸内烟头不超过3个。

(3)公共设施。前厅内一般配有公用电话,可直拨总机,方便为客人服务。饭店公用电话每日消毒应不少于3次;大厅内公用电话的摆放高度应该低一些,旁边应准备足够的纸、笔、黄页电话簿等,以方便宾客。高星级饭店在大厅的醒目处应配备问讯电脑,供宾客查询有关资料,但应注意操作的简便性及设备的完好程度,以充分发挥问讯电脑的效用,减少总台员工的工作量并方便宾客。

(4)洗手间及衣帽间。大厅内应设有用中、英文文字及明显图形标示的男、女宾客用卫生间、衣帽间。洗手间要宽敞、卫生、无异味，各种用品如手纸、面巾纸、香皂、干手器、小毛巾、擦鞋器等要齐全。

(5)各种设施的中英文及图形标志。饭店各种设施应配有中、英文文字及图形标志。这些标志必须设置在醒目的位置并符合 GB/T 14308—2010 及《旅游饭店服务指示图形符号表》的要求。

(6)行李房。用于存放宾客的普通行李。

(7)贵重物品保险箱。通常设于收银处后的单独房间内。

(8)总服务台。包括接待、收银、行李服务台等。

(9)商务中心。通常设在大堂附近的专用区域内。

(10)其他。前厅内摆放的鲜花、盆景、雕塑、墙上的壁画、挂毯等，都应该精心挑选和布置。

前厅内宾客的活动区域、饭店员工的活动及工作区域、店外单位驻饭店服务点的工作区域及公共通道等，都应该明显地区别开来。这样既方便宾客及饭店员工，又能使相应的区域都能最大限度地发挥作用，例如客梯、饭店员工电梯、货用电梯如有可能的话应分别设立。

2. 总服务台简介

(1)位置

饭店的大厅内都设有数量不等的服务柜台，也称总服务台。不同等级、规模、类型的饭店，应根据其大厅的具体情况，设计不同位置、不同形状、不同尺寸的总服务台。由于总服务台是饭店接待宾客的第一窗口，所以其设计和设备都应方便工作、美观大方，以充分发挥其功能和效率。总服务台的设计是饭店能否吸引宾客的重要物质因素。理想的总服务台应该设置在一个醒目的位置，应使站在前厅各总服务台的员工都能观察到整个大厅及电梯、商场、餐厅等各入口的情况。通常，前厅总服务台的主轴线应与宾客进出饭店大门的直线通道垂直或平行。因为前厅部各总服务台员工的工作位置，一般是固定在总服务台内的，员工不能随意离开总服务台到别的工作岗位，所以总服务台的位置必须设在能对大厅各通道一览无余的地方，以使员工能观察到整个大厅的情况，这样做，无论从保安方面还是从对客服务方面，都十分必要。除此之外，在总服务台内应能清楚地看到门外车辆到达的情况，以使服务员提前做好接待宾客的准备工作。

综上所述，前厅部各服务台的位置，应便于服务、管理和控制，通常设在大门正对的位置或侧面。大饭店前厅各服务台的位置，应根据各工种分开设立的原则区分工作区域。中、小型饭店各服务台应尽量集中，便于服务员为宾客服务。总服务台的一部分应该低一些，以方便残疾宾客登记。

(2)尺寸

服务台的大小，应根据饭店的工作需要及前厅面积的大小、饭店客房数量的多少等因素来确定。理想的服务台高度通常是 1.1 米左右,宽度为 0.45~0.6 米。服务台向内的一面设有工作台,其台面的高度应为 0.7 米左右。服务台内侧与墙面之间,通常应有 1.2~1.8 米的距离,供接待员活动或摆放工作用文件。工作台面到服务台台面之间,可用于存放工作用品及放置电脑、打印机、扫描仪等。工作台下可用于保存文件、资料,也可用于设置钥匙架和留言、信件架。

(3)形状

总服务台的常见形状有直线形、折线形、圆形、半圆形、椭圆形、口字形等。各种形状的总服务台都有各自的优缺点。通常口字形、直线形和折线形(又可分为 L 形、W 形、H 形、门字形等)台面,对客有效服务的面积和长度比较大,因而效率较高。而圆形、半圆形、椭圆形的总服务台,把服务人员封闭在服务台内,使宾客感到更具有古典情调、更浪漫、更有创造力;只是这些服务台都有一个缺点,宾客从不同角度能看到服务台内的大部分内容,因而应加强管理,避免让宾客看到服务台内的杂乱现象。前厅内对客服务的总服务台,通常是由多个相连接或单独的服务台组成的,店外机构在大厅内设立的服务点的服务台,应不影响饭店前厅布局的基本格调。

二、前厅的环境及主要设备

(一)前厅环境布置要求

1. 光线

前厅内要有适宜的光线,使宾客能在良好的光线下活动、员工在适宜的光照下工作。前厅内最好通入一定数量的自然光线,同时配备层次、类型各不相同的灯光,以保证良好的光照效果。过于明亮的光线,会使人的眼睛过分紧张,产生头晕目眩等不舒适的感觉,影响前厅员工的工作效率;过于昏暗的光线,不易使员工和宾客彼此看清对方的脸部,也不利于准确地填写入住登记表。宾客从大门外进入大厅,是从光线明亮处来到光线昏暗处,如果这个转折过程过快,宾客会很不适应。所以,在设计光照时,灯光的强弱应逐步变化。可采用不同种类、不同亮度、不同层次、不同照明方式的灯光,配合自然光线达到使每位宾客的眼睛都能逐步适应光线明暗的变化的效果。总服务台上方的光线也不能太暗或太亮,不能直接照在宾客和服务员的脸上,使他们睁不开眼睛,也不能把阴影留在服务员脸上,造成服务员工作不便或微笑服务时脸变形的情况。

2. 色彩

前厅环境的好坏,还受到前厅内色彩搭配的影响。前厅内宾客主要活动区域的地面、墙面、吊灯等,应以暖色调为主,以烘托出豪华热烈的气氛;而前厅的服务环境及宾客休息的沙发附近,色彩应使用冷色,使人产生一种宁静、平和的心境。总之,前厅内的色彩搭配应符合服务员工作和宾客休息对环境的要求,营造出前厅特有的安静、轻松的气氛。

3. 温度、湿度及通风

前厅要有适当的温度、湿度。饭店通过单个空调机或中央空调,一般可以把大厅温度维持在使人体最舒适的状态,通常高星级饭店大厅内的温度冬季应保持在 20~24℃,夏季应保持在 22~24℃;如果再配以适当的湿度(通常高星级饭店大厅内相对湿度应保持在 40%~60%),整个环境就比较宜人了。前厅内人员集中,密度大,耗氧量大,如通风不畅,会使人感到气闷、压抑,因此,应使用性能良好的通风设备及适当的空气清新剂等,以改善大厅内的空气质量,使之适合人体的要求。高星级饭店大厅内风速通常应保持在 0.1~0.3m/s;大厅内新风量一般不低于 160m³/人小时;大厅内空气中的废气和污染物的控制标准为:CO 小于 5mg/m³,可吸入颗粒物小于 0.1mg/m³,细菌总数不超过 3 000 个/m²,等等。

4. 声音

前厅通常离饭店大门外的闹市区或停车场较近,人员活动频繁,车辆噪声不断,加之大厅内的说话声、电话铃声等,声源杂、音量大,噪声可能超过人体感觉舒适的限度,使人烦躁不安,易于激动、争吵、出错,降低工作效率。因而在装修前厅时,应考虑使用隔音板等材料,以降低噪声。饭店员工工作交谈时,声音应尽量轻些,有时可以使用一些体态语言,代替说话进行沟通(如用手势招呼远处的同事)。要尽量提高工作效率,使宾客在高峰时间不至于长久滞留于大厅,破坏大厅安静的气氛。对来店参观、开会、购物、用餐的宾客,必要时也应劝他们说话低声些。饭店应尽可能播放轻松、动听的背景音乐,以减少噪声对人们的危害,背景音乐的音量应在 6 分贝左右。高星级饭店大厅内噪声通常应不超过 45 分贝。

(二)主要设备

1. 总服务台设备及用品简介

(1)电脑显示器(Computer terminal)。前厅部总服务台内应设电脑,通常 100 间客房以内的饭店至少应设两台显示器;100~500 间客房的饭店以每增加 100 间客房加设一台显示器为宜;500 间以上客房的饭店,超过 500 间客房数的部分以每增加 200 间客房再加设一台显示器为宜。前厅部应尽量用显示屏为 15 英寸以上的电脑,内存要大些,运算速度应快些,这样可以使前厅部员工眼睛不太疲劳并提高工作效率。

(2)打印机(Printing machine)。前厅部应备有两台以上的打印机,打印机的出纸速度要快些,分辨率要适当,要选用不易夹纸及便于维修保养的品牌。前厅部员工在平时使用打印机时,要尽量把打印机调到省墨状态,打印时要尽量把纸的两面都利用起来,以减少消耗,降低成本,为创造绿色饭店出一份力。

(3)扫描仪。前厅部应配备专用扫描仪,用于扫描身份证。现在越来越多地区的饭店按公安部门的要求用扫描仪扫描身份证,这样可以使入住登记工作更快捷、更准确,通常还可以减少一联入住登记表。

(4)钥匙及信件架(Keys and mails rack)。传统的钥匙及信件架是一个设置于总服务台下部或侧面的多格的木架,木架的每一格代表一个相应的房间,格子的大小及深浅应以完全放下带有饭店标志的钥匙牌和钥匙及一个航空信封不折叠可以放入为宜。部分饭店将钥匙及信件架分开设置,另有少数饭店将钥匙及信件架设置于总服务台后面靠墙的位置。

(5)客房钥匙(Room key)。随着饭店业的迅速发展,客房用锁已趋于采用一些安全可靠的新型门锁,以解决传统机械弹子门锁的钥匙易仿制、安全性差的难题。新型客房锁钥系统的种类主要有IC卡锁、电脑磁卡锁、电子光卡锁、磁片机械锁(又称磁片锁)等。传统机械弹子门锁将逐步被淘汰。

①IC卡锁、电脑磁卡锁。高档电脑IC卡锁(以下简称为IC卡锁)与电脑磁卡锁(以下简称为磁卡锁)是利用磁卡开启的由电脑控制的门锁,锁内有磁卡阅读器和微电脑。宾客入住时,可以专为其设定密码和信息。宾客开门时,只需将磁卡插入锁中的读卡器的缝隙后拿出,锁中的微电脑即可判断其是否为合法磁卡,并决定是否开。该锁通常设置10亿个以上密码不会重复,万一钥匙丢失可重新设置密码,使丢失的钥匙失效,因而,保密性很强,且此种磁卡将有关信息和六位数的消费密码输入后,在饭店中可充当信用卡使用。有的磁卡锁和IC卡门锁内的微电脑能存储最近开门记录3 000条,并可随时提取这些开门记录。IC卡锁和磁卡锁功能基本相近,只是作为钥匙的"卡"略有不同。IC卡是一种智能卡,由一个或多个集成电路芯片组成,有思维和运算功能,可封装成各种不同形状方便携带,也可反复使用,还便于加密、防磁,具有寿命长、功能强的特点,故价格高一些。磁卡成本低,可以一次性使用,也可以回收,反复使用。

②电子光卡锁。这种锁是利用带有暗孔的塑料卡片作为钥匙,控制门锁的电磁机构。光卡的暗孔在一般情况下是看不到的,而光卡锁的光学系统是通过塑料卡片钥匙检取红外线密码而达到开锁目的的。这种锁保密性相对较差,密码破译也较容易,安全性不如磁卡锁,而外形与其相似,价格比机械锁高,实际上已被磁卡锁取代。

③磁片机械锁。磁片机械锁(以下简称磁片锁,也有人称之为"磁卡锁")实际上是一种机械锁,其钥匙是由一个带磁性的磁片替代了传统钥匙,由磁片中安装的按一定顺序排列的小磁铁吸动锁中的销栓,达到开锁的目的。它结构简单、直观,安全性不高。磁片钥匙不能随意更改和重新设置,且可以仿制。一旦钥匙丢失,门锁便须更换,若丢失的是楼层通用钥匙,则意味着全层的锁皆须更换。所以,它和IC卡锁、磁卡锁完全不同,使用中应加强管理与控制,以保证客房的安全。高星级饭店的锁钥系统应采用IC卡锁或磁卡锁。

IC卡锁与磁卡锁的钥匙可根据其不同的用途设置,以分级进行管理,不同人员使用的卡受到不同的制约。通常有以下几种：

房号设置卡，用来设置门锁的房号。

时间设置卡，用来设置门锁的当前时间，包括年、月、日、时、分。

客房管理员卡，可开启管理区域内的全部门锁，由客房管理人员使用，如主管、部门经理等。

楼层服务员卡，可开启所负责的某一楼层的全部门锁，由楼层服务员使用。

住客卡，供宾客使用，在使用期限内可进入某一个特定的客房，通常在宾客登记入住时，由前厅接待员或收款员为宾客制作；有的饭店还将消费账号及其他有关信息写入磁卡内，当宾客在饭店内消费时，只需用磁卡在刷卡机上一刷，读取消费账号，收款员输入消费数额即可；一般使用新住客卡，即房号相同、使用期限不一样的卡，开门后，原来使用过的、仍在使用期限内的住客卡就会失效；房号相同，使用期限也相同的多个住客卡可同时使用。

退房卡，在门锁中使用退房卡后，原来在这个客房使用的、仍在有效期内的住客卡就会失效。

会议室设置卡，用来把某客房设置为会议室，该卡开锁后，门锁不会锁上，与会者可以随意进入该会议室；当开门卡（客房管理员卡、楼层服务员卡、住客卡）开过门后，门锁即会锁上。

时段卡，时段卡可供清洁员、修理工以及其他部门需进房服务的工作人员使用；在有效期内的规定时段内可以用此卡进房，超时即失效。

复位卡，当管理员卡和服务员卡亮红灯不能开门时，使用复位卡；然后可重新设置一有效卡，即可正常使用。

还有其他卡，如公共区域设置卡等。

IC卡与磁卡锁的钥匙的制作与使用应注意：住客卡通常在宾客入住后才制作，每位磁卡钥匙制作员工都有独立的密码进入制作系统；根据不同的管理层次逐级规定制作人员的权限，如宾客的住客卡由前台接待员或收款员制作，而楼层服务员卡则由客房主管制作等；磁卡钥匙的制作者及密码应由高层管理人员专人负责管理和控制，随时查对制作钥匙的情况；开门时，应持有效钥匙，磁条朝下，按卡片箭头的方向轻轻插入门锁的插口内；插到底后平稳拔出，拔卡速度不能太快或太慢，中间不能停顿；磁卡拔出后，指示灯亮绿灯，在10秒内将执手下压，即可开门入房；若超过10秒未开门，门锁又会自动锁上；指示灯亮红灯说明此卡不能开门；使用重新设置过的磁卡开门后，原磁卡自动失效，不能开门；住客卡在登记的时间内可开启相应的客房，如住客卡丢失或住客提前退房，可以不收回他的住客卡，用退房卡即可使原住客卡失效，也可用新的住客卡开锁成功后，使原住客卡失效；宾客结账时，将磁卡钥匙交前厅收款员，收款员应及时交接待员。接待员在交接班时应清点未制作磁卡数量；当电脑或制作钥匙的发行机出现故障时，可使用备用钥匙

（spare key），一般备三套以上，由管理人员如客房部经理或前厅部经理使用，并保存在专用保险箱。

（6）保险箱（Safe deposit box）。高星级饭店前厅应设贵重物品保险箱供保管宾客的贵重物品。贵重物品保险箱应放置于安全、隐蔽的专用房间内，贵重物品保管房应比较接近总服务台的前厅收款处，以方便宾客存取贵重物品。贵重物品保险箱分格编号应清楚，完好率和保险系数要达到100%。贵重物品保险箱的数量通常应为客房数的15%~20%；客源中散客比例高的饭店可以适当增加这一比例。客源中团体比例高的饭店可以适当减少这一比例。目前，越来越多的高星级饭店在每间客房内设置了可供宾客自己设置密码并存取的贵重物品小保险箱，以方便宾客，增加安全性，减少纠纷。可以预见，将来饭店贵重物品保险箱的数量有减少的趋势。前厅收款处贵重物品保险箱的使用应是免费的，并且应该24小时对客服务。

（7）信用卡刷卡机。总服务台应该准备信用卡刷卡机及POS机，分别用于手工刷信用卡和电脑刷信用卡，刷卡时，已作废的宾客签过名的签购单应当着宾客的面撕毁。

（8）账单架（Folio rack）。总服务台还应准备账单架，分别用于存放团体和散客的账单。

（9）收款机。总服务台的前厅收款处还应准备收款机，以加快收款速度。

（10）人民币验钞机。前厅收款处还应准备验钞机以识别人民币的真伪。

（11）外币验钞机。前厅收款处还应准备尽可能多币种的外币验钞机以识别不同币种外币的真伪。

（12）复印机。总服务台还应准备复印机以复印各种资料文件，可以与商务中心合用。

（13）打时器（Time stamping machine）。总服务台还应准备打时器，用来对收到的各种信件、文件及资料打上时间，以控制收发信件、文件及资料的速度。

（14）刷钥匙器。总服务台还应放置一个刷钥匙器，以便及时地为宾客及相关员工刷钥匙，供他们使用。

（15）计算器。总服务台还应准备多个计算器，以便需要时及时地为宾客计算消费金额，统计相关数据，制作报表，这样可以及时准确地收回客账及完成报表。

（16）档案小车。用于存放订房档案夹，并且可以推动，以方便取用。

（17）公用桌椅。前厅部办公室等坐着工作的岗位应准备一些办公桌椅以便工作，最好有一些可滑行的带轮办公用椅。

2. 行李组设备

（1）行李车。行李车有大小两种，分别用于装载团体行李和散客行李，行李车可以设计成两轮的，也可以设计成四轮的。

(2)行李寄存架。此架放置于行李房中。行李寄存架有两种,一种是固定格子的;另一种可以分成一个个可任意调整大小的格子,每个格子通常只放一批宾客的行李。同一批宾客的各件行李应用绳子串起来放入行李房中的一个格子。

(3)伞架。无论饭店是开设免费提供雨伞的服务还是出租雨伞的服务,饭店都应该在大门口设置带锁的雨伞架,供宾客自己存取雨伞。

(4)轮椅。供老、弱、病、残等行动不便的宾客进出饭店使用。有些饭店还在行李房中存放担架,以供抢救危重病人之用。

此外,饭店还应准备婴儿车架及包装行李用的绳子、纸张、刀剪、胶带纸等,以便于宾客使用。

3. 总机房设备

主要有程控电话交换机、电话自动计费器、呼唤机总台及自动叫醒控制系统等。

4. 常用办公文具

(1)铅笔及削铅笔刀。用于制作前厅部各种报表的草表。

(2)双层及多层文件架以及各种文件夹。用于存放各种不同的文件及报表。

(3)小图章架。用于存放各种前厅部专用图章,这些图章应由专人保管。

(4)多用途订书机及拔钉器。用于装订前厅部各种资料及拆开装订好的资料。

(5)纸张穿孔器。用于把资料穿孔后放入文件夹存档。

(6)涂改液。用于掩盖写错的内容,并在涂改液干燥后重新写上正确的内容。

(7)荧光笔。不同颜色的荧光笔由不同的部门或班组专用,表示不同的意义,可以把重要内容用荧光笔画出而不盖住原内容以提醒人注意。

(8)其他。主要有胶水、湿海绵、废纸篓、碎纸器等,用于粘贴、点票、存放废纸及处理作废的前厅部机密文件、资料。圆珠笔和透明胶带纸用于做报表和请宾客填写入住登记表。

第五节 前厅部服务特点及对客服务流程

一、前厅部服务的特点

前厅部服务属于饭店服务的重要组成部分,在饭店服务中有一些特殊性,其特点主要有:

(1)前厅服务的过程较短。前厅部各工种每一次对客服务的过程通常很短,一般不会超过几分钟,有时仅仅是与宾客通一次电话、打一个照面、展现一次微笑、说一句问候语而已。因此,前厅服务员要敢于表现自己,善于表现自己,能在短时间内给他人留下非常好的第一印象。

(2)前厅服务的实物产品不明显。前厅的各项服务完成后,除微笑服务外,其他服务的结果通常难以用肉眼看到,只能由宾客在服务进行的过程中去感受。

(3)前厅服务的时间性很强。首先,前厅部各岗位的工作多数要求在短时间内完成,要求有较高效率;其次,在前厅,同样的服务、微笑、语言和态度提供得太早、太快或太晚、太慢都有可能从优质服务立即变成一般服务或劣质服务。

(4)前厅服务的方式较灵活。前厅服务的对象是来自不同国家、不同地区、不同民族、不同语言、不同宗教信仰、不同政党团体、不同年龄、不同性别、不同教育程度、不同文化背景、不同思维方式、不同人生观及价值观、不同职业、不同修养水平、不同生活及工作经历的宾客。不同宾客对同样的服务的评价会有很大差别,同一位宾客在不同的时间或不同的情绪、动机及心理状态下对同样的服务评价也会有很大的区别甚至相反,这就要求每一位前厅服务员因时、因地、因人准确地预测宾客的需求,提供有针对性的个性化服务。

(5)前厅服务的标准难以固定量化和细化。由于前厅服务有较强的灵活性,其服务的标准及程序就不能规定太死,而只能规定最基本的程序及步骤,留一定弹性供服务员针对不同的宾客变化。

(6)前厅服务培训的重点不同。前厅服务的灵活性使得与实际工作完全相同的操作练习很难进行,因此,对前厅员工的培训应以培养其素质、能力、意识为主,培训的要点是使员工具有较高的素质,较强的应变能力,较出色的服务意识,以满足宾客的不同需求。

二、前厅部对客服务全过程

前厅部对客服务全过程是一个完整的、循环的过程。过去人们一直认为对客服务是由宾客抵店——宾客住店——宾客离店3个阶段构成。其实,更确切地说,对客服务的全过程应该是开始于潜在宾客与饭店的第一次接触;甚至开始于潜在宾客与饭店的销售代理机构或宣传广告品的接触,直至办理离店手续后饭店为宾客建立客史档案,为下次与宾客接触做好准备为止。对客服务的全过程可以分为宾客到达前、宾客到达时、宾客住店期间、宾客离店时和宾客离店后5个阶段。其中第5阶段既是这次对客服务全过程的结束阶段,又是下一次对客服务全过程的开始阶段。从一定意义上讲,第5阶段与第1阶段是重叠的,二者对周而复始的饭店对客服务全过程起着承上启下的作用。前厅部对客服务全过程各阶段的主要任务如下。

(一)宾客到达前(售前阶段)

前厅部在这一阶段的主要工作是:

(1)营销人员进行市场分析及选定目标市场(由饭店经营决策层进行决策)。

（2）公关人员确定饭店形象。

（3）选定宣传口号及营销方针。

（4）通过各种广告宣传媒介推出饭店形象及产品。

（5）饭店选定的代理商推销饭店产品。

（6）宾客向代理商订房。

（7）宾客直接向饭店公关或营销部订房。

（8）宾客直接向订房处或接待处订房。

（9）宾客在订房过程中可能会与饭店前厅部下属的电话总机室、商务中心交往。这些班组的工作质量与效率对宾客是否光临起着重要作用。

（10）订房处办好通过各种渠道来订房的宾客的订房手续，并保存好订房资料。

（11）订房处向有关部门提供信息，由接待处下达接待指令，促使各部门做好宾客抵店前的准备工作。

（12）饭店驻机场代表到机场迎接宾客到饭店。

上述第（1）~（7）项工作完成过程中，也少不了前厅部的协助和参与；第（8）~（12）项工作主要是由前厅部完成的。如果饭店前厅部与营销部合并，则上述工作全部由前厅部完成。

（二）宾客到达时（消费开始阶段）

前厅部在这一阶段的主要任务有：

（1）门卫迎宾员在车门、店门前迎接宾客。

（2）行李员为宾客提供行李入店服务。

（3）接待员迎接宾客，了解宾客有无订房。

（4）对未预订客房的宾客，接待员应推销客房。

（5）分配房间（已预订了客房的宾客应提前分房）。

（6）行李员为宾客提供行李寄存服务，引领宾客到所住房间，并提供介绍服务。

（7）接待员办妥宾客入住登记手续并分发钥匙及欢迎卡。

（8）接待员把相关信息通知相关部门。

（9）接待员变更房态记录，保持房态正确。

（10）金钥匙服务（CONCIERGE）开始启动，直到宾客离店后停止。

（11）给宾客宾至如归的温馨的感觉。

（12）为宾客提供问讯服务。

（三）宾客住店期间（消费进行阶段）

前厅部在这一阶段的主要任务是：

（1）总机为宾客提供各项电话服务。

（2）问讯处为宾客提供问讯、留言服务（部分饭店问讯处还负责客房钥匙的分发与控制）。

（3）接待员负责提供宾客换房、核对房态等日常服务。

（4）前厅收款员为宾客提供贵重物品寄存、各项账目入账、账目查询、外币兑换等项服务及完成催收应收款等项工作。

（5）提供委托代办服务，如订票、邮寄、物品转交等。

（6）接待处负责协调各部门的对客服务过程。

（7）商务中心为宾客提供各项商务服务。

（四）宾客离店时（消费结束阶段）

前厅部在这一阶段的主要任务有：

（1）办妥宾客退房手续，处理宾客提前或延期离店的要求。

（2）送宾客行李出店。

（3）店门、车门前送别宾客。

（4）将宾客离店信息通知相关部门。

（5）完成宾客结账手续。

（6）更改房态并保持房态正确。

（7）收款员完成对营业收入的夜间审核等工作。

（8）大堂副理处理宾客的各种投诉（在任何一个阶段宾客都可能会提出投诉，但以第3~4阶段居多）。

（五）宾客离店后（消费结束后阶段）

前厅部在这一阶段的主要工作是：

（1）饭店驻外（机场、车站等）代表到机场、码头、车站等处送别宾客。

（2）各项资料整理存档，填写、整理客史档案卡（或汇入电脑），保存有关宾客消费爱好的所有资料。

（3）收回宾客意见表，汇总投诉及其他意见，分析整理后反映到相关部门（此项工作由大堂副理完成）。

（4）与宾客保持密切联系，必要时有针对性地主动促销。此项工作通常由营销部完成。

上述5个阶段中由前厅部完成的非日常性工作及由其他部门完成的工作，在此不作介绍。

第六节 前厅部员工的素质要求

前厅部员工的素质决定了前厅服务水平的高低。作为一名合格的前厅部员工，应具备以下素质：在现代社会服务的大网络里，具有"我为人人，人人为我"的意识;在现代饭店业激烈竞争的市场中,具有正确的服务意识、良好的仪容仪表、熟练的专业知识、丰富的工作经验和恰到好处的待客能力。

一、道德品质要求

前厅部员工必须具备良好的道德品质,如具有一定的社会公德、敬业乐业的精神和为人民服务的思想。前厅部员工应充分认识到前厅服务工作与其他工作一样,都是社会生产、生活的一部分,是整个社会分工、经营运转中不可缺少的部分;意识到我为人人提供热情周到的服务,同时人人也为我在作贡献;此外,还要认识到只有热爱本职工作,并在实践中培养对本职工作的浓厚兴趣,端正工作态度,钻研工作技能、技巧,养成良好的职业道德和职业习惯,才能从工作中得到乐趣,取得收获。

二、劳动纪律要求

良好的纪律是完成工作任务的重要保证。由于前厅工作内容多、分工细致、涉及面广,加之人、财、物流动频繁,因此对员工的纪律要求相当高。作为前厅部的员工,必须养成自觉的纪律观念,自觉遵守饭店的各种规章制度,按规章制度办事,不自行其是。

三、文化素质要求

前厅是饭店的门面,前厅工作人员是饭店的形象大使,加上前厅部工作具有复杂、涉及面广等特点,前厅部员工的文化素质就显得尤为重要。

按照不同岗位的设置,前厅部员工的文化层次可分为两种:第一种是具有高等院校专科以上学历或同等文化程度的员工;第二种是具有旅游中专以上学历或同等学力的员工。其中,前厅部经理、前厅部副经理、前厅部主管、大堂副理、前厅部文员、预订主管、接待处领班、礼宾组主管、总机班主管等岗位,都要求具备第一种的文化层次,即应具有大专以上文化水平;预订领班、预订员、接待员、机场代表、礼宾组领班、行李员、话务员、商务中心主管、商务中心领班、商务中心服务员等,要求具备第二种的文化层次,即应具有旅游中专以上文化水平。另外,前厅部员工还要具备相应的旅游知识和英语会话能力。

四、业务素质要求

根据前厅部员工的工作分工,可将前厅部员工分为3个层次:高层管理者(前厅部经理)、中层管理者(前厅部主管领班)和基层工作者。不同层次的员工,其业务素质的要求亦不同。

本章小结

> 前厅是每一位宾客抵、离饭店的必经之地,它与宾客对饭店形成良好的或较坏的"第一印象"和最后印象有直接的关系,对宾客是否对饭店满意和是否成为回头客以及宾客的人身及财产安全起着至关重要的作用。因此,在前厅布局和环境营造方面要充分考虑到饭店经营与管理的需要,对宾客要有吸引力。为保证前厅部的顺利运转,必须依据科学的设置原则,设立前厅部的组织机构,并根据前厅服务的特点处理好前厅部对客服务流程5个阶段的工作。

思考与练习

1. 带着前厅总服务台有何形状、长度如何、其优缺点如何等问题参观几家三星级以上的饭店前厅,并进行思考和比较。

2. 前厅的环境布置要求如何?

3. 请分析地理位置的不同对饭店前厅部组织机构有何影响。

4. 某150间客房的三星级饭店位于市中心,客源结构为散客60%,会议和旅游团各占20%,饭店总经理和人事部核定前厅部员工数为18人,其中不包括前厅部经理、商务中心及前厅收银员。假如你是该酒店的前厅部经理,请画出该酒店的前厅部组织机构图,并注明各岗位的工作时间、班次数、员工数。

5. 参观考察:根据学校所在地的实际情况,选择大、中、小饭店各一家参观,可以请饭店员工进行介绍,请重点考察前厅部。

第 2 章

客房预订管理

课前导读

在现代社会中,随着工作和生活节奏的加快,越来越多的旅行者,尤其是商务、公务旅行者,为了有效地计划和安排自己的旅程,保证旅行的质量,在行前预先向旅行目的地的饭店提出用房的要求,以便到达目的地后能及时入住,保证自己旅行活动的顺利开展。同时,对饭店来说,开展订房业务,不但满足了客人对所需使用的饭店设施能够预先得到保证的要求,而且,对饭店自身经营也具有重要意义。

学习目标

通过学习本章,要实现以下目标:
- 了解饭店客房预订的渠道及方式,尤其是运用现代电子信息技术进行客房预订的方式
- 掌握客房预订的类别
- 掌握受理客房预订的程序
- 熟悉客房预订的控制方法

第一节　客房预订的基础知识

一、房价的基本类型

饭店客房的市场交易价格,可以分为下列4种基本类型:

（一）公布房价

公布房价就是在饭店价目表上公布的各种类型客房的现行价格,也称基本价格、门市价或散客价。根据不同的计价方式,公布房价又可分为下面5种类型:

1. 欧式计价（EP,European Plan）

欧式计价指饭店的客房价格仅包括房租,不含餐食费用。在通常情况下,只要饭店未向客人作特别说明的报价,均为欧式计价形式。

2. 美式计价（AP，American Plan）

美式计价指饭店的客房价格包括房租以及一日早、午、晚三餐的费用。美式计价形式曾一度被几乎所有的度假饭店采用，但随着交通的发展，旅客的流动性增强，美式计价形式逐渐被淘汰，目前只有少数地处偏远地区的度假饭店沿用此种形式。

3. 修正美式计价（MAP，Modified American Plan）

修正美式计价指饭店的客房价格包括房租和早餐以及午餐或晚餐的费用。修正美式计价形式也称"半包餐"计价，它既可使客人有较大自由安排白天活动，又能为饭店带来一定的效益。

4. 欧陆式计价（CP，Continental Plan）

欧陆式计价指饭店的客房价格包括房租及一份简单的早餐——咖啡、面包及果汁。欧陆式计价形式也称"床位连早餐"报价，此类报价形式较多地被不设餐厅的汽车旅馆所采用。

5. 百慕大计价（BP，Bermuda Plan）

百慕大计价指饭店的客房价格包括房租及一顿丰盛的西式早餐。这种计价形式对商务旅客具有较大的吸引力。

（二）追加房价

追加房价是在公布价格基础上，根据客人的住宿情况，另外加收的房费。通常有以下几种情况：

1. 白天租用价（Day Charge）

客人退房超过了规定时间，饭店将向客人收取白天租用费。许多饭店规定，客人在12时以后、18时以前退房，加收半天房费；在18时后退房，加收一天房费。

2. 加床费（Rate for Extra Bed）

饭店对需要在房内临时加床的客人加收的一种房费。

3. 深夜房价（Midnight Charge）

客人在凌晨抵店，饭店将向客人加收一天或半天房费。

4. 保留房价（Hold Room Charge）

住客短期外出旅行，但需继续保留所住客房的，或预订客人因特殊情况未能及时抵店的，饭店通常要求客人支付为其保留客房的房费，但一般不再加收服务费。

（三）特别房价

特别房价是根据饭店的经营方针或其他原因，对公布价格作出各种折让的价格。饭店日常采用的折让价格有以下几种：

1. 团队价（Group Rate）

团队价是饭店为团队客人提供的数量折扣，其目的在于吸引大批量的客人，从而售出大批量的客房。

2. 家庭租用价(Family Plan Rate)

饭店为携带孩子的父母所提供的折扣价格,例如对未满六周岁儿童免费提供婴儿小床等,以刺激家庭旅游者。

3. 小包价(Package Plan Rate)

饭店为有特殊要求的客人提供的一揽子报价,通常包括房租费及餐费、游览费、交通费等项目的费用,以方便客人作好预算。

4. 折扣价(Discount Rate)

饭店向常客(Regular guest)或长住客(Long-staying guest)或有特殊身份的客人提供的优惠价格。

5. 免费(Complimentary Rate)

饭店在互惠互利原则下,给予与饭店有双边关系客人的免费招待待遇。免费的范围既可以包括餐费,也可以仅限房费。

(四)合同房价

合同房价也称协议房价、批发房价,是饭店给予中间商的优惠价。中间商销售饭店的客房要获取销售利润,为此与饭店确定散客和团队的优惠价,使他们在销售饭店产品后有足够的毛利支付销售费用从而获得利润。根据中间商的批发量和付款条件,饭店给予中间商不同的数量折扣和付款条件折扣。

二、折扣策略的实施

折扣策略是饭店为实现定价目标而采取的一种经营手段,是饭店在明码公布的客房价格的基础上,给予购买者一定比例的折扣或优惠。常见的折扣方法有以下几种:

1. 数量折扣

数量折扣即根据购买饭店客房产品数量的多少实行一定比例的折扣。购买数量越多,折扣也就越大。具体还可分为累进折扣和非累进折扣。

累进折扣是在规定时间内同一购买者累进购买达到一定数量时,可给予一定的折扣优惠。通常折扣随购买数量的增多而增大。这种方式有利于建立饭店与客人之间长期固定的合作关系,有利于稳定客源渠道,保证销售量的稳定增长。

非累进折扣是规定购买者每次达到一定数量或金额时饭店所给予的价格折扣,购买数量越多,折扣越大。它有利于鼓励和刺激购买者扩大购买量,同时减少交易成本。

数量折扣通常是指降低售价,但许多饭店并不一定降低售价,而是给予达到数量折扣要求的购买者一定数量的免费产品。如饭店常常会向组团的旅行社领队提供免费客房。饭店业常用的数量折扣方法有公司价、团队价、常住旅客价和会议价等。

公司价格又称商业价格。有些公司与饭店建立长期的联系，保证在某一时期内租用该饭店一定数量的客房。作为交换条件，饭店则给予它们一定的折扣。如果旅行社保证在某饭店租用一定数量的客房，它们也能得到公司价。饭店是否给予客户以公司价，应考虑到市场的竞争状况、市场需求情况和饭店自身的需要，国际上有些饭店公司向与本饭店公司建立业务关系的企业保证，公司所属饭店均按商定的价格收款，如果这些企业的客人到饭店时这种房价的客房已全售出，饭店将安排他们到较高房价的客房住宿，并仍收取原先预订的价格。这种安排实际上是另一种形式的商业价格。

团体价是为了使饭店更具有竞争能力而制定的。不论团体客人住哪一种客房，都付同样的房价。通常，饭店会根据不同季节或者一周内不同日子的情况，制定不同的团体价格。

参加会议的客人，通常付相同的房价。在可能时，饭店会把客房数量最多的房价定为团体价。在有3种房价的饭店里，给予参加会议的客人的各种客房数应采取的比例为20%、60%、20%；在有5种房价的饭店里，则应采取的比例为10%、20%、40%、20%、10%。饭店把整个会议看成是一种特殊安排，参加会议的客人中，有些人得到较好的客房，而另一些人只能住差一点的客房。大部分饭店力图按比例出售各类客房。如果在会议期间饭店客源不足，而会议举办单位又要求较大折扣时，饭店很可能会同意按较低的房价，甚至团体价收费。

2. 季节折扣

根据饭店客房产品经营季节性波动较大的特点，在淡季给予客人价格折扣。它有利于饭店的设施和服务在淡季可被充分利用，从而利于饭店的正常经营。

为了提高商务饭店周末的客房出租率和风景区度假饭店淡季的客房出租率，不少饭店加强了淡季促销活动，吸引家庭旅游者来店居住就是其中一个组成部分。这些饭店制定了家庭房价，如周末度假特别房价、周末折扣房价等。为了招揽客人，这类房价比正常房价要低得多。但是，在制定这类家庭房价时，饭店经营者必须进行仔细的分析研究，只有在降低房价导致增加销量，从而增加的营业收入额高于所需变动成本时，这种价格才是可行的。

3. 现金折扣

现金折扣是为了鼓励客人以现金付款或提前付款，而给客人一定折扣的优惠，以加快饭店资金的周转，减少资金的占用成本。国外许多饭店采用赊销方法，客人如以现金付款或提前付款，饭店可以给予他们一定的折扣。饭店通常在交易条款中注明"1/10，净价30"，即客人在成交后10天内付款的话，就可以得到1%的现金折扣，但最迟也必须在30天内付清全部欠款。

饭店在采用现金折扣时，要对以下4个方面作出决策：

(1)允许客人推迟付款的时间。

(2) 允许哪些客人赊购。
(3) 对逾期未付款的客户应采取的措施。
(4) 折扣的大小。

4. 同业折扣

同业折扣指饭店给予旅游批发商和零售商的折扣,比如旅游目的地饭店给予旅行社的折扣房价和一定的佣金。同业折扣可以充分发挥中间商销售职能的作用,是稳定销售渠道的重要措施之一。

加强与旅行社的合作,是饭店经营活动的重要组成部分。饭店给予旅行社的折扣或佣金数额的高低,是决定这些旅行社是否向客人介绍某一饭店的重要标准之一。许多饭店制定了通过旅行社向客人进行推销的规划。饭店除了给予旅行社优先订房权外,还给予它们一定的佣金或折扣,具体做法各饭店有所不同。美国希尔顿国际旅馆公司给予旅行社批发商15%的佣金,以便增加来店的商务旅行者人数。大部分饭店公司则规定:旅行社为客人每预订15间客房,该饭店公司就免费向旅行社提供一间客房。

全部代办包价旅游,可由旅行社、航空公司组织,也可由饭店组织共同实施。不同的饭店有不同的一揽子交易,但几乎所有的一揽子交易都是以大量销售为前提的。全部代办旅游的价格通常包括交通费和住宿费,有时还包括膳食费。饭店向旅行社收取净房价。但是,由于房价只是旅行社向客人收取费用中的一部分,因此,饭店不应把净房价数额告诉客人。

饭店实行折扣房价或佣金,必须在事前作出计划安排。由于折扣或佣金的实行,会使饭店的平均房价下降,因此,饭店经营者必须根据本饭店的经营目标来决定饭店的房价结构,并仔细研究采用哪些折扣或佣金方法。折扣房价一经确定,就应当在实际中执行。如果情况发生了变化,饭店经营者应重新审议房价,制定新的折扣政策。

三、客房预订的渠道及方式

(一)客房预订的直接渠道及订房方式

客房预订的直接渠道是指客人或客户不经过任何中间环节直接向饭店订房。客人通过直接渠道订房,饭店所耗的成本相对较低,而且能对订房过程进行直接有效的管理与控制。

1. 直接渠道的订房种类

直接渠道的订房大致有下列几类:
(1) 客人本人或委托他人或委托接待单位直接向饭店预订客房。
(2) 旅游团体或会议的组织者直接向饭店预订所需的客房。
(3) 旅游中间商如旅游批发商,作为饭店的直接客户向饭店批量预订房间。

2. 直接渠道订房的方式

直接渠道订房的方式有以下几种：

（1）面谈（Verbal）。面谈是指客人或客户与饭店的客房预订员面对面地洽谈订房事宜。这样能使饭店有机会更详细地了解宾客的要求，并能当面回答客人提出的任何问题。服务人员能有机会运用销售技巧，必要时还可通过展示几种房间来帮助和促使客人选择。需要注意的是，前台服务人员在与客人面谈订房事宜时，如客人无特殊要求，应避免向客人作确认房号的承诺，以免失信于客人。

（2）信函（Letter）。宾客或其委托人在离预期抵店日期尚有较多时间的情况下，可采取信函订房方式。通过信函，客人可具体详尽地提出订房要求。订房信函是饭店预订员填写订房单和向客人确认预订的有效凭证，作为准确依据应视其为原始的订房资料加以保存。但是信函预订需要一定的时间，而且有些预订要求往往需要往返联系几次才能最后获得双方的认可。

（3）电话（Telephone）。宾客或其委托人使用电话订房不但迅速、简便，而且预订员与客人之间能进行直接沟通，具体了解客人对客房的种类、数量、房价、付款方式、抵离店时间、特殊服务等要求，有利于适时进行促销。在处理电话预订时，应注意绝对不能让对方久等，如不能立即答复，应请对方留下电话号码，确定再次通话的时间，并注意在通话时语言表达的规范、精练和礼貌。预订员必须及时作好完整的记录，通话结束前，应复述客人的订房要求，以便当即核对，避免发生差错。

（4）传真（Fax）。传真是一种现代通信技术，目前正广泛地得到使用。其特点是：操作方便，传递迅速，即发即收，内容详尽，并可传递发送者的真迹，如签名、印鉴等，还可传递图表，所以传真是当今饭店与客人进行订房联系的最常用的通信手段。

（5）国际互联网（Internet）。随着现代电子信息技术的迅猛发展，通过国际互联网向饭店订房的方式正迅速兴起，它已成为饭店业在21世纪发展趋势的重要组成部分。

一种是通过饭店连锁集团公司的订房系统（CRS）向其所属的饭店订房。随着我国饭店业连锁化、集团化进程的加快，不少饭店纷纷加入了国际或国内饭店集团的连锁经营。大型的饭店连锁集团公司都拥有中央预订系统 CRS（Central Reservation System）。

例如，巴斯集团的"HOLIDEX 2000"预订系统每晚要出租 437 000 多间客房，每年要接到 2 500 多万个预订电话，这个预订系统使假日饭店、假日运通饭店、假日花园饭店、假日度假饭店、假日选择饭店、假日套房饭店和克朗尼广场饭店胜地集团受益颇多。

国际选择饭店集团的"Choice 2000"预订系统分别为世界 3 000 多家选择饭店的连锁饭店服务，其中包括住宿饭店、舒适饭店、号角饭店、高质饭店、友谊饭店、经济饭店和罗德威饭店。这些饭店 30% 的客房出租率是靠预订系统获得的。

"Choice 2000"每年还拥有 200 万个电话订房。

洲际饭店的"Global Ⅱ"预订系统为在世界各地 55 个国家的 150 个连锁饭店提供客房预订服务,约占了这些饭店预订业务的 30%~80%。"Global Ⅱ"预订系统与 380 000 个旅行社进行了联网。国际旅游集团的"Reservahost"预订系统每天为 98 个饭店提供 200 个预订服务,其中包括主人饭店、红地毯饭店、苏格兰饭店、护照饭店以及市民饭店。根据饭店的所处位置,通过中心预订系统,饭店的最高出租率可以达到 85%。

马里奥特饭店集团的 MARSHA 预订系统连接了 850 个马里奥特连锁饭店。需要订房的客人或是旅行社——阿波罗旅行社和军刀旅行社——都可以使用直接与 MARSHA 预订系统相连的计算机预订系统。新系统的建立使那些以赢利为目的预订代理商、饭店总台订房员、旅行社代理商都十分重视客房的最优惠价格。同时,他们也不再需要反复说明行李服务、打折优惠及打折的限制条件。MARSHA Ⅲ 预订系统自动地显示客房的最低价格、最优惠价格、日期以及所需客房的规格、种类。最优惠价格可能包括免费提供行李服务或是住宿期间免费提供早餐。此系统的设计旨在帮助客人了解未来入住时间内饭店能够提供的服务和价格,从而加快预订的速度。如果饭店不能提供客人所要求的客房种类或是价格时,MARSHA 预订系统又会自动地提供下一种商业价格的客房。

Travelodge 集团的"Fortres Ⅱ"中心预订系统为世界各地的 Fortres 连锁饭店服务。从 20 世纪 90 年代到 21 世纪,对任何一个成功的饭店来说,用一个先进的系统来管理预订程序是非常重要的。

近年来,原先主要采用电话订房方式的系统都实现了在国际互联网上的在线预订(On-line reservation),信息全、选择面宽、成本低、效率高、直面客户、房价一般低于门市价等特点使其越来越受到客户及饭店的青睐。图 2-1 是国际大型饭店连锁集团公司之一的巴斯饭店集团公司在国际互联网上推出的在线预订的界面。客人可根据此界面上的提示,直接输入所到城市的名称、到达日期、住宿夜次、住宿人数、订房数、是否常客俱乐部成员等信息,即可进行在线订房。

还有一种是通过饭店自设的网址,直接向饭店订房。一些大型饭店已自设网站,实行全方位的在线订房。虽然这一做法较传统的做法经济、迅速,但对大多数中、小饭店来说一时还难以承受,因此,尚未得到广泛的普及和应用。

(二)预订客房的间接渠道及订房方式

对饭店来说,总是希望将自己的产品和服务直接销售给消费者。但是,由于人力、资金、时间等的限制,往往无法进行规模化的有效的销售活动。因而,饭店往往利用中间商与客源市场的联系及其影响力,利用其专业特长、经营规模等方面的优势,通过间接销售渠道,将饭店的产品和服务更广泛、更顺畅、更快速地销售给客人。

图2-1 巴斯饭店集团在线预订界面

通过间接渠道的订房方式大致有下列几类：
1. 通过旅行社订房

旅行社作为顾客与各类旅游产品之间的桥梁，具有专业性强、市场接触面广等优势，是饭店开展订房业务的主要间接渠道。通过旅行社订房的既有散客，又有团体和会议客人。旅行社订房的特点是房价低、订房时间集中、订房取消率高等。另外，饭店通过旅行社订房，还须向旅行社支付佣金。在国内，实行佣金制，与国际旅游运作方式接轨，已成为一种需要和趋势。只有这样才能促使旅行社积极开拓市场，积极争取订房的客源，达到饭店与旅行社"双赢"的结果。

2. 通过航空公司及其他交通运输公司订房

一些国际饭店集团公司与航空公司携手合作开拓订房客源已有几十年的历史。这种合作随着计算机网络技术的发展，已形成了全球配置系统 GDS（Global Distribution System）。GDS 是以一些大的航空公司的中央预订系统（CRS）为基本框架，由饭店、旅行社以及其他旅游企业加入其中而形成的一个世界范围的、多层次配票的网络。在这个网络中，航空公司的 CRS 与饭店的 CRS 连通，为航空公司和饭店的预订系统提供双向界面。当航空公司的预订员接到订房要求后，即可通过网络转到饭店的预订系统中。饭店能否接受预订的信息又立即转回航空公司的预订员,保证即时给顾客答复。我国的不少航空公司、饭店已加入了这类 GDS 系统,成果颇丰。饭店也可以不同的方式与其他交通运输公司联手合作,开拓订房来源。

3. 通过专门的饭店订房代理商订房

专门的饭店订房代理商组织和招揽世界各地饭店加入其预订系统,并为有订房需求的客人或客户办理订房事宜。国际上有著名的尤特国际有限公司(Utell International LTD)。尤特公司是一家总部设在英国的订房代理公司,代理遍及180个国家和地区 6 500 多家等级各异的饭店。目前,我国(含香港特别行政区)已有 100 余家饭店加盟这一世界上最大的饭店订房代理公司。客户可以电话、传真的方式向其订房,也可以通过 GDS 系统或 Hotel Book 电子邮件订房系统向其订房。

近年来,如雨后春笋般出现的我国各类旅游网站也纷纷推出饭店订房代理业务。如 1996 年 1 月 1 日,英特中国旅游预订网络正式开通,开展中国旅游的全球预订服务(见图 2-2)。

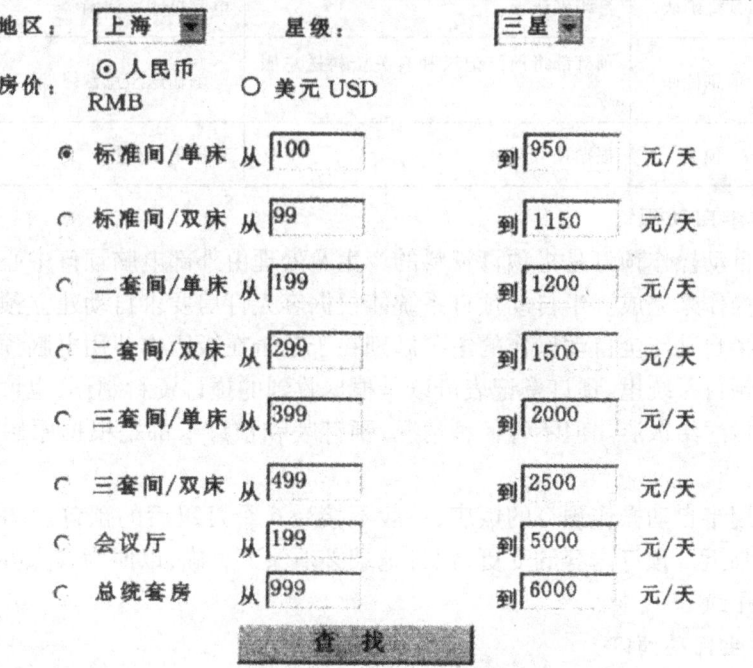

图 2-2　饭店订房搜索引擎实例图示

4. 通过会议和展览组织机构订房

日益频繁的国际、国内会议和展览是饭店重要的业务来源之一。专门承办会议和展览的专业机构和公司是饭店开展订房业务的一个重要渠道。它们订房批量大,带来的其他业务量也大。饭店往往邀请承办商或组织者来店考察、面谈,并以签订合同的形式接受并办理订房事宜。

四、客房预订的操作形式及分类方法

(一)客房预订的操作形式

预订过程和操作形式有2种:半自动及全自动预订(见表2-1)。

表2-1 预订操作形式比较

操作模式		半自动操作	全自动操作
功能	形成预订	打印预订记录或预订卡	通过终端输入信息建立电脑记录
	预订更改	手工检索档案,修改后重新存档	电脑检索档案,电脑修改,电脑重新存档
	记录保存	半年预订期,预订记录和预订卡	电脑存档,两年预订期
	预订确认	打印确认函	电脑打印确认函
	信息传递	预订部将预订记录和有关资料送总服务台	电脑输送至总台终端
	预测	根据预订记录	根据电脑数据

1. 半自动预订

半自动操作预订是指预订资料的产生及处理由外部电脑预订中心和饭店预订员手工操作来完成。半自动预订系统能根据客人订房要求自动建立预订记录和预订卡。半自动与全自动操作的主要区别在于是否在饭店内使用电脑预订系统。在半自动预订系统里,预订登记表可以是根据收到的预订资料制作,也可由预订中心产生再传送给饭店。但不管何种情况,预订表和预订卡都是根据原始预订要求产生的。

采用半自动操作预订的饭店,一般不接受6个月以后的预订。随着客人入住日期的临近及预订内容的变更,预订记录必须保证正确,以便为客人办理有效的入住登记手续。

2. 全自动预订

全自动操作预订是指预订资料的产生及处理全部由饭店内外的电脑系统来完成。全自动订房系统能与各饭店的电脑联网,旨在延长预订期限,加快预订速度和有效地保存预订资料。可将预订期从 6 个月延长至几年,同时也使预订资料不必以书面形式保存。其处理预订的特点是:宾客的预订要求能否满足可以根据电脑显示出的可供房情况立即决定。

全自动预订系统基本有 5 个功能:
(1)形成预订要求。
(2)将预订要求与可供房情况进行对照。
(3)记录和处理有关会计资料。
(4)接受或婉拒预订。
(5)保存预订记录。

使用电脑是饭店现代化管理的手段之一,除了速度快、正确性高、储存量大等优点外,还可使我们不必再用档案架或档案柜、预订架、打字机等设备,使预订处及前台接待处能腾出许多空间,故目前被大多数饭店所采用。

当客人登记入住时,电脑已将预订记录的内容编印成了入住登记卡,这样就简化了客人登记手续。在预报方面,它能自动预报预留房数、确定房数,并预测出租率和客房收入,且操作便利。

(二)客房预订工作系统

大多数饭店目前采用的客房预订工作系统,有以下两种:

1. 计算机预订系统

当预订员接到预订申请后,先根据客人的要求,填写一份预订登记表,然后根据电脑程序和操作要求,将客人的预订住处资料输入预订终端。预订终端根据预先设计好的程序,自动做好预订信息的储存、分析、整理、汇总和传递工作。预订员还可通过电脑对预订的变更和取消事宜进行修正处理。属于饭店联号成员的饭店,则可通过该联号的中心预订系统开展预订业务,既节省了时间和人力,还可以增加客源。由于电脑具备诸多优点,目前电脑预订正被大多数的大、中型饭店所采用。

通常,电脑的预订功能包括以下内容:
(1)输入和接受未来若干年中任意一天的客人订房要求;
(2)利用房号预先为客人排房;
(3)接受新的预订信息,自动建立一个不重复的账号,提供给客人做预订号;
(4)每个预订记录都可以通过姓名、账号(预订号)、抵离日期、公司名称等方式查询;
(5)可更改或取消预订记录,并对更改或取消进行存档记录;
(6)显示超额订房的信息,同时亦接受强制超额订房;
(7)专门处理团体订房,可为团体客人建立总账单;
(8)可接受及提示(显示)客人的特殊要求;

(9)自动将客人按国籍、订房方式、抵店日期等分类统计；

(10)提示饭店与公司、旅行社、代理商的协议价格。

除以上功能外,前厅管理人员和预订员还可以在电脑预订系统中得到下列有用信息和报告：

(1)预期抵离店客人报告；

(2)客房情况；

(3)取消预订报告；

(4)订房预测分析；

(5)客源地理分布；

(6)超额预订报告；

(7)房价及预订情况分析；

(8)公司、旅行社、代理商等订房量的统计；

(9)客人结构比例。

客房预订部是率先接触客人的部门,若要给客人留下良好印象,就必须正确、及时地处理客人的预订要求,并将信息输入电脑,还应当按要求打印出各种预订报表,当变更预订信息时要立即修改电脑内容并通知接待部门。

2．威特尼预订系统

这种方法是由美国人威特尼(Whitney)发明的,所以叫威特尼预订系统。目前,在一些小型饭店还在使用这种预订系统。这种方式主要通过4个控制盘,即订房控制盘(Reservation rack)、房间状况控制盘(Room rack)、问讯控制盘(Information rack)和电话总机控制盘(Switchboard rack),来提高客房预订的精确性,以提高服务质量和工作效率。

预订控制盘的外观是一个固定金属盘或木盘,里面有一个个长方形的小格子,每一格代表一个房间,在上面标明楼层和房号,有的还标明特别设备及床位等。当预订员接到订房的要求后,即将客人的姓名、房间号数与要求填写在"订房卡"上,并登记在预订控制表上;然后将订房卡按日期放在一起,不得遗漏或放错。待客人到达饭店的前一两天,将"订房卡"抽出并插入预订控制盘,等到客人到达饭店的当天早上,再将客人的订房资料(包括订房卡、当天订房姓名表等)移送到接待处的房间状况控制盘上。需要为已订房的客人控制某些房号的房间时,则可以在格子上插标签,表明这个房间除了这个客人外,其他任何客人都不能进住。为了反映房间预订情况,订房卡可以采用不同的颜色。例如,红色表示准确预订,黄色表示后备,绿色表示房租费全免,灰色表示半天房价等。这样,预订员可以根据预订控制盘和预订控制表的标示,及时准确地回答是否有房间可以预订。这种方法由于使用方便,投资小,也受到饭店的欢迎。

(三)客房预订分类方法

客房预订的分类方法是由饭店客房及种类的多少、预订服务和管理水平的高低、客源种类及住宿天数多少等来决定的。分类的目的是为了监督预订业务,保证其准确性,方便客人,便于操作,以提高服务质量。客房预订的分类方法主要有以下两种:

1. 分层预订法

分层预订法(Conventional chart)是按照客房所在的楼层和房号,将确定的客房预订给客人,满足客人对客房等级、方位和设备等要求的预订方法(见表2-2)。

表2-2 分层预订表

房号		日期	1	2	3	4	5	6	7	8	9	10	11	12	13	14	15	16	17	18	19	20	21	22	23	24	25	26	27	28	29	30	31
101	TB	S	←	JONES	←	←			SMITH	←																							
102	DB	SR																																
103	TB	SR																																
104	TB	SR																																
105	DB	SR																										←	BURGER	←				
106	TB	SR																																
107	DB	S					←						TINGLE	←				←																

订房情况: TINGLE先生预订107号房 2月5日到达,2月16日离开。以此类推。

分层预订方法采用的前提是:客源市场比较稳定,客人居住时间较长,取消或"无到"(No-show)的情况较少,客房种类较多,但规模较小,散客和长住客人占相当的比例。因此,比较适合于度假饭店和公寓式饭店。这种方法的好处是:图表上的信息比较全面,预订员在客人的订房阶段就能安排好房间,能满足老顾客及特殊客人的需求,体现了饭店的优良服务。

但是,分层预订方法的不足之处是:接待住店繁忙时,很难一目了然地从图表查明空房的数量,在有限的空间填写了数次的订房记录,容易出现差错。所以,通常在旺季或对一般客人不宜采用。

2. 分类预订法

分类预订法(Density chart)是按照客房的等级和种类来预订房间,不考虑楼层和方位。客人预订时,预订处只提供客房的类型、等级和价格等,客人进店后住哪一间房,要由总台接待员根据客房租用的具体情况来定(见表2-3)。

分类预订方法适用于客房以类型区分、客人平均停留天数较少的现代化饭店。与分层预订法相比,此方法的优点是:便于标注及更改,能一目了然地显示可租房的数量与种类,使预订员能迅速了解在某一个时期是否有可租房。这种方法简便易行,分配房间时回旋余地大,不易出错。但要求预订员和接待员工作认真细致,并有较好的推销技巧。此种方法目前为较多饭店所采用。

有些饭店同时采用两种预订方法,即针对贵宾和老顾客,使用分层预订法;而在一般情况下,则采用分类预订法,容易收到较好的效果。

表2-3 分类预订表

客　房　预　订
日期_____
可售客房数:220

60间双人床客房

60	⊠	⊠	57	56	55	54	53	52	51
⊠	⊠	㊽	㊼	㊶	㊺	㊹	㊸	42	41
40	39	38	37	36	35	34	33	32	31
30	29	28	27	26	25	24	23	22	21
20	19	18	17	16	15	14	13	12	11
10	9	8	7	6	5	4	3	2	1

120间二张双人床客房

120	119	118	117	116	115	114	⊠	⊠	⊠
110	109	108	107	106	105	104	103	102	101
100	99	98	97	96	95	94	93	92	91
90	89	88	87	86	85	84	83	82	81
80	79	78	77	76	75	74	73	72	71
70	69	68	67	66	65	64	63	62	61
60	59	58	57	56	55	54	53	52	51
50	49	48	47	46	45	44	43	42	41
40	39	38	37	36	35	34	33	32	31
30	29	28	27	26	25	24	23	22	21
20	19	18	17	16	15	14	13	12	11
10	9	8	7	6	5	4	3	2	1

20间特大号双人床客房

⊠	⊠	⑱	⑰	⑯	15	14	13	12	11
10	9	8	7	6	5	4	3	2	1

20间套间

⊠	⊠	⊠	17	16	15	14	13	12	11
10	9	8	7	6	5	4	3	2	1

×=预订房
○=住客房
方框形粗线=团队用房

第二节　客房预订的类别与程序

一、客房预订的类别

饭店在接受和处理宾客预订时,根据不同情况,一般将预订分为两大类型。

(一)非保证类预订(Non-guaranteed Reservation)

非保证类预订通常有以下3种具体方式:

1. 临时类预订(Advanced Reservation)

临时类预订指客人的订房日期或时间与抵达的日期或时间很接近,饭店一般没有足够的时间给客人以书面或口头确认。当天的临时类订房通常由总台处理。临时类预订的客人如在当天的"取消预订时限"(通常为18:00)还未到达饭店,则该预订即被取消。

2. 确认类预订(Confirmed Reservation)

确认类预订指客人的订房要求已被饭店接受,而且饭店以口头或书面形式予以确认。一般不要求客人预付预订金,但规定客人必须在预订入住日的时限内到达饭店,否则作为自动放弃预订。

确认预订的方式有两种:一种为口头确认,另一种为书面确认。通常使用书面确认,如邮寄、传真回复确认书等。口头确认一般只用于客人订房时间与抵店时间很接近时。

书面确认与口头确认相比有如下优点:

(1)能复述客人的订房要求,使客人了解饭店是否已正确理解并接受了他的订房要求,使客人放心。

(2)能申明饭店对宾客承担的义务及有关变更预订、取消预订以及其他有关方面的规定,以书面形式确立了饭店和客人的关系。

(3)能验证宾客所提供的个人情况,如姓名、地址等。所以持预订确认书的客人比未经预订、直接抵店的客人在信用上更可靠,大多数饭店允许其在住店期间享受短期或一定数额的赊账服务待遇。

无论是口头确认还是书面确认,都必须向客人明确申明饭店规定的抵店时限。

3. 等候类预订(On-wait Reservation)

饭店在客房订满的情况下,因考虑到有一定的"水分",如取消、变更等,有时仍按一定数量给予客人以等候订房。对这类订房的客人,饭店不发给确认书,只是通知客人:在其他客人取消预订或提前离店等情况下,可予以优先安排。

(二)保证类预订(Guaranteed Reservation)

宾客通过预付订金(Deposit)来保证自己的订房要求,比如在旅游旺季,饭店为了避免因预订客人不来或临时取消订房而造成损失,要求宾客预付订金加以保证,这类预订称之为保证类预订(也称担保预订)。保证类预订以宾客预付订金的形式来保护饭店和宾客双方的利益,约束双方的行为,因而对双方都是有利的。

预付订金是指饭店为避免损失而要求宾客预付的房费(一般为一天的房费,特殊情况例外)。对如期到达的客人,在其离店结账时予以扣除;对失约客人则不予退还,饭店为其保留住房到第二天中午12时止。对保证类预订的客人,在规定期限内抵达而饭店无法提供房间时,则饭店负全部责任。

预订编码就是当客人需要进行担保预订时,饭店提供给客人的一系列按字母和数字组合成的号码形式的参考信息。这个编码指明,客人支付了至少一个晚上的客房费用后,饭店保证在特定的日期内给客人提供住宿服务。编码同时还包括一些对客人没有任何重要实际意义的字母和数字,这些字母和数字主要用来表明饭店属于哪个连锁集团、预订的经办人、客人的到达时间和离店时间、信用卡的种类、信用卡的号码、客房规格、客房价格以及预订序列号等。设计这些预订编码的组合使预订编码包含了很多信息，这样便大大方便了某一预订系统的有效管理。下面是一个担保预订的编码：

122 – JB – 0309 – 0311 – MC – 75 – K – 98765R

- 122——连锁集团中该饭店的确认代码
- JB——预订员姓氏的词首字母
- 0309——客人抵达日期（3月9日）
- 0311——客人离店时间（3月11日）
- MC——信用卡的种类（万事达卡）
- 75——客房每晚房价（75美元）
- K——预订房中没有特大床位
- 98765R——预订的顺序号码

在建立一个预订编码系统的时候，必须把几个因素考虑进去。由于电脑里用来储存编码信息的容量是有限的，所以信息越简短越精练越好。在设计预订编码时必须保证编码包含了饭店所需要的足够的信息，以确保饭店能为预订客人提供食宿。编码的目的就是要将担保预订的客人的预订要求传达给饭店，使饭店了解到客人订房的细节要求。客人的资料应输入电脑控制中心，这样查询起来要快得多。但有时储存的信息也可能会丢失或错存，当这种情况发生的时候，预订编码就能给饭店提供正确的客人住宿资料。

当担保预订确定后，客人支付担保费用的方式也已经确立了，信用卡或是事先商量好的直接划账等支付方式都是最常见的支付方法。有的客人会送来银行支票或是发送现金来进行担保。银行支票是可以受理的，只要支票是在有效期内使用。如果是提前支付现金或银行支票，就必须留意客人是否和信用卡公司或饭店建立了信用关系。决定客人最后采取哪种支付方式结账是非常重要的，饭店必须对用现金作担保的客人的账单进行严密监管，防止逃账。

有时客人可能因临时改变行程而要取消预订，计算机中心系统能轻松地处理这种情况。客人只需要打电话给计算机中心系统或是直接与预订的饭店联系即可。有些饭店规定了取消预订的时间限制，即客人必须提前24小时、48小时、72小时通知饭店，这样客人可免交第一晚的客房费用。根据以往预订取消频率的历史记录（以及由此给饭店造成的经济损失）和饭店的公关策略（有失去回头客的可能），每个预订系统都对取消预订作了相应的规定。

预订取消编码由一系列的数字和字母组成，它提供了与客人取消担保预订有关的一些信息。预订取消编码证实客人取消订房时已与饭店取得联系，并确定客人对取消的订房不负任何责任。假设总台员工出现失误，向已经取消担保预订的客人收取费用的话,客人就会出示预订取消编码并拒绝用信用卡付账。

预订取消编码和预订编码一样,包含一些数字和字母。这些数字和字母分别表示饭店的名称、接受取消预订的经办人、客人到达日期、离店日期以及取消预订的顺序号码。这些信息以及其他信息都是为了对取消预订进行有效管理。如果客人已用现金预付了保证金,那么饭店就必须对这位客人账单上的贷方余额进行相应的处理。取消订房编码的基本形式如下所示:

122 – RB – 0309 – 1001

- 122——客房在连锁集团中的确认号码
- RB——办理取消预订的预订员的姓氏词首字母
- 0309——客人抵达日期(3月9日)
- 1001——取消预订的顺序号码

保证类预订在饭店与未来住客之间建立了更牢靠的关系。客人可能通过下列方法进行订房担保:

(1) 使用信用卡。客人在订房时向饭店声明,将使用信用卡为所预订的房间付款,并把信用卡的种类、号码、失效期及持卡人的姓名告诉饭店。如客人在预订日期未抵达饭店,饭店可以通过信用卡公司获得房费收入的补偿。

(2) 预付订金。对于饭店来说,最理想的保证类预订方法是要求客人预付订金,如现金、支票、汇款等饭店认可的形式。预付金可以由预订处收取后交财务部,也可由财务部收取后通知预订处。

(3) 订立商业合同。订立商业合同是指饭店与有关客户单位签订的订房合同。合同内容主要包括签约单位的地址、账号以及同意对因为失约而未使用的订房承担付款责任的说明,合同还应规定通知取消预订的最后期限,如签约单位未能在规定的期限通知取消预订,饭店可以向对方收取房费等。

由于各地区、各饭店的实际情况不同,担保的方法也不尽相同。有些饭店将其认可的个人名誉担保视为订房担保;有些饭店目前尚无法接受以信用卡作为订房担保,故采取何种有效的订房担保,应视情况而定。

二、客房预订的程序

为了确保预订工作的正常运行,必须建立完整详尽的工作程序。客房预订的程序(见图2-3、图2-4)大致是:

通信联系→明确订房要求→接受或婉拒预订→确认预订→记录、储存订房资料→预订的变更、取消及客人抵店前的准备工作。

1. 通信联系

宾客以面谈、信函、电传、传真、电报、电脑网络等方式向饭店提出订房要求。

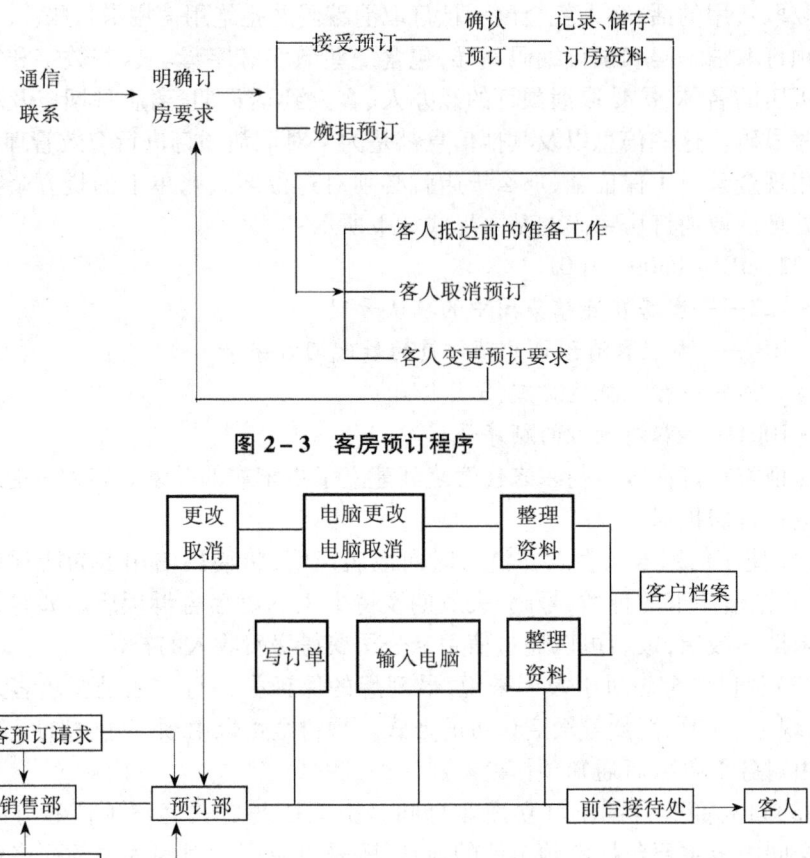

图2-3 客房预订程序

图2-4 电脑预订工作流程

2. 明确订房要求

预订员将宾客的订房要求填写入统一规格的订房单(见表2-4),以明确饭店在处理预订中所需的各种信息,如客人姓名、人数、国籍、抵离店日期及时间、抵离店车次或航班、所需客房的种类和数量、价格、付款方式、预订人姓名或单位及地址、电话号码、特殊要求等信息。

3. 接受或婉拒预订

在决定是否接受客人订房要求时,应考虑下列几个因素:①客人预期抵达的日期;②客人所需客房的种类;③客人所需客房的数量;④客人住店的天数。

根据上述条件,预订员要决定是否接受客人的订房要求。若客人的上述需求与饭店的接待能力和规定相吻合,则予以接受;反之,则予婉拒。婉拒客人预订要求时,需顾及客人心理,要用友好、抱歉和理解的态度对待客人,并主动提出可供客人选择的建议。

表2-4 客房预订单

```
                    ××饭店订房单
                                              订房日期_____
                                              订 房 员_____

抵店日期        离店日期        住店天数      宾客人数       房  价
_____          _____          _____        成人____
      上午            上午                      儿童____
      下午            下午

客房数          客房类型        大号双人床    双人房         套间
                                (1张床)       (2张床)      (2个卧室)
其他要求        婴儿床          连通房        带阳台的客房   其他指定的要求
                加床            相邻房        游泳池边的客房

宾客姓名
姓_____      名_____                    头衔_____
街道            城市            州(省)        邮政编码       电话号码_____

代理人                          电话:(    )

街道            城市            州(省)        邮政编码

是否确认类订房                  是____否____
通过何种方法来确认订房

信用卡          号码            失效期        订金           其他方法
订房人(如不是上述已注明的人士)

备注_____
--------------------预订的变更内容--------------------
原始订房记录的号码_____      原始订房记录的抵店日期_____
原始订房的房价_____
(备注)
```

4. 确认预订

确认了宾客的订房要求后,饭店应及时发出预订确认书。确认书中应复述客人的订房要求、房价及付款方式,申明饭店对宾客订房变更、取消预订的规定。对确认类预订的客人要申明抵店时限,对保证类预订的客人要申明饭店收取预订金。最后,还应向客人选择本饭店表示感谢。

5. 记录、储存订房资料

当预订确认书发出后,预订资料必须及时、准确地记录与储存,以防疏漏。订房资料一般由订房单、确认书、预订金收据、预订变更单、预订取消单、客史档案卡、客人的书面预订凭证等组成。

预订登记的记录储存可采用两种方式：

（1）按客人预订的到达日期顺序储存。按时间顺序也就是按客人抵店日期的先后顺序排列，将预订卡归档储存，以确保预订工作的准确性，也便于随时掌握每天有哪些和有多少客人预订了房间。按时间顺序归档的预订卡，一般放在一个大的卡片箱或抽屉里。

（2）按客人姓氏字母顺序储存。按字母顺序排列，也就是按客人姓氏的第一个英文字母的顺序排列，把预订卡归档。这种归档方式较适合大、中型饭店，通过客人姓名，可以迅速了解客人预订情况。总台接待员按照客人姓氏字母顺序，能快速找到客人的预订资料，问讯处和电话总机也可通过客人姓氏字母顺序查找资料，既方便又有效。

预订资料的归档储存，比较理想的做法是：既把预订资料按到达日期归档，又把同一天的预订资料按姓氏字母顺序排列，这样，有利于提高前台预订和接待服务的效率。

6. 预订的变更、取消和宾客抵店前的准备工作

如果宾客变更或取消已确认的预订要求，预订员必须填写预订变更单或预订取消单。将取消的订房资料归入取消类存档，将变更的订房资料与预订变更单汇总，按接受一个新的预订程序处理。

如果采用电脑来处理上述工作就十分方便、快捷，可充分提高效率。

宾客抵店前的准备工作包括发出客情预报表、次日抵店客人名单、贵宾接待通知单、团体接待通知单等。表 2-5 是通过电脑 PMS 完成的预订操作示解：

表 2-5　PMS 终端电脑屏幕上面显示的客人数据

```
             预订——输入客人数据
           RESERVATIONS—ENTER GUEST DATA

姓    名：
公    司：
地    址：
电    话：
抵店日期：         抵店时间：           离店日期：
航空公司：         航    班：           到达时间：
序    号：         客人人数：           房    价：
备    注：
确认编码：
信 用 卡：                              数    量：
旅 行 社：         代 理 人：           身份证号码：
址    址：                              邮    编：
```

客房预订可以通过中心预订系统总部进行客房预订,在预订系统中,用独立的PMS也能够进行预订。在"预订"模块中总台员工和预订员可选择各个应用选项。

如果预订员选择了选项1——"客人数据",在电脑的显示屏上就会出现表2-5所示的信息,总台员工将按PMS提出的要求输入数据。需要时可以进入预订模块中的其他选项。

如果选择选项2——"客房盘存",电脑就会列举预订状态(说明某晚饭店的某间客房是否可供租用)。客房的预订状态分待租、已确认(在下午4点或5点以前将保留该客房)、已担保(在客人抵店以前将一直保留该客房)和正在维修4种情况,如表2-6所示。

表2-6 PMS终端电脑屏幕上显示的客房盘存信息

		客房盘存 ROOM INVENTORY	11月6日 11 06	
客房 ROOM	类型 TYPE	房价 RATE	状态 STATUS	客人姓名 NAME
	超大床	65	待　　租	SMITH, V.
	超大床	65	确认预订	GREY, R.
	超大床	65		LITTLE, N.
	带卫生间的双人房	55	担保预订	THOMAS, P.
	带卫生间的双人房	55	担保预订	
	超大床	75	待　　租	
	超大床	75	待　　租	
	超大床、套房	95	担保预订	DENTON, K.
	带卫生间的双人房	55	待　　租	
	带卫生间的双人房	55	担保预订	SLAYTON, J.
	超大床	75	待　　租	
	超大床	75	待　　租	
	超大床、套房	95	待　　租	
	套房	150	担保预订	
	套房	95	担保预订	STONE CO. CONV.
	套房	95	担保预订	STONE CO. CONV.
	套房	70	担保预订	STONE CO. CONV.
	套房	70	担保预订	STONE CO. CONV.
	套房	70	担保预订	STONE CO. CONV.

如果预订员想查看客人是否预交了保证金,就可以选择选项3——"保证金"(见表2-7)。这个选项提供的信息是从"客人数据"选项中汇编出来的,预订员在"客人数据"选项里注明了客人是用哪种方式进行担保的——是用信用卡还是

现金或银行支票。

表2-7 PMS终端电脑屏幕上显示的客人保证金信息

保证金——读取数据
DEPOSITS – RETRIEVE DATA
姓名 NAME:GROSSMAN,S.
MANDRADE 保险公司
地址 ADD:447 LANKIN DRIVE PHILADELPHIA PA 00000
抵店日期 ARRIV:9月17日　　　　现金 CASH:55.00　　　　账单 FOLIO:55598R
姓名 NAME:LINCOLN,D.
KLINE 鞋业销售公司
地址 ADDRESS:7989VICTORY PLAZA NY, NY 00000
抵店日期 ARRIV:0917　　　　现金 CASH:100.00　　　　账单 FOLIO:56789R

选项4——"特殊要求",帮助预订员或总台员工确定客房是否能满足客人的特殊要求(见表2-8)。在这个选项里列出了残障客人的便利设施、吸烟区与非吸烟区、周围特殊景观以及附近饭店的设施等信息。这个选项能帮助预订员为客人提供周到的服务。

表2-8 PMS终端电脑上显示的客人的特殊要求

特殊要求——可租房　　6月5日			
SPECIAL REQUESTS – ROOM AVAILABILITY 06 05			
房号 ROOM	类型 TYPE	房价 RATE	状态 STATUS
101	带卫生间的双人房,靠近楼梯	55	待租
108	超大床,豪华浴室,靠近楼梯	75	待租
109	超大床,豪华淋浴室,靠近楼梯	75	待修
115	超大床,视听设备,高级淋浴室	75	待租
130	超大床,可看海景	85	待租
133	超大床,可看海景	85	待租
116	超大床,视听设备,高级淋浴室	75	待租
201	超大床,高级浴盆	75	待租
208	超大床,高级浴盆	75	待租
209	超大床,豪华淋浴室	55	待租
211	超大床,靠近游泳池	75	待租
301	超大床,高级喷头	75	待租
333	超大床,可看海景	85	待租
428	带卫生间的双人房,带会议室	95	待租
435	带卫生间的双人房,带会议室	95	待修

选项5——"客房分配"（见表2-9），提供关于某天哪间房应分配给即将到来的客人之类的信息。这个选项将帮助把客人分配到特定的客房。

表2-9 PMS终端电脑屏幕上的客房分配表

客房分配报表——2月
BLOCKING REPORT 02 MONTH

客房 ROOM	状态 STATUS	备注 COMMENTS
101	担保预订	PENN CONFR
102	担保预订	PENN CONFR
103	担保预订	PENN CONFR
104	担保预订	PENN CONFR
105	担保预订	PENN CONFR
106	待租	
107	待租	
108	待租	
109	担保预订	0205114501
110	待租	
201	担保预订	PENN CONFR
202	担保预订	PENN CONFR
203	担保预订	PENN CONFR
204	担保预订	PENN CONFR
205	担保预订	PENN CONFR
206	担保预订	PENN CONFR
207	待租	
208	待租	
209	担保预订	0219BR4567
210	担保预订	0418BR4512
301	待租	
302	担保预订	PENN CONFR
303	担保预订	PENN CONFR

选项6——"抵店客人"（见表2-10），列出了某天将抵达饭店的单个客人或团体客人。

选项7——"离店客人"（见表2-11）列出了某天将结账离店的客人。有了这个选项，前厅经理或总台工作人员就能确定是否能满足一些客人要求延期离店的要求，同时还能确定这些客房是否能出售给将来的客人。

表 2-10　PMS 终端电脑屏幕上显示的抵店客人报表

　　　　　　　　　即将抵店的预订客人　　2月15日
　　　　　　　　　RESERVATION INCOMEING　02　15

姓名 NAME	客房 ROOM	房价 RATE	离店日期 DEP
ABERNATHY,R.	400	75	2月16日
BROWNING,J.	201	75	2月17日
CANTER,D.	104	55	2月16日
COSMOE,G.	105	55	2月19日
DEXTER,A.	125	70	2月17日
DRAINING,L.	405	95	2月16日
GENTRY,A.	202	70	2月16日
KENT,R.	409	70	2月18日
MURRY,C.	338	80	2月18日
PLENTER,S.	339	80	2月17日
SMITH,F.	301	75	2月18日
SMETH,S.	103	65	2月16日
WHITE,G.	115	75	2月16日

表 2-11　PMS 电脑终端屏幕上显示某天的离店客人姓名和团队名称

　　　　　　　　　离店客人　　3月9日
　　　　　　　　　DEPARTURES　03　09

客房 ROOM	姓名 NAME	备注 COMMENTS
207	SMITH,Y.	格瑞特公司
208	ANAHOE,L.	格瑞特公司
209		度假
211	LISTER,B.	仁爱医院
215		度假
233	CRAMER,N.	克拉特保险公司
235		度假
301	SAMSON,N.	度假
304		仁爱医院
319	DONTON,M.	约翰逊旅游团
321		约翰逊旅游团
322	ZIGLER,R.	约翰逊旅游团
323		约翰逊旅游团
324	ASTON,M.	约翰逊旅游团
325	BAKER,K.	约翰逊旅游团
326	BAKER,P.	约翰逊旅游团

选项8——"贵宾"（见表2-12）给总台工作人员提供了有关重要人物的一些

信息。虽然对饭店来说所有客人都很重要,但经常光顾饭店的一些重要人物希望受到特别款待。这些人物或是名人或是政界要员,他们都希望用最快的速度办理入住登记手续。如果在接受预订时就能获得这些信息,将会给订房员的工作带来很大的帮助。

表 2-12 PMS 电脑终端显示的贵宾表列出了客人的特殊要求

巴克利·弗兰克 M/M
格兰尼开发公司
地址:2234 WEST RIVER DRIVE
GRANITE,TN 00000
000-000-0000

偏好 129、130 号套房或 145、146 号套房。131 号或 147 号房需提供个人保安服务。当客人抵达饭店时通知保安部

格兰尼开发公司的首席执行官需要一位保姆(有两个小孩,一个 5 岁,一个 7 岁)
通知厨房送奶酪、巧克力饼、葡萄酒和牛奶 通知礼品店给巴克利夫人送黄玫瑰

向格兰尼公司直接划账(时代饭店,账号 420G)
公司地址:301 THOMPSON DRIVE,GRANITE,TN 00000

选项 9——"客房出租率预测"(见表 2-13),给饭店的各部门提供了将来某天将要入住的客人数量。

表 2-13 PMS 显示的客房出租率预测信息

	客房出租率预测	12 月 18 日
	PROJECTED OCCUPANCY	12 18
确认预订房 CONF RES	42 间	50 位客人
担保预订房[1] GUAR RES	89 间	93 位客人
延期离店房[2] STAYOVERS	50 间	85 位客人
散客房[3] WALK-INS	35 间	50 位客人
总计 TOTALS	216 间	278 位客人
客房出租率 OCCUPANCY 86%		客房收入 ROOM INCOME 15120 美元

1. 约翰逊宇航协会将在晚上 10 点以后抵达。
2. 斯密斯密尔公司将用早餐,并举行晚宴
3. 枪骑邮票展将在圣托马斯饭店举行

选项 10——"旅行社代理"(见表 2-14),可以使预订员了解有关旅行社代理人的或是代理预订的旅行社的信息。有些旅行社为饭店代理预订,所以饭店向这

些旅行社支付一定的费用,该选项可以简化饭店向旅行社支付费用的手续。而且这一选项和 PMS 的"应付账款"模块相连。

表 2 – 14　PMS 中的旅行社信息

<table>
<tr><td colspan="5" align="center">旅行社信息
TRAVEL AGENT INFO</td></tr>
<tr><td>日期
DATE</td><td>旅行社
AGENCY</td><td>代理人
AGENT</td><td>业务
ACTIVITY</td><td>付款日期
PAY DATE</td></tr>
<tr><td>9 月 23 日</td><td>MENTING
#4591
32 KAVE
SIMINTON,NJ
00000
000 – 000 – 0000</td><td>BLANT,E.
#4512B</td><td>5 位担保预订客人
平均房价为 70 美元</td><td>9 月 30 日</td></tr>
<tr><td>9 月 30 日</td><td>MENTING
#4591</td><td>CROSS,L.
#4501 B</td><td>10 位担保预订客人
平均房价为 65 美元</td><td>10 月 5 日</td></tr>
<tr><td>2 月 1 日</td><td>MENTING
#4591</td><td>CROSS,L.
#4501 B</td><td>20 位担保预订客人
平均房价为 75 美元</td><td>2 月 10 日</td></tr>
<tr><td>2 月 5 日</td><td>MENTING
#4591</td><td>BROWN,A.
#4522 B</td><td>10 位担保预订客人
平均房价为 70 美元</td><td>2 月 15 日</td></tr>
</table>

选项 11——"客人留言"(见表 2 – 15),能使总台员工在办理入住登记手续时将一些重要信息传达给客人。这是饭店向客人表示无微不至的关心的另一途径。

表 2 – 15　PMS 中的客人留言信息

<table>
<tr><td colspan="2" align="center">留言——客人
MESSAGE – GUESTS</td></tr>
<tr><td>布林克·W. L.</td><td>1 月 2 日　中午 12:57</td></tr>
<tr colspan="2"><td colspan="2">汤姆·威斯汀先生不能在 1 月 2 日晚上 7:00 抵达饭店。请务必在 1 月 2 日晚上 7:00 以前打电话给他,请他重新定时间。　　S. W. E</td></tr>
<tr><td>布林克·W. L.</td><td>1 月 2 日　中午 1:38</td></tr>
<tr><td colspan="2">詹利弗·豪将按原定计划于下午 5:00 与您在时代饭店的大堂酒吧会面。请将 21 – Z 号研究计划的有关数据带来。　　S. W. E</td></tr>
</table>

选择选项 12——"报表",能使前厅经理得到有关登记的一些记录和报表。

这些例子只是简单地说明了 PMS 预订模块大致的一些功能。如果对 PMS 有了很多的操作经验,它就会变成你真正的管理工具。能对预订数据进行有效管理的前厅经理会把成千上万的细节归纳组合成有用的信息。这些信息不但能帮助饭店更好地为客人服务,同时也可以为饭店带来可观的经济效益。

第三节　客房预订的控制

一、客房预订信息预报

　　客房预订信息处理及预报是客房预订的最后一环,又是前台宾客入住接待的前提,它起着承上启下、举足轻重的作用。预订处的设立是为了保证接待处能更多地出租客房。预订处必须及时了解接待处出租房间的情况和房间状况,否则,就无法准确控制订房;接待处也要经常了解客房预订情况,否则,就无法保证在销售客房中不出差错。因此,这两个单位之间必须随时互相沟通,必须强化这方面的工作,应借助有关信息报表,使工作做到准确无误,达到优质高效。

　　(1)预订处必须每天将客房预订情况及订房客人的资料等提前一天或数天报给接待处,使其做到心中有数,准确地将房间销售给客人。

　　(2)预订员要在每天早晨到接待处核对房间控制情况,了解客人离店时间和各类客人预订住宿天数,与预订控制表对照比较,防止客房预订和已住客房发生冲突;或由接待处将前一天的房间情况向预订处报告,使其了解和掌握可销售客房的情况。

　　(3)如果客人订房时指定要某房号的房间,若可能,预订处必须事先分房;或与接待处联系,若可以,请接待处留意保证该房;若不行,则向客人进行多方解释,进行协调。

　　(4)如果客人未经预订要求住店,特别是要求住宿几天以上的,前台接待员应主动与预订处联系,防止与客房预订发生冲突,引起订房纠纷。

　　(5)接待处每天早晨将前一天的"无到"(No-show)名单整理成两份,一份送预订处作为计算临时取消率的资料,一份存档。"无到"客人的订房作失效处理,已交预订金的,按规定作没收补偿处理。采用电脑系统的饭店,处理这方面的问题就不那么烦琐,各部门之间均可通过电脑终端沟通。以下是一部分常用的客人情况预报资料表格(见表2-16、表2-17、表2-18)。

表2-16　次日预期抵达客人名单

　　　　　　　　　　　　　　　　　　　　　　　　　____年____月____日

预订号	序号	客人姓名	房间数	房间类别	抵达时间航班	预期离店日期	备注
1							
2							
3							

表 2-17　次日预期离店客人名单

　　　　年　　　月　　　日

预订号	序号	客人姓名	房间号	预期离店日期	预期离店时间	备注
	1					
	2					
	3					

表 2-18　客情预报表格

DAY 日期	1	2	3	4	5	6	7	8	9	10
DATE 星期										
F. I. T ARR 预抵散客										
GROUP ARR 团队										
F. I. T DEPT 离店										
GROUP DEPT 团队离店										
F. I. T STAYOVER 延期住宿										
GROUP STAYOVER 延期团队住宿										
O O O 故障房										
ON BOOKED 已满房间数										
EXPECTED VARIANCE 预计出租房数										
EXPECTED OCC UNIT 预计出租单位										
EXPECTED OCC PCT 预计出租率										
EXPECTED VACT UNIT 预计空房间数										

HOUSE USE　　　　TOTAL AVAILABLE
内部已用房间数　　可用房间总数

二、超额订房

饭店实现了客房预订,并非所有的客人都能按约如期到达。经验告诉我们,即使饭店的客房全部预订出去,因为客人的预订不可能都是保证类预订,仍会有一小部分订房者因各种原因不能按期抵达或临时取消,使饭店出现空房,就会因延误出租而造成一定损失。饭店为追求较高的出租率,争取获得最理想的经济效益,有可能或有必要实施有效的超额订房(Over-booking)。

所谓超额订房是指饭店在订房已满的情况下,再适当增加订房的数量,以弥补少数客人临时取消预订而出现的客房闲置。超额订房既是饭店经营管理者胆识与能力的表现,又是一种有风险的行为。关键是如何有效地实施超额预订,避免或最大限度地降低由于失误而造成的麻烦。因此,超额预订的决策应该是有依据的,这个依据既来自于经验,又来自于对市场的预测及对客人情况的正确分析。

做好超额订房的关键,在于掌握超额订房的数量和幅度。按国际酒店的管理经验,超额订房的百分比可以在 5% ~ 15%。实施超额订房时应注意分析掌握以下 3 组比例关系。

(一)掌握团体订房和散客订房的比例

团体订房一般指由国内外旅行社、专业会议、商业机构等事先计划和组织,与饭店签订订房合同,双方愿意共同履行契约,可信度较好。因此,预订不到或临时取消的可能性很小,即使有变化也会提前通知。而散客是由个人订房,一般支付订金的不多,随意性很强。所以,在某段时间团体预订房多、散客预订房少的情况下,超额预订的幅度不可过大;反之,在散客预订房多而团体预订房少的情况下,超额订房的数量不宜过少。

(二)掌握预订类别之间的比例

为了维护饭店的声誉,取信于客户,饭店在具体实践中,往往把保证类和确认类预订视为准确订房,作"订房契约"处理,应最大限度地保证客人的住房要求,尤其是保证类预订,必须确保;饭店对其他的预订视为意向性订房,届时若发生纠纷,饭店不向客人承担经济责任,若客人不按时抵达,饭店也不向客人要求赔偿。所以,在某一时期如果准确订房多而意向性预订少,超额预订的幅度不宜过大;反之亦然。

(三)根据订房资料及经验统计各类客人比例

根据订房资料及以往工作经验,统计下列客人数量在预订客房者中所占的比例:

订房不到者(No-shows)、临时取消者(Cancellations)、提前离店者(Understays)、逾期留宿者(Overstays)、提前抵店者(Early-arrivals)。

对以上各种因素进行综合分析,并结合过去、近期的实际和对将来一段时间客

人情况的估计,作出正确判断,这样才可能使超额预订工作做得恰如其分。其运算思路是:

饭店可供出租的客房总数－确认房数×订房未到率－预计的上门散客人数×订房款到率－预计延迟离店的客人人数＋预计提前离店的客人人数－预计的散客人数＝达到100%的客房出租率必需的超额预订数

下面是超额订房的计算公式及其运用,这为合理掌握超额预订的数量和幅度提供了依据,其公式如下:

$$O = Q \cdot r - D \cdot f$$

式中,O为超额预订量;Q为客房预订量;r为临时取消百分比;D为预计离店后空房数;f为延期住宿率。

例:

某饭店有客房500间,根据资料统计分析,5月15日预计客人离店后有空房200间,因进入旅游旺季,申请预订的用房数为480间。另外,据前台预订历史资料分析,饭店在旺季延期住宿率为6%,临时取消率为10%,求预订处在5月15日可超额订房多少间?超额订房率是多少?

解:超额预订量 $O = Q \cdot r - D \cdot f$
$\qquad = 480(间) \times 10\% - 200(间) \times 6\% = 36(间)$

$$超额订房率 = \frac{超额订房量}{可供房数} \times 100\% = \frac{36\ 间}{500\ 间} \times 100\% = 7.2\%$$

三、客房预订政策

制定预订政策是饭店管理机构的任务。预订政策使预订工作有章可循,并指导预订工作顺利进行;同时也是处理预订中发生纠纷的依据与规则。预订政策的制定,一方面能满足客人的要求,保护客人的利益;另一方面又有利于饭店的经营管理,保护饭店自身的合法权利。这些政策应涉及预订业务中主要的、容易产生问题的几个方面,主要包括以下几方面:

(1)饭店预订规程。指预订操作程序,接受预订的数量、期限、团体与散客预订的比例,超额预订的比例等。

(2)预订确认。确认的对象、确认的时间、确认的方式等。

(3)预订金收取。收预订金的对象、定金的形式与数量、限期或分段收取的方法等。

(4)预订取消。通知取消预订的期限、预订金的退还办法等。

(5)饭店对预订宾客应承担的责任。因工作差错、超额订房失误等而引起宾客无法入住的处理规定。

(6)预订宾客应承担的责任。未能如约而来、逾期到达、迟缓通知、取消或更改预订的处理规定等。

四、订房契约及纠纷处理

订房契约是指在客房预订确认后,饭店与客人之间产生的一种契约关系,这是一种约定俗成的契约。据此,饭店有义务和责任向客人提供预订的房间,而客人则支付饭店规定的房租。但如同做任何决策和工作一样,都可能会出现失误,由于情况多变,往往会使人防不胜防。

(一)预订工作中容易产生的纠纷及其原因

(1)饭店未能正确掌握可出租房的数量。主要表现为:与前台分房组、营销部的沟通不畅;与预订中心系统及订房代理处的沟通不畅;客房状态的显示不正确等。

(2)记录、储存的预订资料出现差错或遗失。具体有:日期错误,姓名拼写错误,遗漏,存档的顺序错误,变更及取消的处理不当。

(3)预订员对房价的变更及有关销售政策缺乏了解。

(4)未能满足客人的要求。主要有:因疏忽、遗忘而未能最终落实客房,对行业术语的理解不一致及业务素质不高而造成的失误。

(5)实施超额预订不当而造成的差错。表现为:过高估计了预订未到客人的房间数,过高估计了临时取消预订的房间数,过高估计了提前离店客人的房间数,过低估计了延期离店客人的用房数等。

(二)纠纷的处理及控制方法

1. 纠纷的处理

对于经保证类预订或确认类预订在规定时间里抵达的客人,由于种种原因而导致客人没有房间的,通常采用如下方法解决:诚恳地向其解释原因并致歉意;征得客人同意后,将客人安排到其他同类型的饭店,并负责提供交通工具和第一夜的房费;如客人同意,将搬回本饭店的时间告诉客人;免费提供1~2次长话费或电传、传真费,以便客人能将临时改变住宿地址的消息通知有关方面;临时保留客人的有关信息,以便向客人提供邮件及查询服务;做好客人搬回本饭店时的接待工作,如大堂值班经理欢迎、房内放致歉信、赠送鲜花水果等;向订房委托人发致歉信,对造成的不便表示歉意,并希望客人以后有机会再次光临;事后向提供援助的饭店致谢。

对按时到达的其他预订种类的客人无法提供住房时,应热情礼貌地向客人说明,帮助推荐其入住其他饭店,并欢迎他第二天如有空房时入住本饭店。

2. 控制纠纷的方法

加强对预订员及其他有关人员的培训教育,提高其工作责任心和业务素质;要注意用订房单记录客人的订房要求,如是电话预订或面谈预订,应复述客人的预订内容,解释饭店专用术语的确切含义及有关规定,避免出现错误、遗漏或误解;由专人负责标注客房预订总表或将预订信息按要求输入电脑;建立和健全与开房处等保持有效的沟通制度,前台开房处应正确统计可租房的数量和预订未到、提前抵店、延期离店、未经预订直接抵店、临时取消及住店客人换房等用房变化数,每天应按时将上述统计数字通知预订处;平时加强预订工作的检查,避免错误地存放预订资料;对订房的变更及取消预订的受理工作应予重视;加强与预订中心、订房代理处的沟通;结合本饭店实际及行业惯例,完善预订政策、预订工作程序及有关报表和规定,调整相关人员的职位,做到人尽其才。

五、案例分析

案例一

饭店预订不兑现,客人投诉索赔偿

(一)事情经过

春节期间,某公司组织职工前往旅游热点城市度假。为保证旅途顺利,该公司提前一个月便派员前往该城市预订了住房。应某三星级饭店的要求,该公司还向该饭店交纳了定金。该公司组织员工出发旅游,一路顺利。不料,当该旅游团到达该饭店登记入住时,却被告知,因春节期间客源旺盛,该公司预订的客房已全部售完,无房可供。对此情况,该公司十分不满,与该饭店进行交涉。该饭店对此表示歉意,并表示愿意帮助联系其他饭店。但此时各个饭店均已客满,只能安排入住一家单位的招待所,条件十分简陋。为此,该公司要求饭店予以赔偿。饭店则表示,此情况的发生是饭店"超额预订"所造成的,而"超额预订"是饭店通常所采取的做法,是饭店业经常采用的预订策略,对此可以退还定金,但不承担赔偿责任。该公司向旅游行政管理部门投诉,要求责令饭店双倍返还定金并承担违约责任及赔偿损失。

(二)思考并回答

1. 该饭店以"超额预订"为理由拒绝承担违约责任及赔偿损失是否妥当?为什么?

2. 客人要求饭店双倍返还定金并承担违约责任及赔偿损失是否符合法律规定?

(三)分析参考答案

1. 该饭店以"超额预订"为理由拒绝承担违约责任是不妥的。所谓"超额预订",简单地说,就是为了减少预订客人在最后一分钟不到饭店或者客人在规定的截止日期内取消预订等情况造成的损失,饭店接受预订的数量超过饭店客房实际数量的情况。实行"超额预订"制度,必须具体制定有关超额预订比例以及超员后的处置办法等。饭店超额预订使预订客人无法入住原预订客房的状况,应由饭店承担责任。从法律角度来看,客人预订客房,饭店接受预订,收取了定金,这就表示在双方之间已经形成了合同关系。依照我国《民法通则》规定,合同的当事人应当按照合同的约定,全面履行自己的义务。也就是说,饭店既然接受了客人的预订,就应当按照约定为客人提供房间。我国《民法通则》还规定:当事人一方不履行合同义务或者履行合同义务不符合约定条件的,另一方有权要求其履行或者采取补救措施,并有权要求其赔偿损失。因此,饭店应当承担违约责任。

2. 客人要求饭店双倍返还定金并承担违约责任及赔偿损失是正当的。根据我国《经济合同法》的规定:预付定金的一方不履行合同的,无权请求返还定金。接受定金的一方不履行合同的,应当双倍返还定金。在本案中,该饭店既然收取了定金,又没有履行合同,所以,依照法律规定,饭店应当双倍返还定金。同时,饭店还应当承担违约责任,向客人支付违约金。如果违约金不足以弥补客人的损失,饭店还应当支付赔偿金。

案例二

预订房出售了

(一) 事情经过

小周是杭州某酒店的前厅接待员。1999年国庆节期间,杭州几乎所有酒店客房都已爆满,而且房价飙升。10月1日23:30左右,小周在工作繁忙之时接到一位潘先生预订客房的电话。潘先生是该酒店某协议单位的老总,也是常住客,所以小周格外小心。当时还剩下一间标准间,刚好留给潘先生,并与他约好抵店时间是当晚23:00。在这半小时期间,有许多电话或客人亲自到酒店来问是否还有客房,小周都一一婉言谢绝了。但一直等到23:40,潘总还未抵店。小周心想:也许潘先生不会来了,因为经常有客人订了房间后不来住,如果再不卖掉,24:00以后就很难卖了。为了酒店的利益,不能白白空一间房,到23:45,小周将最后一间标准间卖给了一位正急需客房的熟客。24:00左右潘总出现在总台,并说因车子抛锚、手机无电,故未事先来电说明。一听说房间已卖掉。他顿时勃然大怒,立即要求酒店赔偿损失,并声称将取消协议,以后不再安排客人来住。

(二) 问题:小周左右为难,该怎么办呢?

(三) 可能采用的做法及评析

1. 小周向客人解释,指出是潘总未按约定时间抵店,我们没有责任,无论潘总如何说只能表示爱莫能助。

作为酒店前厅服务员的小周,从操作程序上来看,并没有错,而客人潘总途中车子抛锚耽搁了时间也是可以理解的。但要想做一个优秀的接待员,不仅仅是符合操作程序就可以了,而是必须把事情处理得尽量两全其美,让客人觉得你确实努力,没空子可钻才行。此法显然不够灵活,没有把酒店的长期商业利益考虑进去,很可能就因这一次事件,潘总以后再也不会来酒店消费,甚至还会向亲朋好友做反面广告。另外,作为酒店服务员是不能直接指出客人的不是的,哪怕是客人错了。堂堂的一个老总怎么会接受一个服务员的指责呢?这从心理学上来说是行不通的。

2. 向客人致歉,并立即打电话联系其他酒店,为潘总重新预订一间同档次的客房;如果无房,尽量在酒店内部挖潜力解决;实在不行,则向客人表示无能为力,并立即向大堂副理汇报,建议日后写一封致歉信给潘总。

显然,此办法较好。气愤的客人看到你如此不停地打电话到别的酒店为他找房间,从心理上也会好受些。即使他投诉到老总那儿去,你也不用怕,相信你已经做到仁至义尽了。值班经理和大堂副理知道了此事的经过,他们知道你这样做也是为了酒店的利益,有理的一方是你。

3. 向值班经理或大堂副理汇报,将事情推给领导处理。

遇到自己不能解决的事情向上级汇报是对的,但客人会觉得小周是一个没有能力,遇到麻烦赶快踢皮球的人,从而折射出整个酒店员工的素质和能力;况且在当时情况下,领导能否解决也还是未知数。员工不仅应主动为领导分担工作,更应站在客人的立场上,尽量缩短解决问题的时间,办事的高效性是优质服务的第一标准。

4. 害怕事情闹大,酒店老总知道后炒他的鱿鱼,干脆自己掏腰包赔偿损失。

小周可真是太忠厚老实,息事宁人了!要知道,小周并没有错啊。由于害怕被炒鱿鱼,遇到此类问题就自己掏腰包解决,那还不如干脆放弃这份工作。

(四)给酒店的启示

1. 酒店的操作程序要严谨而没有漏洞,要有一定的预见能力。如在本例中,订房时就该预见到后来可能出现的麻烦,应事先再三向客人强调国庆当晚订房的困难和留房期限的严谨性,以使酒店在后来处理问题时更加主动。

2. 遇事应有一定的灵活性,在变更计划时,应该预料到种种可能出现的后果并事先充分做好准备工作,以备急用。

3. 要有一定的语言技巧。语言是人与人之间最重要的交流工具,酒店工作者应使用特殊的酒店语言,扮演好不同于自己日常生活的角色。

4. 员工不能什么事都交给上级处理,应在日常工作中主动锻炼自己的处事能力,这对自己是一个提高的机会。长期下来,上级领导也会觉得你不可替代,从而对你倍加器重。

5. 即使明知不能解决问题,或只有微弱的希望,也应在客人面前尽最大努力,让客人从心理上得到满足。更何况可能"皇天不负有心人",万一事情出现转机,那么酒店就成功地提供了一次超常服务,客人也将会感激酒店解了他的"燃眉之急"。

本章小结

　　开展客房预订不但是旅客的要求,对饭店自身的经营管理来说,同样具有重要的意义。客房预订的类别一般分为两大类:一类是非保证类预订,包括:临时类预订、确认类预订、等候类预订;另一类是保证类预订,即客人通过预付定金来保证自己的订房要求。

　　客房预订的程序大致是:通信联系→明确订房要求→接受或婉拒预订→确认预订→记录、储存订房资料→预订的变更、取消及客人抵店前的准备工作。

思考与练习

1. 什么是客房预订?开展客房预订有什么积极意义?
2. 通过直接渠道的订房有哪几类?其订房方式有哪些?
3. 饭店可通过哪些间接渠道开展订房业务?
4. 现代电子信息技术给饭店开展订房业务带来哪些机遇?
5. 什么是保证类预订?其担保形式有哪些?
6. 简述订房程序。
7. 如何处理保证类订房客人抵店后无房可供而引起的纠纷?
8. 什么是超额预订?做好超额预订的关键在哪里?
9. 饭店的预订政策涉及哪些方面?
10. 角色扮演:①散客电话订房程序。②团体当面订房程序。
11. 参观考察:参观当地一家饭店的订房部。
12. 参观考察:请搜集当地的高、中、低档三家饭店的房价资料,进行对比分析,了解不同等级饭店在不同季节门市价的差别情况。

第 3 章

前厅接待业务管理

课前导读

　　饭店的客房销售等接待业务主要由饭店的营销部(Sales & Marketing Department)和前厅部来承担，其中，前厅部客房销售任务主要由接待处和订房部完成，订房部完成任务情况本章不再赘述。本章主要从接待处的角度，从房态控制、入住接待程序及客房销售的技巧等方面来阐述前厅的接待业务管理问题；同时，这些工作内容也是饭店前厅接待处的主要职责。

学习目标

　　通过学习本章，要实现以下目标：
- 清楚客人办理入住登记手续的原因
- 了解房态显示及控制的办法
- 熟悉入住接待所需的表格及其用途、流向
- 掌握根据入住对象进行客房推销及分房技巧
- 掌握散客、团体、贵宾(VIP)及商务楼层的入住接待程序

第一节　接待概述

　　客房销售是接待处的主要任务，完成该任务质量的高低决定着客人对饭店"第一印象"的好坏以及饭店客房营业收入的高低。

　　客人在办理入住登记手续的时候，饭店所有市场努力的成果以及计算机订房系统的作用都得到了体现。

　　客人在办理入住登记的过程中对饭店服务设施的第一印象，对于营造热情友好的氛围和建立持续良好的商务关系非常重要。如果受到了热情的招待，客人将会积极地配合饭店的工作，并希望从饭店其他部门也受到同样热情的服务。否则，客人不仅不会对饭店的服务及设施产生兴趣，而且还将会在住宿期间挑剔。

　　接待处的客房销售、宾客的接待一般是面对面进行的，然而在智能化的饭店前厅，特别是国外的一些饭店前厅，客人自行办理入住或离店手续的终端或操作亭

(Express check-in)的使用能让客人行使越来越多的前厅功能。自行办理入住或离店手续的终端与饭店的管理系统连接后,它为客人提供的选择与前厅服务员为客人提供的选择类似,主菜单基本上分为入住、退房离店、其他饭店服务和社区信息等。它既有固定的也有移动的,有些饭店甚至将其放置在饭店与机场或码头间的穿梭巴士上供客人办理登记手续。绝大多数终端要求住店的客人持有事先的预订单及有效的信用卡,客人触摸一下电脑屏幕,系统就会提示客人的预订,查证客人的信用,认可饭店内的记账,将客人情况输入饭店管理系统,安排客房,制作钥匙,打印出一份预先账页(账页重申了住客的姓名、房价、抵达和离店的日期、房号),激活房间电话,按完"结束"键,系统会祝客人在饭店期间过得愉快。对于没有预订的散客(Walk-in),在办理入住手续时,要先将预订程序中要求的基本信息输入终端。入住登记手续或离店手续和有关问讯服务靠电脑网络完成,客人几乎不与服务员面对面接触。

一、办理入住登记手续的目的

(一)办理入住登记手续,签订住宿合同

入住登记表格,实际上是一纸饭店住宿合同。通过办理入住登记手续,饭店与客人之间的责任与义务、权利与利益才能明确。客人通过填写入住登记表,确定房号、房价、住宿期、付款方式等基本事项,同时,饭店还须告知客人(消费者)消费客房产品应注意的事项,如退房时间、贵重物品保管等。最后,客人、接待员(Receptionist)双方签名确认。

(二)遵守国家法律有关户籍管理的规定

我国有关法律明确规定,境外旅客及国内旅客在宾馆、饭店、酒店、招待所应当出示护照或身份证等有效证件办理入住登记手续方可住宿。

(三)获得住客的个人资料

通过客人填写登记表及接待员核实客人有效身份证件,可获得住客的有关个人资料,如姓名、职业、国籍、出生年月、常住地址、公司等基本信息。这些个人资料有助于饭店个性化服务的提供,有助于客人历史档案的建立,有助于日后饭店产品的推介等。

(四)满足客人对房间及房价的要求

办理入住登记手续时,接待员向客人介绍房间和房价,回答客人的提问,让客人了解客房类型和房价,为客人决策提供建议,然后接待员替客人安排适当的客房。

(五)为客人入住后各种表格、文件的形成提供了可靠的依据

客人填写入住登记表后,接待处获取了住客的有关个人资料和住宿的有关信息,然后根据以上信息制作出有关的表格和文件,如入住单/开房单(Check-in slip)、账单、住客名单(In-house guests list)、房卡等,这些表格和文件的传递有利于协调其他部门的对客服务。

(六)掌握客人的结账付款方式,保证客房销售收入

确认付款方式的目的是为了保护饭店的利益,决定客人在住宿期间的信用标准以及提高退房结账服务效率。信用标准是指饭店允许赊欠的客人所必须具有的偿付能力。宾客付款的常见方式有:信用卡、现金、旅行支票和转账。

如客人使用信用卡结账,则必须核实客人所持信用卡是否是饭店所接受的、是否完好、是否过期,然后按客人入住的天数和房租预取授权。

如客人用现金或支票结账,则应根据饭店的规定,决定客人应预付的押金金额。

如客人使用转账方式结账,则应向客人说明转账的具体范围。对于只是房费转账的客人,应请客人以信用卡或现金的方式来确保其他费用的支付,如客人表示不在饭店有其他费用,则应将此信息告知相关营业部门,以免逃账。

(七)向客人推销饭店的其他服务与设施

接待员在给客人办理入住登记过程中,可以在推销客房的基础上,抓住时机,让客人了解饭店所提供的其他服务项目和各种设施。但注意要适度,以免客人产生厌烦情绪,同时,要迎合客人心理,引起客人注意,以促进其他交易的实现,为饭店带来更高的经济效益。

二、办理入住登记手续所需的表格

(一)住宿登记表(Registration Form)

在我国,住宿登记表大体分3种:"国内旅客住宿登记表"(见表3-1)、"境外旅客临时住宿登记表"(Registration form of temporary residence for visitors),见表3-2和"团体人员住宿登记表"(见表3-3)。

表3-1 国内旅客住宿登记表

编号:　　　　　　　　　　房号:　　　　　　　　　　房租:

姓 名	性别	年龄	籍 贯	工 作 单 位	职 业
			省 市 县		
户口地址:				从何处来	
身份证或其他有效证件名称:			证件号码		
偕同幼年儿童	姓 名	性别	年龄	备注	宾客: 　　请您把贵重物品放在前台收款处免费保险箱保管,谨防遗失或被盗。 　　　　　　　　　　客人签名:
来宿日期	年 月 日 时			当班服务员	
退宿日期	年 月 日 时			当班服务员	

填表人_____

表3-2 境外旅客临时住宿登记表
REGISTRATION FORM OF TEMPORARY RESIDENCE FOR VISITORS

（请用正楷填写 PLEASE USE BLOCK LETTERS）　　　　　号码（NO.）：

姓　名 SURNAME FIRST NAME		中文姓名 NAME IN CHINESE	国籍、地区或籍贯 NATIONALITY/REGION	
性别 SEX	出生日期 DATE OF BIRTH	停留事由 REASON FOR STAY	职业/公司名称 PROFESSION OR COMPANY NAME	
国（境）外住址 HOME ADDRESS			入住日期 DATE OF ARRIVAL	退房日期 DATE OF DEPARTURE
请注意： PLEASE NOTE： 1. 退房时间是中午12时 CHECK OUT TIME IS 12:00 NOON 2. 收款处设有免费贵重物品保险箱 SAFE DEPOSIT BOXES ARE AVAILABLE AT NO CHARGE AT FRONT OFFICE CASHIER COUNTER 3. 访客请在晚上11时前离开客房 VISITORS ARE REQUESTED TO LEAVE GUEST ROOMS BEFORE 23:00 PM 4. 结账后请交回客房门匙 PLEASE RETURN YOUR ROOM KEY TO FRONT OFFICE CASHIER COUNTER UPON CHECK-OUT			结算方式 KINDLY INDICATE FORM OF PAYMENT 现金 CASH 旅行社传单 VOUCHER 信用卡 CREDIT CARD 客人签名 GUEST SIGNATURE	
以下由服务员填写　　TO BE FILLED IN BY FRONT OFFICE CLERK				
护照或证件 名称	号码	签证 种类	签证 号码	签证 有效期
签证签 发机关	入境 日期	入境 口岸	接待 单位	
日租	房号		值班职员签名	

表3-3 团体人员住宿登记表
REGISTRATION FORM OF TEMPORARY RESIDENCE FOR GROUP

团队名称： Name of Group	日期 Date	年 Year	月 Mon	日 Day	至 Till	月 Mon	日 Day

房号 Room No.	姓名 Name in full	性别 Sex	出生年月日 Date of birth	职业 Profession or Occupation	国籍 Nationality	护照号码 Passport No.

签证号码：　　　　　　　　机关：　　　　　　　　种类：
有效日期：　　　　　　　　入境日期：　　　　　　　口岸：

留宿单位：_____　　　　接待单位：_____

住宿登记表的内容主要包括两方面:公安部门所规定的登记项目和饭店运行与管理所需要的登记项目。

1. 公安部门所规定的登记项目

内容主要有:客人的完整姓名(Full name)、国籍(Nationality)、出生年月(Date of birth)、家人地址(Home address)、职业(Occupation)、有效证件及相关内容等。

2. 饭店运行与管理所需的登记项目

(1)宾客姓名及性别。姓名与性别是识别客人的首要标志,服务人员要记住客人的姓名,并要以姓氏去称呼客人以示尊重。

(2)房号。房号是确定房间类型和房价的主要依据。注明房号同时有利于查找、识别住店客人及建立客账。

(3)房租(Room rate)。房租是客人与接待员在饭店门市价的基础上协商定的,它是建立客账、预测客房收入的重要依据。

如标准价(Rack rate)为 US \$ 100,给客人 8 折优惠,在登记表上最好以 US \$ 100 – 20% 的方式标记。这种方式虽不符合逻辑,但易于操作,既反映了标准价,又表明了优惠率。

(4)付款方式。确定付款方式有利于保障客房销售收入及决定客人住宿期间的信用标准,并有助于提高退房结账的速度。最主要还是方便住客,由饭店为其提供一次性结账服务。

(5)抵离店日期。掌握客人准确的抵店日期、时间,有助于计算房租查询、邮寄等系列服务的顺利进行;而了解客人的预计离店日期(Expected departure date),则有助于订房部的客房预测及接待处的排房(又叫分房,Room assignment),并有助于客房部(Housekeeping Department)卫生班工作的安排,如决定客房清扫顺序等。

(6)住址。正确、完整的客人永久住址,有助于饭店与客人的日后联系,如遗留物品的处理、邮件转寄服务等。

(7)饭店管理声明。登记表上的管理声明,即住客须知。它告诉客人住宿消费的注意事项,如:退房时间(Check out time)为中午 12 点前;建议客人使用前厅收款处的免费保险箱,否则如有贵重物品遗失,饭店恕不负责;还有会客时间的规定等内容。

(8)接待员签名。接待员签名有助于加强员工的责任心,便于控制和保证服务质量。

有些饭店为进行市场分析,还在登记表中设计了调研项目,如停留事由、交通工具、订房渠道、下个目的地等。

(二)房卡(Room Card)

房卡亦称欢迎卡。接待员在给客人办理入住登记手续时,会给客人填写封面印有"欢迎光临"字样的房卡。

房卡的主要作用是证明住店客人的身份,方便客人出入饭店。因此,房卡又称"饭店护照"。在一些饭店,房卡还被赋有其他的一些功能,如为区分客人类别,饭店常使用贵宾房卡以示区别;根据客人的信用标准,饭店还特别印制一种房卡——钥匙卡,这种卡只证明其持有者的住店客人身份,但不能作为饭店消费场所的签单证明,主要发给没交押金的散客和团体客人——团体客人的房费通常转账,其他费用由客人自理。持"VIP"房卡和其他种类房卡的客人则可凭房卡去饭店经营场所签单消费,其账单送至前厅收款处入账,退房时一次性结账。但在给客人签单时,各经营场所的收银员一定要核实顾客身份及检查房卡是否有效。

房卡(见表3-4)的内容主要包括饭店运行与管理所需登记的项目、住客须知及饭店服务设施介绍。

表3-4 房　　卡

| 房客须知
For your information
为阁下方便及酒店安全,请于接待处领取房间锁匙时出示此卡。
For your convenience and hotel security, please show this card when obtaining your room key at the Front Desk.
退房时间
Check-out time
酒店退房时间为中午12时,若需要代为安排交通,请于24小时前通知。
Please note that check-out time is 12 noon. For your transportation arrangements, please inform the reception one day before departure.
火警指示
Fire instruction
为确保阁下在发生火灾或紧急事件时之安全,请注意房间门后之楼层走火通道平面图。
In case of fire or other emergencies, please consult the evacuation plan posted on the back of your room door.
保险储物箱
Safe Deposit Boxes
请阁下将携带的贵重物品存放于前台收款处设立之免费保险箱内。
The hotel is not liable for loss of personal valuables in the guestrooms or public areas of the hotel. Guests are advised to make use of Safe Deposit Boxes which are available free-of-charge at the Front Desk Cashier section. | 住客姓名:
Name:＿＿＿＿＿＿＿＿

每日房租
Daily Room Rate:＿＿＿＿
(另加15%附加费)
(plus 15% surcharge)

房间号码　　　失效日期
Room No.＿＿＿　Expiry Date:＿＿＿＿

住客签名
Guest's Signature:＿＿＿＿＿＿＿＿
经办人
Clerk:＿＿＿＿＿＿＿＿ |

（1）登记的项目。饭店运行与管理所需登记的项目有客人姓名、房号、房价、抵店日期、离店日期（失效日期）、住客签名等。填写以上项目不可涂改，一经涂改即属无效。填写客人姓名应以先生或女士注明其性别；每层楼不超过100间客房的、100层楼以下的饭店，房号最好用四位阿拉伯数字标志，10楼以下的房号前面用"0"补足，如801房，最好写成0801房，防止客人在"8"字前面添加数字，给管理带来不便；房卡在离店日期当天中午12时过后自动失效。

（2）住客须知。内容与住宿登记表中的管理声明大体一致，只不过有的饭店特别加上了"火警指示"（Fire instruction）条款。

（3）饭店服务设施介绍。主要包括各项服务设施的位置、服务项目、营业时间等，因此，房卡又起到了促销和为住客提供服务指南的作用。

第二节 房态显示与控制

房态（Room status），又叫客房状态、客房状况，是指对客房占用、清理或待租等情况的一种标示或描述。前厅接待服务质量，在很大程度上依赖于有效的房态控制。因此，建立适当的房态显示系统和保持准确的房态，是做好饭店客房销售工作和提高前厅接待服务质量的关键。

一、房态的种类

饭店的客房随着客人入住和离店等活动而处于各种状态之中。常见的房态有：

（1）住客房（Occupied room，简写 OCC），又称实房。指住店客人正在使用的客房。

（2）走房（Checked-out room，简写 C/O），又称走客房。指客人已经退房，但服务员仍未清扫的客房。

（3）空房（Vacant room，简写 VAC），又称 OK 房，有的地方又称吉房。指卫生已经打扫干净，并通过客房领班的检查，随时可以出租的客房。

（4）待维修房（Out-of-order room，简写 OOO），又称坏房。指设备设施发生故障或正在更新改造，暂时不能出租的客房。

（5）保留房（Blocked room）。这是一种饭店内部掌握的客房。饭店会为一些大型的团体预留他们所需的客房；同时还有一些客人在预订客房时，常常会指明要某个房间；对于一些回头客的预订，订房部往往会为该客人预留其曾经住过的房间。

在客人的住宿过程中，客房部在查房的时候，可能还会出现以下几种情况：

（1）客人外宿（Sleep-out，简写 S/O）。指住客在饭店外过夜。

(2) 请勿打扰(Do not disturb,简写 DND)。住客为不受干扰,在房门外的门把手上挂上"请勿打扰"牌或者打开墙壁上的灯光显示"请勿打扰"字样。

二、房态显示的方法

为了保证房态信息正确,饭店各相关部门必须具有高度的责任心,工作要认真、细致。同时,有必要借助于一定的房态显示设备才能了解房态信息。目前,大致有以下两种方法。

(一)接待处配备客房状态显示架,客房部使用房态报表

在以手工操作为主的小型饭店,前厅部使用客房状态显示架,它可持续地显示饭店所有客房的房态。客房状态显示架通常是用金属材料制成的卡片架,按饭店的客房数量确定格子的数量,格子按饭店的房间号码顺序排列,每间客房都在客房状态显示架上有相应的一格。格子里有该房间的情况介绍,包括房号、房间的种类、房价等基本内容。接待员可以用不同颜色的卡片表示不同的房态,如绿色卡表示空房、红色卡表示住人房(实房)等,并将之插在相应格子里,显示不同的客房状况。客人入住时,接待员放上表示实房的卡片,并注明客人的姓名、性别、房价、到店日期和预离店日期;客人退房后,由前台收银员通知接待处,接待员换上走房的卡片,并通知楼层服务员清扫卫生;客房卫生清扫完毕,楼层主管查房后,向接待处报"OK"房,接待员即换上空房的卡片,客房又处于随时可以出租的状态;如果接待处收到有关客房维修的通知,则换上坏房的卡片。用这种方法显示房态较为直观,但有时由于员工的疏忽,或者房态显示不及时,可能造成显示架上的房态不完全准确。因此,客房部楼层有必要出一份真实的房态报表。

客房部楼层每天早、中、晚,以表格形式向前台接待处呈递房态报告表,以便接待处进行房态核对、更正。

(二)电脑系统显示房态

用电脑系统来显示房态是最为先进的一种方法,它越来越多地被饭店采用。饭店在前厅各部门(特别是接待处、收款处)、客房部客房服务中心配有联网的电脑终端,各自通过操作电脑终端机来了解、掌握及传递有关房态的信息。接待员将客房出租后以及收银员给客人办理结账退房手续后,电脑系统会自动更改该房房态,而无须再口头或用表格通知相关部门更改房态;当客房卫生清扫、检查完毕,客房部主管可以利用客房服务中心的电脑终端机将房态直接输入电脑,再无须用表格形式向接待处呈递房态报表。电脑的使用,加快了饭店各部门内部沟通的速度,房态显示更为及时、更有条理,工作效率大大提高,而且最大限度地避免了工作差错,有利于前厅部乃至整个饭店的管理。

三、正确进行房态控制的目的

（一）提高排房效率及预订决策力

前厅部的入住登记、客房预订、换房、续住等业务都离不开准确的房态显示。客人来入住，接待员向客人介绍房间、推销客房、报价离不开正确的房态显示；为客人排房、定价也离不开正确的房态显示；客人如需换房、续住同样离不开正确的房态显示。如果不了解正确的房态，接待员就失去了推销客房的依据，也就无法准确地为客人介绍客房、为客人排房和定价，这既降低了工作效率，又影响了服务质量。

（二）控制员工营私舞弊

在一些房态控制不力的饭店，往往在客房销售过程中会出现饭店员工营私舞弊现象，如前厅接待员卖房中饱私囊，客房楼层员工私自留宿等，既影响饭店的收入，又影响饭店的声誉。在这种情况下，饭店有必要加强对前台和客房楼层房态的核对，以及加强对空房的检查，尽量杜绝卖私房的现象。

（三）提高客房销售服务质量

前厅销售的客房必须是 OK 房。如果房态显示失误，让客人进了尚未清扫的走房，入住服务质量就会大打折扣，客人的心境就会受到影响。正确的房态显示可避免卖重房（double sale）。如果房态显示失误，客房被重卖，不仅新住客会不满意，而且原住客可能会投诉饭店。

（四）正确反映饭店的客房收入

正确的房态显示，可反映饭店客房真实的出租率，明确饭店未售出客房所造成的损失，可以向饭店管理人员作出营业潜力方面的反馈。饭店客房具有不可储存的特点，若不及时出租，其损失无法追回。

四、房态的转换

空房（或 OK 房）一经前台售出，房态就转变为住人房（或实房）；客人可能会携带轻便行李（L/B）入住，也可能不带行李（ONB）入住，而且在住宿期间，客人可能会外宿（S/O）和要求"请勿打扰"（DND），客房在使用过程中可能会出现一些设备需要进行维修的情况，如维修项目的维修需时较长，则该房就变成了"待维修房"（OOO）；客人退房后，该房间就变成了走房，待客房卫生班清扫和经主管检查合格后，该房的房态又变回了空房（或 OK 房）。房态的变化就如此循环，周而复始（见图 3-1）。

五、房态的核对

由于前台的工作量大，而且房态时常处于变化中，虽然很多饭店可通过电脑了解目前的房态，但是员工工作上仍可能出现差错，从而造成接待处的房态与客房楼

第 3 章 前厅接待业务管理

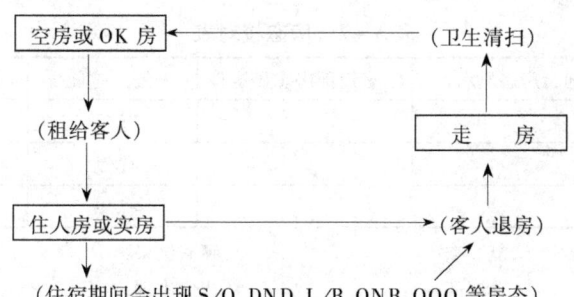

图 3-1 房态转换图

层房态的不符。因此,进行房态的核对是必要的,以免出现"漏房"、"虚房"或员工营私舞弊现象,导致客房销售及客房服务的混乱。房态显示常见的表格有"延长退房通知"(见表3-12)、"客房/房租变更通知单"(见表3-11)、"客房报告表"(见表3-5)、"客房状态差异表"(见表3-6)、"房态校对表"(见表3-7)、"逾期未离店客人催办交接表"(见表3-8)等。

一般饭店客房部应每天两至三次由专人填写《客房报告表》,交接待处进行房态的核对,以减少差错,提高房间分配的准确性,如发现房态不准确,应按饭店既定程序及时处理。有的饭店由接待处填写"房态差异表",然后分送给客房部、财务部等相关部门,具体由大堂副理牵头进行处理。

表 3-5 客房报告表

楼层_____ 日期_____ 时间_____

房 号	客房状态	房 号	客房状态	房 号	客房状态
01		04		07	
02		05		08	
03		06		09	

CODE:OCC 实房　　C/O 走房　　VAC 空房　　OOO 坏房

表 3-6 客房状态差异表
ROOM DISCREPANCY REPORT

分送 DISTRIBUTION	大堂副理 ASST-MANAGER	财务部 ACCOUNTS	客房部 HOUSEKEEPING	前厅部 FRONT OFFICE

日期/时间 DATE/TIME:

房 号 ROOM NO.	前台房态显示 FRONT OFFICE	客房部房态显示 HOUSEKEEPING	备 注 REMARKS

表3-7 房态校对表

房号	前台房态显示	客房部房态显示	欠　账	调查结果及备注
			有/无	
			有/无	
			有/无	

制　表：　　　　　　复　查：　　　　　　调查结果：
接待员　　　　　　　客房部：　　　　　　大堂副理：

表3-8 逾期未离店客人催办交接表

房　号	姓　名	入住日期	接待处催办记录	AM催办记录
		入住：　月　日		
		预离：　月　日		
		入住：　月　日		
		预离：　月　日		
		入住：　月　日		
		预离：　月　日		

　　　　　　　　　　　　　　　接待处：　　　　　　大堂副理：

第三节　入住接待规程

　　客人经过长时间的旅行到达饭店时可能已经很困或很不耐烦了。抵店时,他们都希望接待员提供热情周到的、高效率的入住登记服务,尽快得到自己满意的客房,以便进房休息。因此,接待员必须熟悉饭店客房的基本情况,掌握熟练的技能,按照饭店制定的接待程序,准确、快捷地为客人办理入住登记手续。

一、入住登记准备工作

　　在给客人办理入住登记手续或分配客房前,接待员必须掌握接待工作所需的信息。这些信息主要包括：

　　房态和可供出租客房情况(Room status and availability)、预抵店(Expected arrivals list, EA)和预离店(Expected departures, ED)客人名单、有特殊要求的预抵店客人名单、预抵店重要客人和常客名单、黑名单(Black list)。

　　以上信息资料在客人抵店的前一天晚上应该准备好。在电脑联网的饭店里,这些信息资料不断地在更新,然而不管怎么变,接待员都应可通过电脑网络轻易获得。

　　在这里,我们可以清楚地看到,接待处和客房部两者之间保持紧密的联系是非常重要的。在旺季,为了保证较高的开房率,客房部必须尽可能快地将清扫好的空房房号告知接待处,以便接待处尽快售房,但又绝不能降低客房的服务标准。

(一)房态报告(Room Status Report)

在客人到店前,接待员必须获得较为具体的房态报告(见表3-9)。从房态报告中,接待员可了解现时可出租的客房(如OK房)、稍后可供出租的客房(如未清扫的空房)、不可出租的客房(如实房、坏房等)情况,并根据此报告排房,可避免给客人造成不便。

表3-9 房态报告

```
            Room Status Report
Date:              Time:
Vacant/Clean
Vacant/Dirty
Occupied/Stay-on rooms
Blocked rooms
Departure rooms
Out-of-order rooms
```

表3-10 预抵店客人名单

```
         Expected Arrivals List
Date
Name
Requirements
Rate
Departure date
Remarks
```

(二)预抵店客人名单(Expected Arrivals List)

预抵店客人名单(见表3-10)为接待员提供即将到店客人的一些基本信息,如客人姓名、客房需求、房租、离店日期、特殊要求等。此名单不论是手工制作的还是电脑提供的,内容都大同小异。

在核对房态报告和预抵店客人名单时,作为接待处的管理人员,应该清楚以下两件事情,并采取适当的措施:饭店是否有足够的房间去接待预抵店客人,饭店还剩余多少可出租的房间去接待无订房而直接抵店的散客(Walk-in guests)。

(三)宾客历史档案(Guest History Record)

宾客历史档案简称"客史档案"。高星级饭店均有宾客历史档案,在电脑的帮助下,接待员很容易查到客人在饭店的消费记录,只要客人曾经在该饭店住宿过,根据宾客的历史档案情况,即可采取适当措施,确保客人住得开心。如该客人曾经投诉过房间太吵,这次接待员则应安排一间较清静的客房;如该客人为饭店常客,以前住的是提高接待规格(Upgrade)房间,这次入住饭店较难安排高一档次的客房,饭店则应在客房内摆放一些赠品,比如水果等。

(四)有特殊要求的预抵店客人名单

有些客人在订房时,可能会要求饭店提供额外的设施或服务,接待员必须事先通知有关部门做好准备,恭候客人的到来。如预抵店客人要求为婴儿配备婴儿床,接待员(主管)则应为客人预先安排房间,然后让客房部准备婴儿床并将其放到指定的房间;客房部还应适当为客人准备一些婴儿用品,如爽身粉等。这一切工作都必须在客人抵店前做好。

(五)预抵店重要客人名单

饭店必须对重要客人加以足够的重视。重要客人可分为:

(1)贵宾(VIP,Very important person)。主要包括政府方面、文化界、酒店方面的知名人士等。

(2)公司客户(CIP,Commercially important person)。主要指大公司、大企业的高级行政人员、旅行社和旅游公司职员、新闻媒体工作者等。

(3)需特别关照的客人(SPATT,Special attention guests)。主要指长住客(Long-staying guests)以及需要特别照顾的老、弱、病、残客人等。

饭店常为重要客人提供特别的服务和礼节,如事先预留客房、免费享受接机或接车服务、在客房办理登记手续及安排专人迎接等。由于以上客人较为重要,饭店常把预抵店重要客人名单印发至前厅各部门及饭店相关对客服务部门,让他们在接待服务过程中多加留意。

(六)黑名单

黑名单,即不受饭店欢迎的人员名单。主要来自以下几个方面:

公安部门的通缉犯、当地饭店协会会员、大堂副理记录和财务部门通报的走单(逃账)客人、信用卡黑名单。

(七)其他准备工作

在客人到店前,接待员除应获得以上信息资料外,还应做好以下工作:准备好入住登记所需的表格,准备好钥匙,查看客人是否有提前到的邮件等。

二、入住登记的基本步骤

入住登记可以分为如图3-2所示的6个步骤

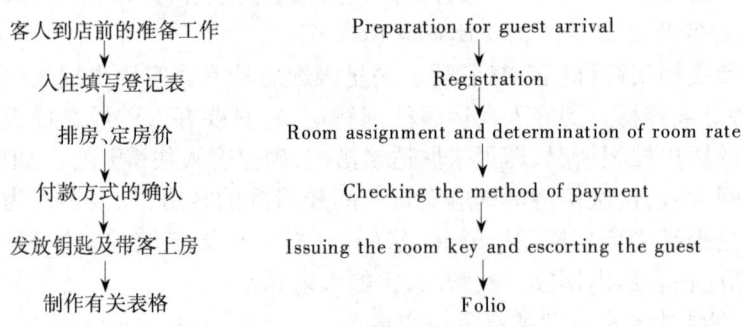

图3-2 手工操作入住基本步骤

然而,需要注意的是:饭店不同、客人类别不同,以上入住登记步骤的次序亦可能有异。比如说,有订房的贵宾客人(VIP)就必须事先排房,而且还常常先进客房,然后在客房内办理入住登记手续。

总的来说,入住的客人可按不同分类法分为两大类,即有订房的与没有订房的客人、团体客人或散客。

有订房的客人有保证订房的和非保证订房的之分。保证订房者一定是确认订房,非保证订房不一定是确认订房。根据客人订房的不同类型,饭店入住登记步骤要区别对待。

团体大多属于有订房的,且是确认订房的客人。散客情况多样,既有订房的,也有事先没有订房的;既有保证订房的,也有未保证订房的。

散客入住登记程序见图3-3。

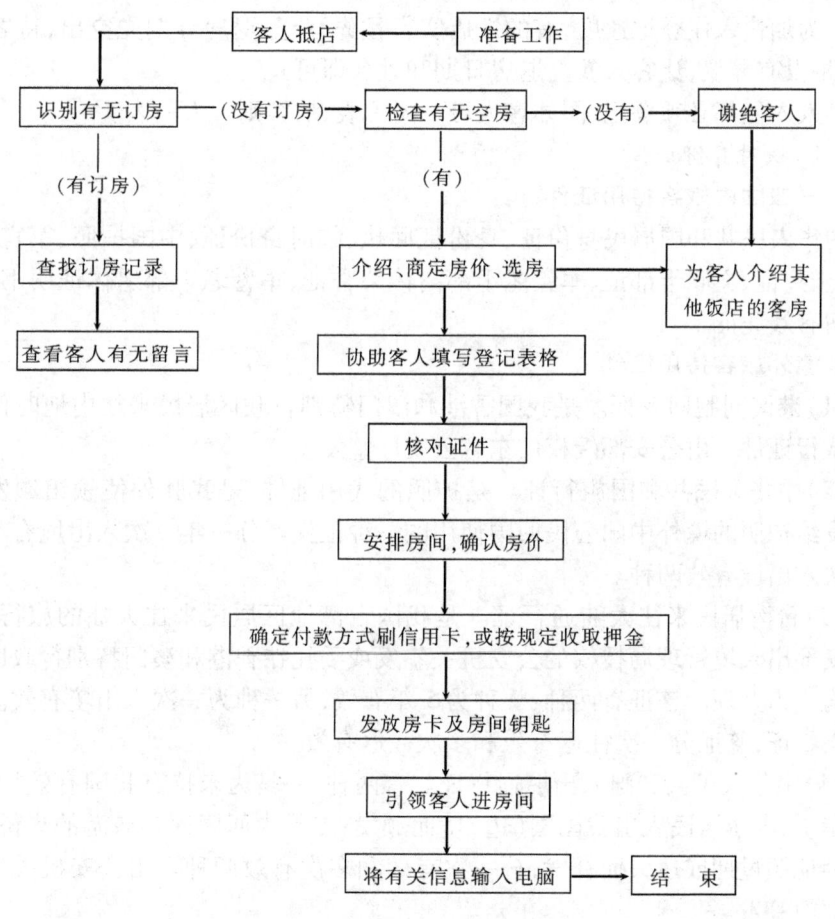

图3-3 散客入住登记程序

三、散客（VIP除外）入住登记程序

（一）客人有无订房

客人来到接待处，接待员应面带微笑，主动迎上前去，询问客人有无订房。

若有订房，应问清客人是用谁的名字订的房，然后根据姓名找出客人的订房资料，确认订房内容，特别是房间类型和住宿天数。

如客人没有订房，则应先查看房态表，看是否有可供出租的客房。若能提供客房，则向客人介绍房间情况，为客人选房。如没有空房，则应婉言谢绝客人，并为客人介绍邻近的饭店，耐心帮助客人。

（二）客人填写入住登记表

鉴于有不同的登记表格，接待员应先问清客人证件的名称，然后协助客人填写登记。为加快入住登记速度，有的饭店实行预先登记，退房日期先空出，待客人抵店，如果没有异议，让客人签上退房日期和姓名即可。

客人入住都必须登记，团体客人可一团一表，散客则一人一表。

（三）核对身份证件

1. 一般国内旅客持用证件

中华人民共和国居民身份证、身份证回执、临时身份证、中国护照、军官证、警官证、士兵证、文职干部证、军警老干部离休荣誉证、军警老干部退休证明书、一次性住宿有效凭证。

2. 境外旅客持用证件

（1）港澳同胞回乡证。是我国香港和澳门特别行政区居民来往内地时使用的一种旅行证件。由公安部授权广东省公安厅签发。

（2）中华人民共和国旅行证。是护照的代用证件，是我驻外使领馆颁发给不便于发给护照的境外中国公民回国使用的一种证件。分一年一次入出境有效和两年多次入出境有效两种。

（3）台湾居民来往大陆通行证。是我国台湾地区居民来往大陆的旅行证件。由公安部出入境管理局授权的公安机关签发或委托在香港和澳门特别行政区的有关机构代为办理。该证有两种：一种为5年有效，另一种为一次入出境有效。它实行逐次签证，签证分一次往返有效和多次往返有效。

（4）中华人民共和国入出境通行证。有两种：一是为未持有我国有效护照、证件的华侨、港澳居民入出我国国（边）境而颁发；二是为回国探亲旅游的华侨、港澳居民因证照过期或遗失而补发，分一次有效和多次有效两种。由公安机关出入境管理部门签发。

（5）外国人持有的证件，即护照。

知识小卡片

护照的识别

1. 国籍的识别。目前世界上大多数国家的护照或其他代用护照上都有发照国本国文字和国际上通用的文字(英文)标明国籍。但也有一些国家只用本国文字标明国籍,遇到这种情况,可以按照护照封皮上的国徽图案或国家标志来识别。

2. 护照有效期的识别。护照有时效限制,并在有效期内发生效力。护照期满前持照人应根据本国有关的法律规定到政府授权机关更换新护照或申办护照延期,否则护照会自然失效,不再具有原效力。护照有效期的表述方法一般有以下几种:

在护照有效期一栏写明有效期,这是最常见的;在护照有效期一栏注明自签发之日起若干年有效;在护照的使用说明中规定自签发之日起若干年有效;规定在一些特定的条件下有效;护照内未注明有效期限的,视为永久有效。

3. 护照真伪的识别。注意识别护照样式、图案、颜色。注意护照内各项内容和发照机关签署印章的情况,查看是否有伪造和涂改痕迹。查看护照上的照片及对自然特征的记载是否与持照人相符,照片上加盖的骑缝印章有无可疑之处。

(四)安排房间,确定房价

根据客人要求,安排适当的房间,更改客房状态。如客人指定客房预订,则应安排订房单上指的客房给客人。为客人分配好房间后,接待员在饭店的价格范围内为客人确定房价。如客人事先有订房,接待员则必须遵守订房单上已确认的房价,不能随意改动。

(五)确定付款方式

确定付款方式的目的,从饭店的角度来看,可避免利益损害,防止住客逃账(走单);从客人角度来看,可享受住宿期消费一次性结账服务和退房结账的高效率服务。

接待员可从登记表中的"付款方式"一栏中得知客人选择的付款方式。客人常采用的付款方式有:现金、信用卡、支票及旅行传单(Travel voucher)等。

1. 现金结账

如果客人用现金结账,客人入住时则要交纳一定数额的预付金。预付金额度应超过住宿期间的总房租数,具体超过多少,由饭店自定,一般为一天的房租,结账时多退少补。大型饭店,预付金由前厅收银员收取,中小型饭店由接待员收取。

2. 信用卡结账

如果客人用信用卡结账,接待员应首先辨明客人所持的信用卡,是否属中国银行规定的可在我国使用且本饭店接受的信用卡;其次核实住客是否为持卡人;

接着检查信用卡的有效期及信用卡的完好程度；再接着使用信用卡压印机，将客人的信用卡资料影印到适当的签购单上；最后将信用卡交还客人，将已印制好的信用卡签购单与制作的账单（有的饭店使用入住登记表的其中一联）一起交前厅收款处。

3. 传单结账

客人向与饭店有卖房合同的旅行社购买饭店的客房，房租交付给旅行社，旅行社给客人签发，客人凭此传单入住指定的店，无须再向饭店支付房租，房租由旅行社与饭店按卖房合同解决。如果客人持旅行社传单结账，接待员则应告诉客人，房租之外的费用必须自行支付，如洗衣费、长途电话费等，客人仍然要交纳一定的押金。

4. 以转账方式结账

客人以转账方式结账，这一要求一般在订房时就会向饭店提出，并经饭店有关负责人批准后方可。客人在办理入住登记手续时，才提出以转账方式结账，饭店通常不予受理。

对于一些熟客、常客、公司客等，饭店为了表示友好和信任，通常会给予他们免交押金(Waive deposit)的方便。免交押金的名单一般由饭店的营业部或财务部门印发，订房部员工在订房单的备注内容中注明，接待处则灵活处理。

（六）发给客人房卡及房间钥匙

接待员填写房卡时对于某些属于商业机密不宜公开的房租，则不应填写在房卡上，而是标以合同价(Contract rate，简写 C/R)；房卡必须一人一张，如两人合住，交纳押金客人的房卡上则注明该间房的房租，另一客人的房卡上则标明没有房租(No rate，简写 N/R)。

请客人在房卡上签名，并告知其房卡的用途。如果饭店为客人提供用餐券、免费饮料券、宣传品等，此时应同房卡、钥匙一并交给住客。还要注意有无客人代存的邮件和留言，如有，应在这时一并转交客人。

提醒住客在饭店前厅收款处有免费的贵重物品保险和服务，并祝客人住得愉快。

（七）引领客人进房(Escorting Guest)

接待员安排行李生引领客人进房。如无行李生，接待员则应将房号告诉客人并指明电梯的位置。

为了表达对客人入住的感谢和对客人的重视，有的饭店还要求接待员在客人进房 7~10 分钟后，打电话进房间征询客人对客房及服务的意见。

（八）将有关信息输入电脑，建立相关表格

将入住登记表的有关内容输入电脑，如饭店电脑联网，则对客服务相关部门可得到客人入住的信息。如饭店电脑没有联网，接待员则需填写入住单(Check-in slip),将得到的信息分发至问讯处、总机、礼宾部、客房部楼层等相关部门。制作住客账单,送前厅收款处。在《预期抵店客人名单》(Expected arrival list, EA list)中注明该订房单内的客人已入住。

四、团体客人入住登记程序

团体客人入住登记程序见图3-4。

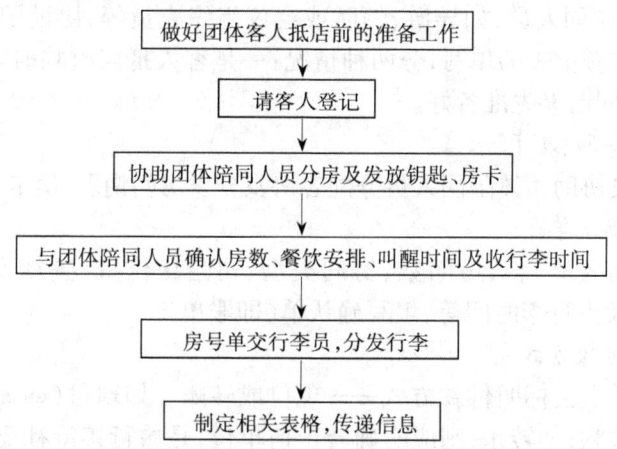

图3-4 团体客人入住登记程序

(一)做好团体客人抵店前的准备工作

在一些饭店,团体接待与散客接待是分开的,团体入住登记由团体接待员(Tour-coordinator)负责。

团体客人抵店前的准备工作有:

(1)根据团体订房要求,查看电脑房态资料或客房状态显示架,安排团体客房,打印团体用房分配表。饭店如果有专门的团体楼层,团体客人排房则是由团体接待处负责。如果饭店没有专门的团体楼层,团体客房一般是由总服务台的散客接待处管理人员按当天团体客房总数分出,然后将分出的客房交回团体接待处,团体接待员再细分至具体的团队。团体房分房单,必须先送至客房部、礼宾部等部门,让其做好准备工作。如撤走小酒吧(Mini-bar)的酒水等。

(2)准备好团体客人信封。信封上标有房号,信封内有客房钥匙、房卡及饭店促销品等。团体客人的房卡大多为不能签单的钥匙卡,房卡姓名栏填写团号,房租栏填写合同价(C/R)。

(3)随时与客房部联系,了解房间卫生清扫进程。

(4)准备好住宿登记表、团体资料表(Group information)和团体入住确认表。

印发团体资料表是为了将团体客到信息通知给相关对客部门。团体入住确认表即账单。如果团体客行李已到,则应吩咐礼宾部妥善保管好。

（二）请客人登记

（1）团体客人到达后,由团体接待员迎接,如团体人数较多,有必要由大堂副理或宾客关系主任(Guest relation officer, GRO)出面维持秩序。

（2）弄清团体名称,找出订房资料,确认人数、房间数,掌握付款方式。

（3）请团体陪同人员,如导游、领队或会议组织人员等,协助团体客人填写入住登记表。入住登记表的填写,分两种情况:一是客人抵店时临时填写;二是团体客人抵店前,陪同已事先准备好。

（三）分发钥匙、房卡

团体接待员协助团体陪同人员分配客房及分发房间钥匙、房卡。

（四）填写确认单

与团体陪同人员确认房间数、房间类型、司陪床位数、餐饮安排、叫醒时间(morning call)及出行李时间等,填写确认单(即账单)。

（五）了解付款方式

团体订房单上会标明付款方式——现付或转账。如现付(cash upon arrival),则应请收银员收款;如转账,则应明确转至何单位,是旅行接待社还是组团社。若转至组团社,团体账单中应由全陪签名确认;若转至接待社,团体账单则应由地陪签名确认,最后将账单送交前厅收银员。

团体入住,接待单位大多只负责房租和餐费,其他费用客人自理。如个别团体客要求开通房间长途电话,拥有在饭店消费的签单权,则应要求客人事先交纳一定的押金,另外签发房卡。

（六）交行李员一份团体客名单

将标明房号的团体客名单交一份给行李员,便于行李员分发行李。

（七）制作相关表格,信息传递

（1）填制团体资料表,将团体客到信息分发总机、问讯处、前厅收银员、礼宾部、餐饮部、客房部、大堂副理等相关部门。如饭店计算机联网,则不必制作表格,只需将入住相关资料输入团体接待处计算机终端,其他部门就可获得团体客人信息。

（2）更改房间状况。

（3）填写"在店团体一览表"(In-house group list)。

五、贵宾(VIP)接待程序

饭店贵宾一般由大堂副理负责接待,前厅接待处负责配合。贵宾入住登记在客房内进行。

(一)准备工作

1. 大堂副理的准备工作

(1)阅读"预期抵店贵宾名单"(Expected arrival VIP list),了解预期抵店的贵宾姓名、身份、人数、房号、抵店时间、接待规格等内容。

(2)填写车单交礼宾部,注明贵宾姓名、航班号、车型、付款方式等内容,并确认落实情况。

(3)检查即将入住贵宾的客房,内容包括清洁卫生情况,设备设施完好状况,客房内免费用品的添置情况,鲜花、果篮、酒水等赠品的摆放情况等。

(4)通知客房部做好楼层的迎客工作,将贵宾的用餐时间、人数通知餐饮部做好准备。

(5)视贵宾的重要程度,组织好大堂的员工欢迎队伍。

2. 接待处的准备工作

(1)与订房部配合,安排好贵宾入住的客房。

(2)准备好住宿登记文件夹(Folder)。根据已知的贵宾资料打印好住宿登记表和贵宾房卡。登记表及房卡的退房日期栏空出,让贵宾自填。准备好房间钥匙,将其与住宿登记表、贵宾房卡一并放在文件夹内,并将文件夹交大堂副理。查看有无客人的信件及其他早到的物品,以便及时转交。

(二)迎接客人,办理入住登记手续

一般贵宾由大堂副理接待即可,如果贵宾身份地位较高,必须由饭店最高管理层出面迎接。

客人抵店时,称呼贵宾姓名,向贵宾问候,表示热烈欢迎,并向贵宾介绍自己和在场迎接人员。

将贵宾带入房间,并对饭店和房间进行简单介绍,告知客人大堂副理台的服务电话,表达愿为其服务的愿望。

大堂副理将已准备好的入住登记文件夹带进客房,请客人登记签字,然后大堂副理核对证件,确认其退房日期。离开客房时,预祝客人居住愉快。

贵宾入住,享受多种优惠,如免交押金(Waive deposit)、房租免费(Complimentary),甚至是全免(All complimentary)。具体优惠应按饭店贵宾申请单上的待遇执行。

(三)制作表格,储存信息

大堂副理在给贵宾办理入住登记手续后,在大堂副理值班本上记录贵宾入住手续办理情况。

表格制作、信息储存交由接待员完成。接待员将贵宾的情况输入电脑或制作客房状态卡插入显示架,更改房态。

将贵宾抵店信息通过入住单或计算机联网通知相关部门,并将客人的订房资料及登记资料整理归档,向前厅收银员交接账单资料。

六、特色楼层入住接待程序

饭店为了提供个性化服务,特别开辟了一些有鲜明特色的楼层,如商务楼层、女性楼层(甚至出现了女性饭店)、禁烟楼层、团体楼层等。

下面介绍一下商务楼层的入住接待程序。

商务楼层在一些饭店亦称为行政楼层(Executive floor)。它是饭店的"店中之店",集前厅接待服务、餐饮服务、商务中心服务、收银结账服务及客房服务(Housekeeping service)、24小时管家式服务(Butler service)于一体,是为商务客人提供优质服务的场所。

(一)商务楼层的职能

(1)为商务客人办理入住登记、退房结账手续,即商务客人在商务楼层办理入住登记和退房手续。

(2)为商务客人提供商务中心服务。

(3)为商务客人提供多项服务,如自助早餐、酒吧服务。

(4)来话登记及会客服务。

(5)提供委托代办服务。

(6)为商务客人提供安全、及时、优质的服务。

(二)商务楼层的设备设施配备

商务楼层除了商务客房之外,还设置了其他服务功能区,如会客室、阅览室、酒廊、商务中心、会议室、接待登记处等,有些饭店在行政楼层还设置了大堂副理台或宾客关系主任(Guest relation officer,GRO)台。

商务客房在一般客房的基础上,目前普遍设置了互联网(Internet)的接口,配备了手提电脑(laptop)台,方便客人的信息沟通。

(三)商务楼层的管理模式

为了提高商务楼层的服务档次和客房产品的品牌,一般饭店将商务楼层归于大堂副理台管辖,由大堂副理或宾客关系主任提供对客接待服务。商务楼层的卫生清扫、维修保养仍由客房部负责,但该楼层的员工接受大堂副理的业务指导。也有的饭店将商务楼层的对客接待服务归前厅部负责,类似前厅部(接待处)在客房楼层的分支机构。

(四)主要服务的接待程序

1. 入住登记工作(参见贵宾的入住接待程序)

(1)入住前的准备工作

①将预先为客人准备由总经理签发的欢迎信置于客房内文件夹上。

②根据客人预订资料,提前为其准备房卡、登记表和钥匙(卡)。

③检查客房卫生清洁情况及赠品的准备到位情况。
④安排楼层员工准备好欢迎条和欢迎巾。
（2）在楼层服务台为客人办理入住登记手续，确认其付款方式。
（3）引领客人进房，介绍房间设备及本楼层的服务项目，并向客人表达服务愿望。
（4）将客人有关资料及客到信息通知相关部门。

2．来访登记及会客服务

按饭店规定程序对访客进行来访登记或来访记录，切记不可随便将住客的房号告诉"第三者"。如果访客查询住客情况，则请其到前厅问讯处查询。

如果住客同意接待访客，则征询住客意见是否使用会客室。无论住客使用会客室与否，都要准备好欢迎条和欢迎巾。

3．离店结账程序

（1）商务客人在楼层消费时，要及时入账。
（2）根据预离客名单（Expected departure list，ED），确认客人离店时间，确认是否需要行李生服务，并向客人建议送机服务。
（3）准备好正确详细的账单，为客人结账。
（4）征询客人对商务楼层服务的意见，并欢迎客人再次光临。
（5）为客人叫电梯，预祝客人一路平安。

4．委托代办服务

如接到住客要求，需要购买机票，则应请客人填写购买机票申请单，如日期、目的地、航班、身份证件号码。客人外出时，请客人留下联络方式及房号等内容。取到机票后，要影印留存，并尽快将机票送交住客。商务楼层还向本层住客提供酒水、自助早餐等多种服务。不管提供何种服务，一定要确保客人满意。

（五）制作报表及建立客人历史档案

商务楼层要填制各种报表，清楚记录本楼层的经营数据，并建立商务客人历史档案，以便提供针对性的个性化服务。

案例

特别总台——文华怡东酒店的前厅快速服务处

"特别总台"真正急商务客人之所急，从根本上改变了过去前厅接待时顾客"排队等候"的尴尬局面。"特别总台"推出以来，好评如潮，为酒店带来了更多的商务客源。

素有"东方明珠"美称的香港是世界上最繁忙的大城市之一，城区面积大，街道错综复杂，交通经常超负荷运转。许多顾客风尘仆仆抵达怡东酒店时早已是满脸倦色，疲惫不堪了，一心只想以最快速度办好入住手续，到房间里舒舒服服洗个澡、痛痛快快睡个觉。

文华怡东酒店是香港开埠以来最成功的酒店之一,所以许多客人绕了大半个香港前来投宿。在许多酒店从未出现过的顾客排队办理手续的情形在这里早已是司空见惯,人们宁可忍受着旅途的疲惫也要在这里住上一宿,因为这里的环境和服务实在是太诱人了。

来自荷兰的总经理林弼先生将这一切看在眼里,丝毫不敢有懈怠,"至少从这一个环节上来说,低效率的入住登记就不符合商务客人的需求"。

于是文华怡东酒店一改多年来的排队办理入住手续的惯例,在大厅里另外开设了一个专门为已预订的商务散客和VIP客人办理入住手续的前厅快速服务处,人们戏称为"特别总台"。

从此所有来店前已经办理了预订手续或是持有VIP优惠的客人就无须再到总台前去排长队了,"特别总台"里设有宾客专用座椅,边办手续边休息,这里的服务员都是经过专门训练的高级职员,外语娴熟,谈吐优雅,而且反应敏捷,能在最短时间里办好所有事项。

"特别总台"为文华怡东酒店增添了一抹亮色。

七、住宿条件变化的处理

(一)客人要求换房

换房也叫转房,客人办理入住登记手续住下来以后,对客房的位置、朝向、大小、设备使用情况等方面有了较为清楚的、详尽的了解,在此情况下有的客人会觉得房间不够理想,或者不太方便,这时,客人就会向前厅提出换房要求。饭店应尽可能地满足客人的要求。

饭店有时也会由于自身的原因要求客人换房。如客房设备损坏,维修需时较长,饭店会主动为客人换房;住客超过原计划住店天数续住,而事先其他指定预订该房的客人又快要入住时,饭店亦可能要求原住客换房。

如何处理客人换房问题呢?换房程序如图3-5所示。

1. 了解换房原因

(1)客人方面:房间楼层、位置、朝向不理想,房号不吉利……

(2)饭店方面:客房设备坏,维修需时较长;现住客续住,影响到指定预订该房客人的入住。

由于饭店方面原因需要客人换房,接待员必须向客人解释清楚,求得客人谅解。

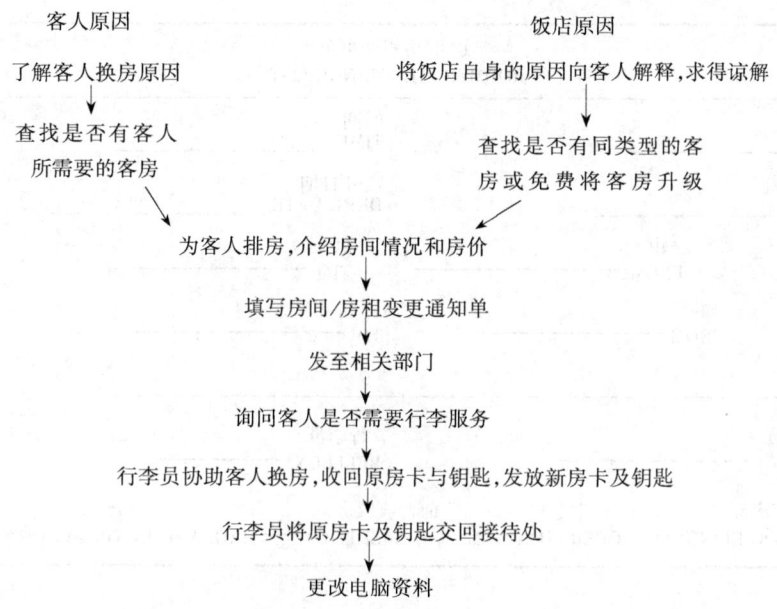

图 3-5 换房程序

2. 查看客房状态资料，为客人排房

查客房状态资料，看是否有客人原住房相同档次的客房，如果暂时没有，则需向客人说明。倘若房间档次升高了，则要加收房租，但饭店自身原因要求客人换房则除外，并要对给客人带来的不便表示歉意。

3. 填写房间/房租变更单

填写房间/房租变更单(见表 3-11)，由行李员分发至相关部门，如客房部，楼层服务员接到此单后，按退房要求对原住房进行检查，然后对走房进行清扫；如电话总机，方便电话转接；如前厅收银，接到此单后，转移客账；如问讯处，方便邮件转交和访客查询；如礼宾部，及时协助客人提拿行李换房。

4. 为客人换房

为客人换房主要做以下几方面工作：

(1) 为客人提供换房时的行李服务。

(2) 发放新的房卡与钥匙，由行李员收回原房卡与钥匙。

(3) 接待员更改电脑资料，更改房态。

表 3-11　房间/房租变更单

```
             房间/房租变更单
           ROOM/RATE CHANGE LIST

  日期                        时间
  DATE _____         TIME _____

  宾客姓名                    离开日期
  NAME _____         DEPT. DATE _____

    房号         由           转到
    ROOM NO.   FROM_____  TO_____

    房租         由           转到
    RATE       FROM_____  TO_____

    理由
    REASON_____

    当班接待员                行李员
    CLERK_____         BELLBOY_____

      客房部       电话总机      前台收银员        问讯处
    HOUSEKEEPING—OPERATOR—F/O CASHIER—MAIL AND INFORMATION
```

(二) 延迟退房

根据国际惯例,客人退房时间为中午 12:00 之前。有的饭店为吸引客人入住,允许客人延迟退房时间,但时间亦不会太长,如果时间过长,则必须视客房的出租情况,经过一定的审批程序,然后将延迟退房通知单(见表 3-12)交给前厅收款处和接待处。前厅收款处在给客人办理退房时,不得加收房租;接待处得到延迟退房通知时,不再急于催促客人办理退房手续(Due out)。

表 3-12　延迟退房通知

```
              延迟退房通知
            EXTENSION OF STAY

  房间
  ROOM:_____
  IS ALLOWED TO STAY UNTIL
  可停留至
                                 AM
                                 PM
  _____

  日期
  DATE_____
                              签名
                              SIGNED_____
```

（三）客人续住(Extension)

客人续住的处理,如图3-6所示：

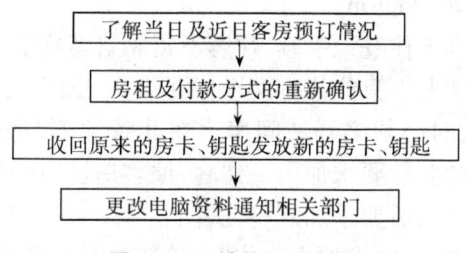

图3-6 续住处理程序

1．了解情况

接到客人续住要求后,要问清客人姓名、房号、续住时间,然后了解当日和近日的客房预订情况,核实客人续住是否会导致超额预订。在饭店旺季期间,更要特别注意此问题。

2．确认房租及付款方式

向客人重申付款方式和房租,如不能享受原优惠房租,则应向客人说明,必要时请示上级。如果客人原来是用现金付款,请客人重新交押金；如果客人原来是用信用卡付款,则要向前厅收银处了解是否要重新预刷卡,并通知其作账务处理。

3．办理续住手续

收回原有的房卡和钥匙(即将过期失效),发放新的房卡和钥匙。

4．修改相应资料

更改电脑资料,修改客人离店日期。如果房租有变化,则输入新的房租。电话通知客房部楼层客人续住情况。

以上为原住客续住的处理程序。如果换人续住的话,则应征得原住客同意,为原住客办理退房手续,然后对新来客人按饭店的规定程序办理入住登记。

（四）卖重房(Double Sale)

有时由于工作疏忽,接待处将客房已售出,但房态未能及时更改过来,导致该房间重卖；有时由于未能与客房部保持及时的信息沟通而无法掌握最新的楼层实际房态,导致卖重房。

卖重房会给该客房的原住客和新来的客人带来不悦,会给服务质量带来负面的影响,饭店应重视这类问题,特别是在以手工操作为主的饭店。

行李员带新入住的客人进房前,应先敲门,如果发现卖重房,马上向双方客人致歉,然后请新入住客人在楼层稍候,电话报告接待处。

接待处核实卖重房后,应马上找出一间相近楼层同类型的客房,签发新的房卡与钥匙并更改房号,安排另一行李员送上楼层,收回原来的房卡与钥匙。最后填制新的《入住单》并发放至各相关部门,收回原来的《入住单》。特别要提醒前厅收款处做好建账工作。

(五)房间增加住客(Join-in)

客人入住必须办理入住登记手续,住客不得私自留宿。

一间标准间正常情况下只能住宿两个成年客人,加床后最多只能住3个成年人,如超过3个成年人时必须多开一间房。在此条件下,房间增加住客分3种情况:原客房已有一个住客,后要求加入一住客;原客房已有一住客,后要求加入两住客;原客房已有两个住客,后要求加入一住客。

原客房已有一住客,后要求加入一住客,接待员必须替新来客人办理入住登记手续,为其签房卡,但房卡房租栏为"无房租"(No rate, N/R),并请原住客在新来客人登记表上签名表示同意。如属成年男女同住,则应按相关规定办理。

原客房已有一住客,后要求加入两住客,接待员必须为其办理入住登记手续,为二人签收房卡。其中一人的房卡房租栏为"无房租",另一人的房卡房租栏为"加床费",并请原住客在这二人的入住登记表上签名表示确认,然后按加床处理。

原客房有两住客,后要求加入一住客,则按加床处理。不管属于哪种增加住客情况,接待员都必须将增加客人信息通知相关对客服务部门。

(六)加床(Extra Bed, XB)

一个标准间,正常情况下只能住两个成年人,如要住3个成年人,则需加床。

客人加床大致分两种情况,一是客人在办理登记手续时要求加床,一是客人在住宿期间要求加床。

饭店要按规定为加床客人办理入住登记手续,并为其签发房卡,房卡中的房租为加床费,加床费转至住客付款账单上。如是客人在住宿期间要求加床,第三个客人在办理入住登记手续时,入住登记表需支付房费的住客签名确认。

接待处将加床信息以"入住单"的形式,或者以专门的"加床通知单"(Extra bed information)(见表3-13)的形式通知相关部门,如前厅收款处和客房部楼层。

表3-13 加床单

```
EXTRA BED INFORMATION
ROOM NO. _____ RATE _____ PER NIGHT
BEGINNING DATE _____ ENDING DATE _____
GUEST SIGNATURE _____
FROM _____ TO _____
TIME _____ CLERK _____
```

(七)成年男女同住

我国旅客住宿登记制度规定,成年男女要求同房住宿的,除男女双方均为境外旅客外,需持有结婚证或一方所在单位出具夫妻关系证明,才准予安排同房住宿。

（八）提前离店

在饭店计算机联网或前厅部计算机联网的情况下，客人提前离店无须额外关注，前厅收银员根据饭店退房模式给客人办理退房手续，收回房卡和钥匙，更改离店日期即可。

在以手工操作为主的饭店，前厅收银员收回房卡和钥匙，按照饭店退房模式给客人办理退房结账手续后，将客人提前离店的消息告知接待处。接待员得到关于住客提前离店的通知后，马上开出提前离店通知单，通知总机、问讯处及客房楼层，如果饭店退房模式是先通知楼层走房，后办理退房手续的话，则不必再次通知客房楼层，最后更改房态架上的房态显示和撤走住客资料显示架上的住客资料。

（九）押金数额不足

饭店客源复杂，客人付款方式多样，饭店坏账、漏账、逃账的可能性始终存在。客人在办理入住登记手续时，如果表示用现金支付费用时，饭店为了维护自身的利益，常要求客人预付一定数量的押金，结账时多退少补，如首次住店的客人、无行李的客人、无客史档案的客人及以往信用不良的客人。押金的数额依据客人的住宿天数而定，主要是预收住宿期间的房租。一些饭店为方便客人使用房间内长途电话（IDD、DDD）、饮用房内小酒吧的酒水（mini-bar）、洗衣费签单等，常会要求客人多预交一天的房租作为押金，当然也是作为客人免费使用房间设备、设施的押金，如果拿走或损坏客房的正常补给品则须照价赔偿。

在一些时候，客人的钱只够支付房租数，而不够支付额外的押金。遇到这种情况，接待员要请示上级作出处理。如让客人入住，签发的房卡为钥匙卡（不能签单消费），应通知总机关长途线，通知客房楼层收吧（收走客房小酒吧内的酒水）或锁上小酒吧。后两项工作一定要在客人进房前做好，不要让住客撞见，以免客人尴尬或反感。

客人住下来后，客房楼层服务员对该房间要多加留意。

（十）没有空房时的接待

接待员卖给客人的客房应该是 OK 房（清洁后的空房）。在旺季，饭店常会遇到客房爆满而仍然还有客人前来投宿的情况。这些客人大致分两种情况，一是没有订房的散客（Walk-in），二是饭店超额预订客人。

对于没有订房的散客，接待员同样要热情接待，向客人表示歉意，然后了解一下附近相同档次饭店的客房出租情况，向客人介绍其他饭店，主动帮助客人订房，请礼宾部协助安排车辆。为了争取客人在第二天回来住，征求客人意见，将其列入等候名单（Waiting list）；一有空房马上与客人联系。

对于超额订房，造成已预订的客人没有房间住宿，饭店应负全部责任。遇到此情况，饭店要事先联系好备用饭店，待客人到达后，向客人道歉；征求客人意见，免费提供车辆将客人送到别的饭店；如果别的饭店房租高于本饭店，饭店则应承担房间差价并做好电话转接及邮件转交工作;第二天应想尽办法找出一间合适的客房,将客人接回饭店,并按贵宾礼遇接待。

第四节 分房与散客柜台客房销售

分房(Room assignment),又称排房。接待员根据宾客住宿的实际需求,考虑到宾客的心理特点以及饭店可供出租的客房的实际情况(位置、风格特色、档次、价格、朝向等),尽可能将适合宾客需要的客房分配给客人。正确灵活的排房方法和技巧,不仅能满足宾客的需要,而且能合理利用客房。

一、分房技巧

(一)分房原则

1. 针对性原则

根据客人的特点(身份、地位、对饭店经营的影响、旅游目的、生理心理特点、人数等)进行有针对性的排房。具体原则为:

(1)贵宾(VIP)。一般安排较好的或者豪华的客房,要求安全保卫、设备保养、环境等方面处于最佳。

(2)同一团体的客人。尽可能安排在同一层楼,同一标准的客房,并且尽量是双人房(Twin-size bedroom),有利于导游(领队、会务组人员)的联络及饭店的管理。

(3)同一团体的领队或会务组人员。尽可能安排在与团体客在同一楼层的出口处的客房。

(4)新婚夫妇。应安排较安静的带大床的房间。

(5)老年人、伤残人或行动不便者。可安排在较低楼层靠近服务台或电梯口的房间,以方便服务员照顾。

(6)家人或亲朋好友一起住店的客人。一般安排在楼层侧翼的连通房或相邻房。

2. 特殊性原则

特殊性原则即要根据客人的生活习惯、宗教信仰以及习俗来分房。

(1)风俗习惯、宗教信仰及习俗不同的客人。应将他们的房间拉开距离或分楼层安排,并注意楼层号、房号与宗教禁忌的关系。

(2)竞争对手、敌对国家的客人。应分楼层安排。

3. 方便性原则

方便性原则即根据饭店经营管理和服务的需要来安排客房。

(1)长住客。尽可能集中在一个楼层,且在较低楼层。

(2)无行李且有不轨嫌疑的客人。尽可能安排在靠近楼层服务台的房间。

(3) 在淡季,从经营和保持市场形象的角度出发,可集中安排朝向街道的房间。可封闭一些楼层,而集中使用几个楼层的房间。可从低层至高层或由高层往低层分房,以节约能耗、劳力,以便于集中维护、保养一些客房。

(二) 分房顺序

接待员还应根据旅游淡旺季的特殊性来分房。旅游旺季,由于宾客多,房源紧张,对不同宾客的住房要求要采取不同的分房策略。如贵宾和一般散客,应优先满足贵宾的需要;对于有预订和未预订的客人(Walk-in),要优先满足有预订的客人;对于常客和新宾客,则要优先满足常客的需要;对于难以满足其要求的客人,饭店要以诚相待,不要因旺季生意好而冷淡客人。

在分房时,接待员或管理人员应根据客人的特点及轻重缓急顺序进行分房。分房顺序为:

贵宾→有特殊要求的客人→团队客人→有订房的散客→未经订房而直接抵店的散客(Walk-in guests)

(三) 分房程序

在现代化的饭店里,分房工作经常通过电脑来进行。接待员将需要的房间类型及住宿期输入电脑后,在电脑屏幕上就会自动出现若干个符合要求的房号,接待员凭着对客房情况的了解和客人的需要进行选择(见图3-7)。

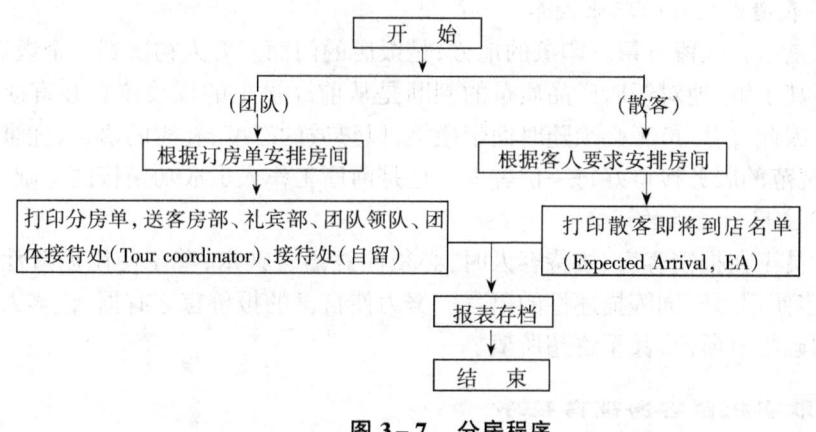

图3-7 分房程序

二、散客柜台客房销售对员工的要求

前厅接待人员要在接待过程中成功地将客房及饭店其他产品推销给客人,前提是必须要掌握相应的知识、信息,具备基本的个人素质。

(一) 熟悉自己饭店的基本情况和特点

饭店的基本情况和特点包括:饭店所处的地理环境及交通情况,饭店建筑、装饰、布置的风格和特点，饭店的等级与类型，饭店的服务设施与服务项目，饭店产品的价格与相关的政策和规定……了解掌握上述信息，是做好客房销售工作的先决条件，尤其是对饭店的主要产品之———客房，须作全面的了解，如各类房间的面积、色调、朝向、功能、所处的楼层、价格及计价方式、特点、设施设备等。接待员只有对以上内容了如指掌，推销起来才能得心应手，才能随时答复客人可能提出的任何问题和疑问，使客人感受到你对本饭店的信心和热爱，从而有助于推销的成功。

（二）了解竞争对手饭店的产品情况

接待人员在深入了解和掌握本饭店产品情况的基础上，更要熟悉竞争对手的有关情况。因为客人面对的是一大批与本饭店档次、价格、服务相类似的企业。要想在销售中取胜，就要找出自己饭店的特色和优势，并着重加以宣传，这样更容易引起客人的兴趣和注意。

（三）认真观察分析客人心理，迎合客人需求

饭店的每一种产品都有多种附加利益存在。对于一个靠近电梯口的房间，有的客人会认为不安静，而有的客人则会认为进出很方便。所以饭店负责推销的员工，必须要深入了解客人最需要的是什么，最关心的是什么，最感兴趣的是什么。把握好客人的购买目的和购买动机，帮助客人解决问题，满足其物质和心理需要。这样，在客人受益的同时，饭店也会得到相应的回报。

（四）表现出良好的职业素养

前厅是给客人留下第一印象的地方，是饭店的门面。客人初次到一个饭店，对其可能不甚了解，他对饭店产品质量的判断是从前厅员工的仪表仪容和言谈举止开始的。因此，前厅员工必须随时面带微笑，以热诚的态度、礼貌的语言、优雅的举止、快捷规范的服务接待好每一位客人。这是前厅工作人员成功销售的基础。

（五）使用创造性的语言

前厅员工在推销客房、接待客人时，必须注意语言艺术，善于使用创造性的语言，例如多使用形容词等描述性的语言。努力使自己的报价言之有据，让客人感到该产品的确物有所值，甚至物超所值。

三、散客柜台客房销售程序

客房销售可分为把握客人特点、介绍饭店产品、巧妙洽谈价格、主动展示客房产品、尽快作出安排这五个环节。

（一）把握客人特点

前厅员工应有敏锐的观察力和分析判断能力。根据客人的年龄、职业、国籍、旅行目的、身体状况等方面的情况，可以基本了解客人的选房倾向、支付能力、消费习惯以及心理承受能力，从而不失时机地、有针对性地介绍推销饭店客房产品及其他产品。

例如：

商务客人通常是因公出差，对房价不太计较，但对服务要求较高，对这类客人可重点推荐商务客房：如宽大的办公桌，传真机等办公设施用品齐全，饭店服务高效、周到，有娱乐设施等；对观光客人则可推销能欣赏四周景物的客房；可以将套房销售给消费水平较高的客人、度蜜月的新婚夫妇、社会知名人士等；向携带孩子的家庭旅游者可推荐连通房或相邻房；向老年游客或残疾客人推销靠近电梯、出入方便的客房等。

（二）介绍饭店产品

客人往往对房价比较关心，这是很自然的事。况且在未入住饭店之前，客人既不能接触和尝试，一般也无法直观地感受产品质量，只能凭饭店的外观和对接待员的感觉去认识饭店产品，所以更增加了对房价的敏感度。这种情况下，接待员要在熟悉饭店产品的基础上，尽可能多地向客人介绍饭店产品的优点和独特之处，例如，理想的地理位置，新颖的装潢，优雅的环境，美丽的外景，宽敞的房间等，以化解客人心里的价格障碍，进而为饭店创造最佳的赢利机会。

（三）巧妙洽谈价格

前厅接待员在与客人洽谈价格时，应尽量使客人感到饭店销售的产品是物有所值的，因此，在销售过程中着重推销的是客房的价值而不是价格。接待员可以根据客房的特点，在客房的前面加上恰如其分的形容词。例如，刚装修好的、具有民族特色的、宽敞的、舒适的、能看到海景或湖景等，这样才更容易为客人所接受。除了介绍客房的特点之外，还应特别强调对客人的好处。例如，"孩子与您同住一套连通房，您可不必为他担心"、"这间客房非常安静，您可以好好休息"等。在洽谈价格过程中，前厅接待员的责任是引导客人、帮助客人进行选择，不要急于报价、定价，以免引起客人反感。

（四）主动展示客房产品

前厅部必须备有饭店客房产品和其他产品的宣传册及广告宣传资料、图片等，并将它们陈列在客人随手可取的地方，供客人仔细观看、选择。还有一些饭店在大厅配备了大屏幕电脑查询系统，让客人在大厅就可对客房等饭店产品的情况一目了然，获得感性的认识，以促进产品的销售。必要时，还可以带领客人实地参观客房产品，增强客人对客房价值的认知和理解。展示时应从高档客房向低档客房进行介绍，同时，接待员要自始至终表现出耐心、高效、礼貌，即使客人不住店，也应对客人的光临表示感谢，并欢迎客人再次光临。

（五）尽快作出安排

经过上述销售程序，当察觉到客人对所推荐的产品感兴趣时，前厅服务人员应用提问的方式，促使客人作出选择。一旦客人作出选择，应对客人的选择表示赞赏和感谢，并为客人尽快办理入住登记手续，缩短客人的等候时间。

四、散客柜台客房销售技巧

随着饭店业竞争的加剧,饭店越来越重视前厅部的销售工作。其销售成功与否直接影响到客人对饭店的认识、评价和是否再次光临,并最终影响饭店的经济效益。因此,对于一名优秀的前台服务员而言,不仅要熟悉前厅散客柜台客房销售的要求和服务程序,更应掌握客房销售技巧,对客人进行面对面的推销。

(一)强调客人受益

由于客人对产品价值和品质的认识程度不一样,相同的价格,有些客人认为合理,而有些客人则感到难以承受。在这种情况下,接待员要将价格转化为能给客人带来的益处和满足,对客人进行启迪和引导,促成其转化为购买行为。例如,当接待员遇到一位因房价偏高而犹豫不决的客人时,是这样介绍的:"这类客房的床垫、枕头具有保健功能,可以让您充分休息的同时,还能起到预防疾病的作用。"而另一位接待员可能是这样推销的:"这类客房价格听起来高了一点,但它配有冲浪浴设备,您不想体验一下吗?"强调客人受益,增强了客人对产品价值的理解程度,从而提高了客人愿意支付的价格限度。

(二)给客人进行比较的机会

如果客人没有具体说明需要哪种类型的客房,那么客人可能是第一次来到本饭店,也可能客人希望选择一种过去没有住过的客房。前厅接待人员可根据客人的特点,向他推荐两种或三种不同房型、价格的客房,供客人比较、选择,激发客人的潜在需求,增加饭店的收益。如一个看上去很有身份的商人,要订一个普通标准间,接待人员除报价格外,还应试探性地向其推荐商务客房或套房,提供给客人选择,并加以描述性语言,可能会收到比较好的效果。在推销过程中,接待员应避免将自己的观点强加于客人,切记接待人员的责任是推销,而不是强迫对方接受。过分的"热情"会适得其反。某些时候,即使客人因员工的坚持而勉强接受了某种房间,饭店多赚了一些钱,但却永远补偿不了他因被迫接受而以后可能不再光顾该饭店的损失。因此,应尊重客人的选择,即使客人最终选择了一间较便宜的或相对档次较低的客房,也要表示赞同与支持。

(三)坚持正面的介绍

前厅接待员在介绍不同的房间以供客人比较时,要着重介绍各类型客房的特点、优势及给客人带来的方便和好处,指出它们的不同,但不要对各类型客房的缺点进行比较,还应注意用词。

例如,饭店目前只剩一间客房,客人已经无法选择,也应对客人说"您运气真好,我们还有一间相当不错的客房",而不能说"这是最后一间客房了"。以免让客人感觉这间客房是其他客人挑剩下的,可能会存在质量问题。

必要时,接待员应善于将客房或客房所处环境的不利因素转化为给予宾客便利的因素。

例如：

室外景色不够好的客房，可能很安静；靠近游泳池的房间可能会受噪声干扰，但如果客人喜欢游泳，从房间到游泳池就很方便……

(四)对犹豫不决的客人可以多提建议

许多客人并不清楚自己需要什么样的房间，在这种情况下，接待人员要认真观察客人的表情，设法理解客人的真实意图、特点和喜好，然后按照客人的兴趣和爱好，有针对性地向客人介绍各类客房的特点，消除其疑虑。假若客人仍未明确表态，接待员可以运用语言和行为来促使客人下决心进行购买。例如，递上入住登记表说"这样吧，您先登记一下……"或"要不您先住下，如果您感到不满意，明天我们再给您换房"等；也可以在征得客人同意的情况下，陪同客人实地参观几种不同类型的客房，让客人对饭店客房产品有感性认识，当他们亲自看了客房设施后，可能会迅速作出住宿的决定。即使客人不在这里住宿，他们也会记住这家饭店的热情服务，可能会推荐给亲友或下次来投宿。这样，既消除了客人可能的疑虑，也展示了饭店的信誉及管理的灵活性。

(五)高码讨价法与利益引诱法

高码讨价法和利益引诱法是两种有效的销售技巧，可以在客房销售过程中加以运用。

高码讨价法是指在客房销售中向客人推荐适合其地位的最高价格的客房。根据消费心理学，客人常常接受接待员首先推荐的房间。如果客人不接受，再推荐价格低一档次的客房，并介绍其优点。这样由高到低，逐层介绍，直到客人作出满意选择。这种方法适合于向未经预订直接抵店的客人推销客房，从而最大限度地提高了高价客房的销售量和客房整体经济效益。

利益引诱法亦称由低及高法，是对已预订到店的客人，采取给予一定附加利益的方法，使他们放弃原预订客房，转向购买高一档次价格的客房。例如："您只需要再多付50元，就可以享受包价优惠，除房费外，还包括免费早餐和午餐。"这时客人常会被眼前利益所吸引而顺从接待员的建议，其结果是饭店增加了营业收入，客人同时也享受到了更多的实惠。

(六)价格分解法和适当让步法

通常，饭店为获得更多的营业收入，都要求接待员先推销高价客房。而价格作为最具敏感性的因素之一，有时客人一听到总台的报价，就可能被吓退，拒绝购买。此时就要将价格进行分解以隐藏其"昂贵性"。

例如：

某类型客房的价格是580元，报价时可将80元免费双早和100元免费餐费从房价中分解出来，告诉客人实际房价是400元；假如房费包含免费洗衣或免费健身等其他免费项目,同样应进行价格分解。这样,客人心目中高价的概念此时就会被大大弱化。

所以,采用价格分解法,更易打动客人,促成交易。

另外,在接待过程中,经常会遇到客人抱怨房价太贵了,询问"能不能打折"。因为在市场经济条件下,市场的多变性决定了价格的不稳定性,价格因不同客人而异,也早已成为十分正常的现象。所以,对于确实无法承受门市价格的客人,适当地给予优惠也是适应市场、适应竞争的重要手段,否则,就会出现将客人主动地送到竞争者手中的现象。但要注意优惠幅度应控制在授权范围内,并要求员工尽量不以折扣作为达成交易的最终手段,并配合各种奖励措施,鼓励员工销售全价房。

(七)选择适当的报价方式

1. "冲击式"报价

"冲击式"报价即先报出房间价格,再介绍房间所提供的服务设施和服务项目等,这种报价方式适合推销价格比较低的房间,以低价打动客人。

2. "鱼尾式"报价

这种方式是先介绍所提供的服务设施和服务项目及客房的特点,最后报出房价,突出产品质量,减弱价格对客人购买的影响。这种报价方式适合推销中档客房。

3. "夹心式"报价

这种方式亦称"三明治"式报价,这种报价方式是将价格置于所提供的服务项目中,以减弱直观价格的分量,增加客人购买的可能性。这种报价方式适合于中、高档客房,可以针对消费水平高、有一定地位和声望的客人。

总之,价格放在什么阶段报、报价的顺序以及报几种房价等,都要根据不同客人的特点与需求,有针对性地宣传推销,介绍要恰如其分,不要夸大其词,因为客人很快就会发现任何不实之处,对饭店产生不信任感。

(八)推销饭店的其他设施和服务

在宣传推销客房产品的同时,不应忽视推销饭店的其他服务设施和服务项目,如餐饮、娱乐、商务等设施和服务,以使客人感到饭店产品的综合性及完整性。因为客人住店,不仅仅是为了满足其休息的生理需要,往往还有其他方面的需求,如果接待人员不向客人介绍推荐,就有可能使某些设施设备长期无人或很少使用,不但使饭店的营业收入受到损失,而且造成设备资源的浪费。所以,在预期客人需要的前提下,向客人提供有关信息,不仅是一种积极的销售技巧,还可增加饭店的营业收入,改善与宾客的关系。

前厅接待人员在销售饭店的其他服务设施和服务项目时,应注意时间和场合。如客人深夜抵店,可以向客人介绍24小时咖啡厅服务或房内用膳服务;如客人经过长途旅行后抵达饭店,很可能需要洗衣和熨烫外套,这时应向客人介绍饭店的洗衣服务等。

本章小结

客房销售是饭店前厅的主要任务,为了满足客人的心理需求,使饭店达到较高的客房出租率,前厅接待处服务员必须察言观色,根据不同的客人进行有效的客房推销;为了提高客房销售的准确性,前厅接待处服务人员必须掌握最准确的房态资料;为了提高对客接待服务的质量,前厅接待处服务人员必须熟悉接待程序和相关表单的流向,以便协调整个饭店的对客服务。这些要求同时也是本章的重点所在。

思考与练习

1. 如何加强对客房的控制,以防员工营私舞弊?
2. 饭店前厅为什么要与客房部进行房态核对?
3. 客人入住时,为增加饭店收入,你将向下列客人介绍哪些饭店服务项目?
   (1)商务旅游者　(2)休闲旅游的年轻人　(3)新婚夫妇
4. 客房销售有哪些要求?
5. 客房销售程序有哪些?
6. 角色扮演

   (1)主题:散客入住登记

   材料准备:圆珠笔、入住登记表、入住单、信用卡签购单

   角色:接待员、收银员、行李员

   (2)主题:鱼尾式报价

   材料准备:一饭店豪华套房的照片

   角色:接待员、商务客人
7. 参观考察:在任课教师的带领下参观不同档次的饭店,观察其前厅是如何运转的,特别是如何接待不同类型的客人,并写出分析报告。

第4章

前厅其他服务

课前导读

　　礼宾服务、问讯服务、电话总机服务、商务中心服务等,是饭店前厅服务的配套项目,由于前厅服务质量具有综合性及关联性特征,故以上服务项目在饭店缺一不可。其具体业务分工因饭店而异,但一般来说,分别由礼宾部、问讯处、电话总机和商务中心提供。

学习目标

　　通过学习本章,要实现以下目标:
- 掌握礼宾部、问讯处、电话总机、商务中心等部门的对客服务规范
- 严守前厅服务的保密纪律
- 熟悉前厅内部各环节之间的沟通与协调
- 了解高科技在前厅,特别是在商务中心的运用

第一节　礼宾服务和行李服务

　　礼宾服务,由法语"Concierge"一词翻译而来,又可译为委托代办服务。礼宾服务由饭店礼宾部(Concierge)提供,礼宾部的职责就是围绕客人需求提供一条龙服务。从客人到达饭店所在城市开始,包括订房、接送、订餐等一系列服务便随之展开。礼宾部在一些高星级饭店的组织机构及人员安排中,配置了"金钥匙",在一些中小规模的低星级饭店中,礼宾部称为行李部。

一、金钥匙服务

(一)简介

　　金钥匙,既是一种专业化的饭店服务,也是一个国际化的民间专业组织,又是对具有国际金钥匙组织会员资格的饭店礼宾部职员的特殊称谓。

　　"金钥匙服务",是指饭店礼宾部职员(若具有国际金钥匙组织会员资格则可称为"金钥匙")以为其所在饭店创造更大的经营效益为目的,按照国际金钥匙组

织特有的金钥匙服务理念和由此派生出来的服务方式,为客人提供的"一条龙"个性化服务。这种服务通常以"委托代办"的形式出现,即客人委托,职员代表饭店代办。它具有鲜明的个性化特点,被饭店业的专家称为饭店服务的极致,因此被称为"金钥匙服务"。

"金钥匙",是对饭店中专门为客人提供金钥匙服务的个人或群体的称谓。他们的服装上戴有国际饭店金钥匙组织授予的两把交叉金钥匙徽章。这两把金光闪闪的交叉金钥匙代表着"金钥匙"的职能。其中一把代表开启饭店综合服务的大门;另一把代表开启该城市综合服务的大门。也就是说,"金钥匙"是饭店内外综合服务的总代理。

"金钥匙组织",是指全球饭店中专门为客人提供金钥匙服务并以个人身份加入了国际金钥匙组织的职员的国际专业服务民间组织。

"首席礼宾司",是指全球每一个提供金钥匙服务的饭店中的"首席金钥匙",通俗来讲就是饭店中"金钥匙"的负责人。

国际金钥匙组织是在业界享有极高声誉的国际化服务品牌。自1995年金钥匙组织进入中国,现已发展成为覆盖全国各省市区215个城市、1450多家酒店和高端物业、拥有2400多名全球最多会员的国际化服务协作网络。截止到2012年10月,金钥匙共开展客房预订服务237280间/夜,平均房价为496元/间;开展订车服务54030次,平均租车费用为377元/次;开展订餐服务108041次,平均餐费为1391元/餐,开展订票服务60781次,平均票款为545元/次,开展旅游预订25788次,平均旅费为582元/次,开展水疗/高尔夫预订14863次,平均消费为533元/次。

(二)中国饭店金钥匙组织会员的能力及业务要求

1. 能力要求

(1)交际能力:乐于和善于与人沟通。

(2)语言表达能力:表达清晰、准确。

(3)协调能力:能正确处理好与相关部门的合作关系。

(4)应变能力:能坚持原则,并以灵活方式解决问题。

(5)身体健康、精力充沛,能适应长时间站立工作和户外工作。

2. 业务知识与技能

(1)熟练掌握本职工作的操作流程。

(2)会说普通话和至少掌握一门外语。

(3)掌握中英文打字、电脑文字处理等技能。

(4)熟练掌握所在宾馆的详细信息资料,包括饭店历史、服务设施、服务时间、价格等。

(5)熟悉本地区三星级以上饭店的基本情况,包括地点、主要服务设施、特色和价格水平。

(6)熟悉本市主要旅游景点,包括地点、特色、开放时间和价格。

(7)掌握本市高、中、低档的餐厅各5个(小城市3个),娱乐场所、酒吧5个(小城市3个),包括地点、特色、服务时间、价格水平、联系人。

(8)能帮助客人购买各种交通票据,了解售票处的服务时间、业务范围和联系人。

(9)能帮助客人安排市内旅游,掌握其线路、花费时间、价格、联系人。

(10)能为客人代办物品修理,如手表、眼镜、小电器、行李箱、鞋等,掌握这些维修处的地点、服务时间。

(11)能为客人代办邮寄信件、包裹、快件,懂得邮寄事项的要求和手续。

(12)熟悉本市的交通情况,掌握从本饭店到车站、机场、码头、旅游点、主要商业街的路线、路程和出租车价格(大约数)。

(13)能帮助外籍客人解决办理签证延期等问题,掌握有关单位的地点、工作时间、联系电话和手续。

(14)能帮助客人查找航班托运行李的去向,掌握相关部门的联系电话和领取行李的手续。

(三)我国金钥匙的服务项目

提供运送行李服务、问讯服务、快递服务、接送服务、为客人提供个性化的旅游线路、订房服务、订餐服务、订船服务、订票服务、订花服务等,总之,提供各种合法合乎道德的委托代办服务。

(四)委托代办服务

饭店的各项委托代办业务,在有"金钥匙"时,由"金钥匙"负责,也可以由行李员或礼宾员完成。

饭店为客人提供委托代办服务,一方面要设置专门的表单,如"委托代办登记单"(见表4-1)、"订票委托单"等;另一方面要制定委托代办收费制度,一般饭店内的正常服务项目和在饭店内能代办的项目不收取服务费。

表4-1 委托代办登记单

姓名		房号		日期	
委托事宜:					
备注:					
委托人联系电话			经手人签名		

1. 接车(机)服务(Picking-up Service)

有些客人在订房时,会声明需要接车服务,并事先告知航班(车次)、到达时间,选定接车车辆的类型。饭店在车站、码头、机场设点,并派出代表接送抵离店的客人时,应遵循既定的程序去迎送客人,详见本节"宾客迎送服务"中的店外迎送服务内容。

2. 传呼找人服务

来访客人到问讯处要求帮助查找某一住客,问讯员应请行李员协助解决。行李员将住客姓名写在寻人牌上,并在饭店公共区域、餐厅举寻人牌寻找该住客,寻人时可敲击寻人牌上的低音量铜铃,铜铃声会吸引客人关注,从而找到住客。

3. 转交物品

转交物品,分住客转交物品给来访者,及来访者转交物品给住客两种。

如果是住客转交物品给来访者,住客要提供来访者的姓名,待来访者认领时,要请其出示有效证件并签名。

如果是来访者转交物品给住客,首先要确认本店有无此住客;若有此住客,应为客人安全着想,一定要认真检查物品;最后填写留言单通知住客前来领取。

4. 预订出租车服务

出租车可以是饭店自有的,也可以是出租汽车公司在饭店设点服务的,还可以是由行李员及前厅部其他员工用电话从店外预约的。

当客人要求订车时,应告知客人有关手续和收费情况。

出租车到达大门口时,行李员要向司机讲清客人的姓名、目的地等,必要时充当客人的翻译向司机解释客人的要求。为避免客人迷失方向,可填写一张"向导卡"(Please drive me to)给客人,在卡上注明客人要去的目的地。卡上印有本饭店的名称、标志、地址。

如果客人赶飞机或火车,行李员还应提醒客人(特别是外宾)留出足够的时间提前出发,以免因交通阻塞而耽误了行程。

5. 订票服务

订票服务,是为住客代购飞机票、船票、车票、戏票等。礼宾部要熟悉本地机票代理、火车站、码头、戏院、音乐厅等的地址、电话及联系人。在接到订票电话时,要问清客人要求并明确该要求无法满足时,可有何种程度的变通系数或取消条件。

(1)了解客人的订票要求,让客人填写订票委托单,内容包括日期、起点、目的地、班次(航班及航空公司)、服务等级(如火车硬座、硬卧和软卧)飞机经济舱和公务舱;轮船一等舱、二等舱等)及客人姓名、房号及证件号码(护照或身份证)等。

(2)确定付款方式,如预收了客人的订票款,应在订票委托单上注明;如需饭店垫付,则要将收据交前厅收款处,记入客账,待客人退房时,一并结算;是否收取订票手续费及收费标准等,应向客人当面说明。

(3)确定购票渠道,购票渠道大致有3种:直接向航空公司售票厅购买、请旅行社代办或从饭店票务中心电脑票务预订系统上购买。

(4)如饭店已尽全力而不能保证有票,则须向客人说明情况,并问清能否改买其他日期车次或班次的票。

(5)取到票后,应把票装在饭店专用的信封内,并在信封上写明日期、车次(班次)、票价、客人姓名、房号、预收款数及应找零款数。

(6)通知客人取票。客人凭委托单顾客联取票;把上述信封交给客人,请客人当面核对;所付的预付金,多退少补,并当面点清。

(7)如饭店未买到票应向客人道歉,并尽量为客人提供其他帮助。

(8)如果客人订了票又要退票,则应按交通部门有关规定办理。

6. 快递服务

(1)了解物品种类、重量及目的地。

(2)向客人说明有关违禁物品邮件的限制。

(3)如系国际快递,要向客人说明海关限制和空运限制。

(4)提供打包和托运一条龙服务。

(5)联系快递公司上门收货(联邦快递、DHL和国内的EMS)。

(6)记录托运单号码。

(7)将托运单交给客人,并收取费用。

(8)贵重或易碎物品交专业运输公司托运。

7. 旅游服务

饭店礼宾部应建立旅游景点和旅行社档案,因地制宜地推荐和组织客人旅游。有些饭店设有专门的旅游部为住客提供旅游服务,礼宾部员工获悉客人旅游要求后要做以下工作:

(1)登记客人的姓名、房号、日期及人数,掌握客人的基本情况。

(2)向客人推荐有价值的旅游线路。

(3)向旅游公司或旅行社预订,为客人联系声誉较好的旅游公司或旅行社。

(4)告知客人乘车地点及准确时间。

(5)向客人说明旅途注意事项。

8. 代订客房

住店客人有时会要求饭店代订其他城市的客房,对于这类要求,饭店应尽量满足,一般由订房部或礼宾部去完成。

(1)登记住客姓名、房号、联系电话。

(2)详细了解客人要求:饭店的名称、位置、客房和床的类型、到达和退房日期及有无特殊需要(如接车服务)等。

(3)明确客人预订担保条件,通常要求将客人信用卡的有关信息传递给对方饭店,如信用卡的号码、有效期、持卡人姓名等,以作为客人入住第一晚费用的担保。

(4)向客人指定的饭店订房,须要求对方书面确认。

(5)将书面确认单交给客人。

9. 订餐服务

(1)了解客人的订餐要求,如菜式种类、餐厅要求、用餐人数、用餐时间等。

(2)尽量与客人面谈后再推荐餐厅。

(3)向有关餐厅预订并告知订餐要求。

(4)记录对方餐厅的名号、地址、订餐电话,并转告住客。

10. 外修服务

(1)登记客人的姓名、房号,了解所需修补物品的损坏程度、部位及服务时限和费用限额。

(2)向客人说明一切费用由客人支付,包括维修费、服务费及路费等。

(3)做到准确及时、手续清楚,各项费用单据齐全,符合规定。

(4)将修好的物品及所有单据交给客人,并做好登记工作。

11. 雨具提供及保管服务

(1)一些高星级饭店在客房内备有雨伞,供住客免费使用,但不能带走。

(2)下雨天,客人上下车时,门卫提供撑雨伞服务。

(3)下雨天,来宾的湿雨伞、雨衣若不采取任何措施便带进饭店,很容易将大堂地面及走廊地毯弄湿。为了避免此类事情发生,饭店在大门口设有伞架,并可上锁,供客人存放雨具;或者配置雨伞、雨衣打包机,给雨伞、雨衣裹上塑料装,方便客人携带。

案例

什么都懂——设立"万事通"咨询服务员

现代服务学理论研究成果表明,顾客在酒店等场所享受到的服务多属程序化、制式化的产品,无法满足客人更富于个性化的需求,其中最明显的例子,就是通常情况下服务员对顾客的各类咨询,只能作出从培训教材中学到的例行回答,很难或根本不能解答顾客真正迫切需要了解的问题,给顾客留下的印象是,饭店员工缺乏足够的知识面和诚意来为顾客充当"参谋"。

香港京华国际酒店从大量客人投诉中发现,由于员工自身知识局限性所引起的顾客不满呈明显上升趋势。鉴于此,酒店特地选派了一批文化素质高、表达能力强的员工到香港中文大学接受培训,系统学习香港本土的历史、地理、风土人情以及商业服务信息等各方面知识,并按国际新兴的"金钥匙"培训模式予以针对性训练,培养了一批能胜任各类事务的"万事通"咨询服务员。

如今,当客人走进京华酒店大堂,迎面而来的是专门为顾客排忧解难的"万事通"服务员,"万事通"对香港的情况了如指掌,且能自如地运用粤语、普通话、英语等多种语言解答客人的各种问题。客人可以当面咨询,也可以在客房里打电话,咨询范围从商贸、旅游到寻人、购物;从历史、地理到饮食娱乐;从社交联谊到日常生活无所不包。

除例行的咨询服务外,"万事通"还可以为客人代办多种事务,充当客人在港期间的朋友和办事员。例如代订机票、车船票,寻找楼盘公寓,联系市政当局等,无所不能。

除人工的"万事通"咨询服务外,酒店还在大堂里设置了电脑查询系统,客人可以通过触摸显示屏幕,查询自己所需的各种信息,图文并茂,使用便利,又称"电脑万事通"。

二、宾客迎送服务

宾客迎送服务,主要由饭店代表(Hotel representative)、门卫(迎宾员)、门童及行李员提供。饭店宾客迎送服务分为店外和店内两种。

(一)店外迎送服务

店外迎送服务主要由饭店代表提供。饭店在其所在城市的机场、车站、码头设点,派出代表,接送抵离店的客人,争取未预订客人入住本饭店。这是饭店设立的一种服务规范,既是配套服务,也是饭店根据自己的市场定位所做的一项促销工作。为了做好迎送服务工作,饭店为客人提供接车服务(Picking up service),一方面于旺季在饭店与机场(车站)之间开设穿梭巴士(shuttle bus),另外可根据客人的要求指定专门的车辆服务。店外迎接服务程序,如图4-1所示。

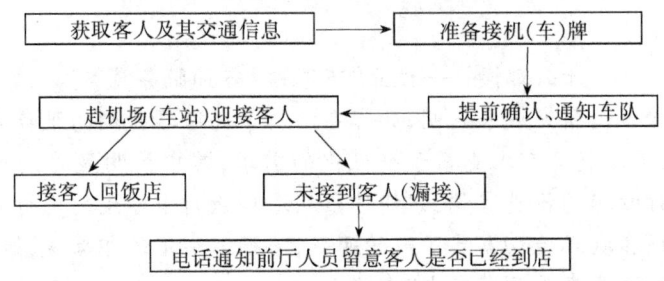

图4-1 店外迎接客人服务程序

饭店代表每天应掌握预抵店客人名单(Expected arrival list,简称EA);应向订房部索取"宾客接车通知单",了解客人的姓名、航班(车次)、到达时间、车辆要求及接待规格等情况;然后安排车辆、准备饭店标志牌,做好各项准备工作;及时了解航班变更、取消或延迟的最新消息,并通知饭店前厅接待处。

在飞机、火车抵达时,要有标明宾客姓名的饭店提示牌,以引起客人注意。接到客人后,应代表饭店向客人表示欢迎,同时提供行李服务,安排客人上车。

客人上车离开机场(车站)后,马上电话通知饭店接待处,以便做好准备工作,如果客人属贵宾,则应通知饭店大堂副理,并告知其客人离开机场(车站)的时间,请其安排有关部门做好迎接工作。

如果客人漏接,则应及时与饭店接待处联系,查核客人是否已经到达饭店,并向有关部门反映情况,以便采取弥补措施。

在机场(车站)设点的饭店,一般都有固定的办公地点,都有饭店的明显标志,如店名、店徽及星级等。饭店代表除迎接预订客人外,还应积极向未订房客人推销本饭店,主动介绍设备设施情况,争取客人入住。有些饭店还利用穿梭巴士免费送客人到饭店。

饭店代表除迎接客人和争取订房外还向本饭店已离店客人提供送行服务,为客人办理登机手续,提供行李服务等。

(二)店内迎送服务

1. 门卫(迎宾员)迎送服务

门卫通常站在饭店大门外侧,主要工作是指挥车辆,协助客人上、下车。

(1)当接客车辆抵店时,门卫应主动为客人开启车门:左手拉开车门,右手挡在车门框上沿为客人护顶,以免客人碰痛头部。但必须注意有两种客人不能护顶,以免客人不悦:一种是信仰佛教的客人,如泰国人。他们认为每个人头上都有佛光,如手挡在头顶上,会遮住佛光;另一种是信仰伊斯兰教的客人。门卫应根据客人的衣着、言谈举止、外貌来判断是否属于这两种人。如无法判断,则可将右手抬起而不护顶,但随时作好护顶准备。如果饭店大门口没有华盖,遇大雨天,门卫则应准备雨伞,随时准备为客人撑伞,以免客人淋湿。

①向客人问好,表示热烈欢迎,如果是常客或贵宾,则应冠之以客人的姓氏去称呼客人。

②协助老、弱、病、残、幼客人下车,必要时须动用饭店的轮椅。

③客人下车时,提醒客人清点行李,注意车座上是否有遗留物品。

④请行李员为客人搬运行李。

⑤如果客人是乘坐出租车抵店,门卫应记下出租车的车牌号码,备查。

⑥如客人属贵宾,则应按饭店的既定接待规格进行迎接。

(2)当客人离店时:

①主动为客人安排车辆。

②为客人开启车门,协助客人上车。关车门时注意不要夹住客人的衣、裙等,关门力量要适中。

③协助行李员将行李装车。

④记下车牌号,以备核查。

⑤向客人挥手道别,并祝客人一路平安(Bon voyage)。

2. 门童迎送服务

门童站在大厅内侧或大门的左右两边为客人提供拉门服务,如果饭店装置自动门或转门则不必拉门。

门童不仅为客人拉开饭店的大门,而且还要为客人打开城市的大门。门童不仅要熟悉饭店的情况,还应对该城市有足够的认识,如遇客人问询,则应礼貌地解答。

①当客人走近大门2米左右时,应拉开大门迎接。

②向客人点头微笑,打招呼问好或道别。

没有客人进出时,门童应保持大门的关闭状态。在行李员工作繁忙时,门童应协助搬运客人行李。

3. 行李员迎送服务

(1)客人抵店时:

①为客人搬运行李下车,并清点件数。大宗行李应使用行李车。

②走在客人左前方距客人2~3步远,陪同客人到接待处办理入住登记手续。

③在客人办理入住登记手续时,将行李放在自己的前方,并随时接受客人及接待员的召唤,陪送客人乘电梯。

④带客人进入客房楼层,与楼层值台员联系。

⑤引领客人进入客房,妥当放置客人的行李,向客人介绍客房设备设施情况。

⑥向客人道别,并祝客人住店愉快,退出客房。

(2)客人离店时:

①到客房收取并搬运客人行李。

②引领客人去前厅收款处办理退房结账手续。

③协助客人将行李装车,并请客人清点件数。

④记录送客情况。

4. 饭店行政人员迎送客人

对于贵宾(VIP)、公司常客(CIP),饭店都设计了专门的接待程序,视客人的身份、地位高低及其对饭店经营的影响,分别由总经理、副总经理、大堂副理到饭店大门口去迎送客人。

三、行李服务

行李服务是前厅服务的一项重要内容,由行李员负责提供。内容包括宾客行李搬运和行李保管服务。

(一)客人入住行李服务

客人入住行李服务程序,如图4-2所示。

1. 散客入住行李服务

(1)散客乘车抵店时,行李员帮助客人卸行李,并请客人清点过目,准确无误后,须帮助客人提拿,但对于易碎物品、贵重物品,可不必主动提拿,如客人要求帮助,行李员则应特别小心,轻拿、轻放,防止丢失和破损。

(2)行李员手提行李走在客人的左前方,引领客人到接待处办理入住登记手续,如属大宗行李,则需用行李车。

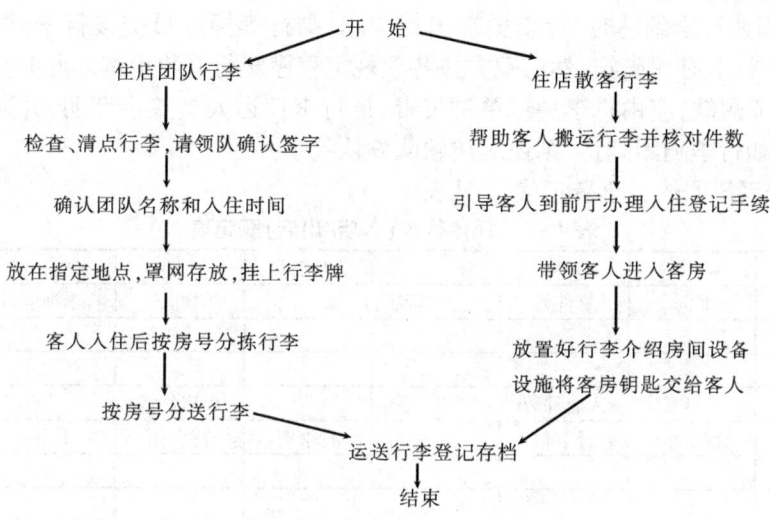

图 4-2　客人入住行李服务程序

(3)客人到达接待处后,行李员站在客人身后,距客人 2～3 步远,行李放于面前,随时听候接待员及客人的召唤。

(4)从接待员手中接过客人的房卡和钥匙卡,引领客人入住客房。

(5)主动为客人叫电梯,并注意相关礼节:让客人先进电梯,行李员进电梯后,按好电梯楼层,站在电梯控制牌处,面朝客人,并主动与客人沟通;电梯到达后,让客人先出电梯,行李员随后提行李跟出。

(6)到达客房门口,行李员放下行李,按饭店既定程序敲门、开门,以免接待处卖重客房给客人造成不便。

(7)打开房门后,开灯,退出客房,手势示意请客人先进。

(8)将行李放在客房行李架上,然后介绍房间设备、设施,介绍时手势不能过多,时间不能太长,以免给客人造成索取小费的误解。

(9)行李员离开客房前,应礼貌地向客人道别,并祝客人住店愉快。

(10)返回礼宾部填写"散客行李(入店/出店)登记表"(见表 4-2)。

表 4-2　散客行李(入店/出店)登记表

房号	上楼时间	件数	迎接行李员	出行李时间	离店行李员	车牌号码	备注

2. 团体入住行李服务

旅行社一般备有行李车,由专职的行李押送员运送团队行李。饭店行李员只负责店内行李的运送与收取。

(1)团体行李到达时,行李员推出行李车,与行李押运员交接行李,清点行李件数,检查行李有无破损,然后双方按各项规定程序履行签收手续。此时如发现行李有破损或短缺,应由行李押运单位负责,请行李押运人员签字证明,并通知陪同及领队。如行李随团到达,则还应请领队确认签字。

(2)填写"团体行李登记表"(见表4-3)。

表4-3 团体行李(入店/出店)登记表

团体名称		人数		入店日期		离店日期	
	时间	总件数	饭店行李员	领队	行李押运员	车号	
入店							
出店							

房号	入店件数			离店件数			备注
	行李箱	行李包	其他	行李箱	行李包	其他	
合 计							

(3)如行李先于客人抵店,则将行李放到指定的地点、标上团号,然后将行李罩上网存放。注意不同团体的行李之间应留有空隙。

(4)在每件行李上挂上饭店的行李标签,待客人办理入住登记后根据接待处提供的团体分房表,认真核对客人姓名,并在每张行李标签上写上客人房号。填写房号要准确、迅速,然后在团体行李登记表的每一房号后面标明入店的行李件数,以方便客人离店时核对。如某件行李上没有客人姓名,则应把行李放在一边,并在行李标签上注明团号及入店时间,然后将其放到行李房储存备查,并尽快与陪同或导游联系确定物主的姓名、房号,尽快送给客人。

(5)将写上房号的团体行李装上行李车。装车时应注意:

①硬件在下、软件在上,大件在下、小件在上,并特别注意有"请勿倒置"字样的行李。

②同一团体的行李应放于同一趟车上,放不下时分装两车,同一团体的行李分车摆放时,应按楼层分车,应尽量将同一楼层或相近楼层的行李放在同一趟车上。

③如果同一层楼有两车行李,应根据房号装车;同一位客人有两件以上的行李,则应把这些行李放在同一车上,不分开装车,以免客人误认而丢失。

④遵循"同团同车,同层同车,同侧同车"的原则。

(6)行李送到楼层后,按房号分送行李。

(7)送完行李后,将每间客房的行李件数准确登记在团队入店行李登记表上,并按团体入住单上的时间存档。

(二)客人离店行李服务

1.散客离店行李服务

(1)当礼宾部接到客人离店搬运行李的通知时,要问清客人房号、姓名、行李件数及搬运行李的时间,并决定是否要带上行李车,然后指派行李员按房号收取行李。

(2)与住客核对行李件数,检查行李是否有破损情况,如有易碎物品,则贴上易碎物品标志。

(3)弄清客人是否直接离店,如客人需要行李寄存,则填写行李寄存单,并将其中一联交给客人作为取物凭证,向客人道别,将行李送回行李房寄存保管。待客人来取行李时,核对并收回行李寄存单[详见"(四)行李寄存服务"]。

(4)如客人直接离店,装上行李后,应礼貌地请客人离开客房,主动为客人叫电梯,提供电梯服务,带客人到前厅收款处办理退房结账手续。

(5)客人离店协助行李装车,向客人道别。

(6)填写"散客行李(入店/出店)登记表"。

散客离店行李服务程序,如图4-3所示。

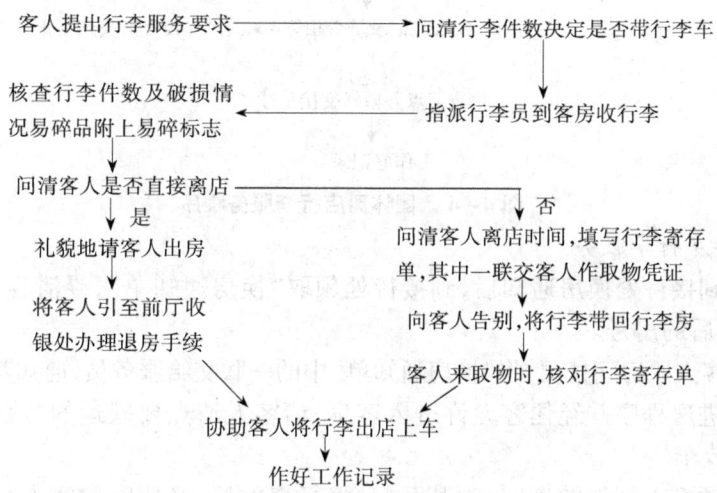

图4-3 散客离店行李服务程序

2.团体离店行李服务

(1)根据团体客人入住登记表上的出行李时间做好收行李工作安排,并于客人离店前一天与领队或导游或团体接待处联系,确认团体离店时间及收行李时间。

(2)在规定的时间内依照团号、团名及房间号码到楼层收取客人放在门口的行李。行李员收行李,从走廊的尽头开始,可避免漏收和走回头路。

(3)收行李时应核对每间房的入店行李件数和出店行李件数,如不符,则应详细核对,并追查原因,如客人在房间,则应与客人核对行李件数;如客人不在房间,又未将行李放在房间则要及时报告领班,请领班出面解决。

(4)将团体行李汇总到前厅大堂,再次核对并严加看管,以防丢失。

(5)核对实数与记录相符,请领队或陪同一起过目,并签字确认。

(6)与旅行社的行李押运员检查、清点行李,做好行李移交手续。
(7)行李搬运上车。
(8)填写"团体行李(入店/出店)登记表"并存档。

团体离店行李服务程序,如图4-4所示:

```
根据团体客人入住登记表上的出行李时间作好工
作安排,并于客人离店前一天再次确认收行李时间
                    ↓
    客人将行李放到门外走廊,由专人负责看护
                    ↓
    行李员带行李车上楼清点行李,收行
    李,装车并登记房号及其行李数量
                    ↓
         行李汇总到大堂并再次核对
                    ↓
    实数与记录是否相符 —→ (否)查找直至找到为止
                    ↓
                  (是)
         检查清点并做好交接手续
                    ↓
                作好记录
```

图4-4 团体离店行李服务程序

(三)换房行李服务

(1)接到接待处换房通知后,到接待处领取"换房通知单",弄清客人的姓名、房号及换房后的房号。

(2)到客人原房间楼层,将"换房通知单"中的一联交给服务员,通知其检查走房。

(3)按进房程序并经住客允许进入客房,请客人清点要搬运的行李及其他物品,将行李装车。

(4)引领客人到新的房间,为其开门,将行李放好;必要时向客人介绍房内设备设施。

(5)收回客人原来的房卡及钥匙,交给客人新的房卡及钥匙。

(6)向客人道别,退出客房。

(7)将原房卡及钥匙交回接待处。

(8)作好换房工作记录,并填写"换房行李登记表"(见表4-4)。

表4-4 换房行李登记表

日期	时间	由(房号)	到(房号)	行李件数	行李员签名	楼层服务员签名	备注

（四）行李寄存服务

由于各种原因，有的客人希望将一些行李暂时存放在礼宾部。礼宾部为方便住客存取行李，保证行李安全，应开辟专门的行李房和建立相应的制度，并规定必要的手续。

1. 对寄存行李的要求

（1）行李房不寄存现金、金银首饰、珠宝、玉器，以及护照等身份证件。上述物品应礼貌地请客人自行保管，或放到前厅收款处的保险箱内免费保管。已办理退房手续的客人如想使用保险箱，须经大堂副理批准。

（2）饭店及行李房不得寄存易燃、易爆、易腐烂或有腐蚀性的物品。

（3）不得存放易变质食品、易蛀仪器及易碎物品。如客人坚持要寄存，则应向客人说明饭店不承担赔偿责任，并作好记录，同时在易碎物品上挂上"小心轻放"的标牌。

（4）如发现枪支、弹药、毒品等危险物品，要及时报告保安部和大堂副理，并保护现场，防止发生意外。

（5）不接受宠物寄存，一般饭店不接受带宠物的客人入住。

（6）提示客人行李上锁。对未上锁的小件行李须在客人面前用封条将行李封好。

2. 行李寄存及领取的类别

（1）住客自己寄存，自己领取。

（2）住客自己寄存，让他人领取。

（3）非住客寄存，但让住客领取。

3. 建立行李房管理制度

（1）行李房是为客人寄存行李的重地，严禁非行李员进入。

（2）行李房钥匙由专人看管。

（3）做好"人在门开，人离门锁"。

（4）行李房内严禁吸烟、睡觉、堆放杂物。

（5）行李房要保持清洁。

（6）寄存行李要摆放整齐。

（7）寄存行李上必须系有"行李寄存单"（见表4-5）。

4. 行李寄存程序

（1）宾客前来寄存行李时，行李员应热情接待，礼貌服务。

（2）弄清客人行李是否属于饭店不予寄存的范围。

（3）问清行李件数、寄存时间、姓名及房号。

（4）填写"行李寄存单"，并请客人签名，上联附挂在行李上，下联交给客人留存，告知客人下联是领取行李的凭证。

（5）将半天、一天、短期存放的行李放置于方便搬运的地方；如一位客人有多种行李，要用绳系连在一起，以免错拿。

表 4–5　行李寄存单

行李寄存单（饭店联）
姓名 NAME
房号 ROOM NO.
行李件数 LUGGAGE
日期　　　　　　　　　　　　时间 DATE　　　　　　　　　　　　TIME
客人签名 GUEST'S SIGNATURE
行李员签名 BELLBOY'S SIGNATURE

行李寄存单（顾客联）
姓名 NAME
房号 ROOM NO.
行李件数 LUGGAGE
日期　　　　　　　　　　　　时间 DATE　　　　　　　　　　　　TIME
客人签名 GUEST'S SIGNATURE
行李员签名 BELLBOY'S SIGNATURE

（6）经办人须及时在"行李寄存记录本"上进行登记，并注明行李存放的件数、位置及存取日期等情况。如属非住客寄存、住客领取的寄存行李，应通知住客前来领取"行李寄存记录本"（见表 4–6）。

表 4–6　行李寄存记录本

日期	时间	房号	件数	存单号码	行李员	领回日期	时间	行李员	备注

5. 行李领取服务

（1）当客人来领取行李时，须收回"行李寄存单"的下联，请客人当场在下联的单子上签名，并询问行李的颜色、大小、形状、件数、存放的时间等，以便查找。

(2) 将"行李寄存单"的上下联进行核对,看二者的签名是否相符,如相符则将行李交给客人,最后在"行李寄存记录本"上作好记录。

(3) 如住客寄存、他人领取,须请住客把代领人的姓名、单位或住址写清楚,并请住客通知代领人带"行李寄存单"的下联及证件来提取行李。行李员须在"行李寄存记录本"的备注栏内作好记录。

① 当代领人来领取行李时,请其出示存放证件,报出原寄存人的姓名、行李件数。收下"行李寄存单"的下联并与上联核对编号,然后再查看"行李寄存记录本"记录,核对准确无误后,将行李交给代领人。请代领人写收条并签名(或复印其证件)。

② 将收条和"行李寄存单"的上下联订在一起存档,最后在记录本上作好记录。

(4) 如果客人遗失了"行李寄存单",须请客人出示有效身份证件,核查签名,请客人报出寄存行李的件数、形状特征、原房号等。

① 确定是该客人的行李后,须请客人写一张领取寄存行李的说明并签名(或复印其证件)。

② 将客人所填写的证明、证件复印件与"行李寄存单"上联订在一起存档。

(5) 来访客人留存物品,让住店客人提取的寄存服务,可采取留言的方式通知住客,并参照寄存、领取服务的有关条款进行。

(五) 函件、表单的递送

进入饭店的函件以及饭店各部门的表单,通常由行李员分送到相应的部门、个人或住客手中。

进入饭店的函件,经问讯处核查、登记后,由行李员进行分送。常见的函件有:传真、电传、电报及报纸、杂志和信件等。对于平信、报纸等可由行李员或楼层服务员送入客房。而对于包裹、邮件通知单、挂号信、汇款单、特快专递等,则须由客人直接签收。

饭店各部门的表单,亦由行李员进行传递,由有关部门、班组人员签收并注明签收时间。常见的表单有:留言、各种报表、前厅的各种单据等。

行李员在传递函件、表单时,要注意以下事项:

(1) 注意服务规范,尽量走员工通道、乘坐员工电梯;按饭店规定程序敲门进房。

(2) 填写"行李员函件转送表"(见表4-7),递送物品一般要让对方签收。

表4-7 行李员函件转送表

日期	时间	房号/部门	姓名	内容	号码	经办人	收件人签名	收件时间	备注

第二节 问讯服务

问讯服务是客房产品销售的配套服务,是一种免费的服务。问讯服务在大型饭店一般由专门的问讯处(Mail & Information)提供,在中小型饭店为了节省人力,则由接待员提供。

问讯员在掌握大量信息(包括城市信息、饭店信息等)的基础上,尽量满足客人的各种需求。

一、问讯处的业务范围

(1)回答客人的咨询,提供准确的信息;
(2)做好留言服务;
(3)处理客人的邮件;
(4)完成客人委托代办的事情。
客房门锁使用传统机械钥匙的饭店,问讯处还要负责管理客用钥匙。

二、问讯员的职业要求

(1)回答问题要准确,不能用"也许"、"可能"、"大概"等模棱两可的语言;
(2)无论是对待住客还是访客,都要彬彬有礼,一视同仁;
(3)对于自己把握不住的问题,应请教上司或同事;
(4)严守饭店商业秘密和客人的隐私;
(5)服务要主动、耐心、细致。

三、问讯处信息资料准备

(一)问讯员要熟悉和掌握信息
(1)本饭店的组织结构、各部门的职责范围和有关负责人的姓名及电话;
(2)本饭店服务设施及饭店特色;
(3)本饭店的服务项目、营业时间及收费标准;
(4)饭店所在地大医院的地址及急诊电话号码;
(5)本地各主要旅游观光景点、商场、购物中心名称、特色及其与饭店的距离;
(6)饭店周边地区的距离及交通状况;
(7)饭店各部门电话号码;
(8)客源地的风土人情、生活习惯及爱好、忌讳等;
(9)本地主要活动场所,如商业步行街、文体活动场所、交易会展馆等的地址及抵达方法;

（10）本地著名饭店、餐厅的经营特色、地址及电话；
（11）世界各主要城市的时差计算方法；
（12）当地使、领馆的地址及电话号码；
（13）当天的天气预报；
（14）当地飞机的航班、火车车次的咨询电话等。

（二）要备齐的信息资料
（1）飞机、火车、轮船、汽车等交通工具的时刻表、价目表及里程表；
（2）地图的准备：本地的政区图、交通图、旅游图及全省、全国地图乃至世界地图；
（3）电话号码簿：本市、全省乃至全国的电话号码簿及世界各主要城市的电话区号；
（4）各主要媒体、企业的网址；
（5）交通部门对购票、退票、行李重量及尺寸规格的规定；
（6）本饭店及其所属集团的宣传册；
（7）邮资价目表；
（8）饭店当日活动安排，如宴会等；
（9）当地著名大专院校、学术研究机构的名称、地址及电话；
（10）本地主要娱乐场所的特色及其地址和电话号码等。

四、查询服务

（一）查询服务要求
（1）资料准备要齐全；
（2）回答查询要迅速；
（3）答复要耐心准确；
（4）为住客和饭店商业机密保密。

（二）住客查询
　　住客经常会向前厅问讯处、总机或楼层服务员询问有关饭店的情况。饭店员工应将客人的每次询问都看做是一次产品推销，增加饭店收入的机会，详细介绍饭店情况，而不能将其视为一种麻烦。有时客人也会问及饭店所在地的一些情况，饭店员工都应详细解答。

（三）查询住客情况
　　问讯处经常会接受打听住客情况的问讯，如客人是否在饭店入住、入住的房号、客人是否在房间、是否有合住及合住客人的姓名、住客外出前有否给访客留言等。问讯员应根据具体情况区别对待。

1. 客人是否入住本店

客人是否入住本店，问讯员应如实回答（住客要求保密的除外）。可通过查阅电脑或入住资料显示架名单及接待处刚转来的入住单，确定客人是否已入住；查阅预抵客人名单（EA list），核实该客人是否即将到店；查阅当天已结账的客人名单，核实该客人是否已退房离店；查阅今后的客房订单（由订房部收存），了解该客人今后是否会入住。

如客人尚未抵店，则以"该客人暂未入住本店"答复访客；如查明客人已退房，则向对方说明情况。已退房的客人，除有特殊交代者外，一般不应将其去向及地址告诉第三者。公安检察机关除外。

2. 客人入住的房号

为住客的人身财产安全着想，问讯员不可随便将住客的房号告诉第三者，如要告诉，则应取得住客的许可或让住客通过电话与访客预约。

3. 客人是否在房间

问讯员先确认被查询的客人是否为住客，如系住客则应核对房号，然后打电话给住客，如住客在房内，则应问清访客的姓名，征求住客意见，将电话转进客房；如客人已外出，则要征询房客意见，是否需要留言。如住客不在房内，问讯员可通过电话或广播代为寻找，并请客人在大堂等候，亦可请行李员在大堂内举牌摇铃代为寻找。

4. 住客是否有留言给访客

有些住客在外出时，可能会给访客留言或授权。授权单是住客外出时允许特定访客进入其房间的证明书。问讯员应先核查证件，待确认访客身份后，按规定程序办。

5. 打听房间的住客情况

问讯员应为住客保密，不可将住客姓名及其单位名称告诉给对方，除非是饭店内部员工由于工作需要的咨询。

6. 电话查询住客情况应注意的问题

（1）问清客人的姓名，如果是中文姓名查询，应对容易混淆的字，用组词来分辨确认；如果是英文姓名查询，则应确认客人姓（Surname）与名（First name）的区分，以及易读错的字母，如"A for apple，B for baby，C for Charlie，D for David"等；并特别留意港澳地区客人及华侨、外籍华人中既有英文名又有汉语拼音和中文姓氏的情况。

（2）如查到了客人的房号，并且客人在房内，应先了解访客的姓名，然后征求住客意见，看其是否愿意接电话，如同意，则将电话转接到其房间；如住客不同意接电话，则告诉对方住客暂不在房间。

（3）如查到了客人的房号，但房间没人听电话，可建议对方稍候再打电话来，或建议其电话留言,切记不可将住客房号告诉对方。

(4)如查询团体客人情况,要问清团号、国籍、入住日期、从何处来(上一站)到何处去(下一站),其他做法与散客一致。

(四)查询饭店及其他情况

问讯员应主动介绍饭店的设备及服务项目情况,树立全员营销观念,积极、热情地为客人解答问题、提供帮助。

(五)住客要求保密的处理

有些客人在住店时,由于某种原因,会提出对其房号进行保密的要求。无论接待员还是问讯员接受此要求时都应按下列要求去做:

(1)此项目要求由问讯处归口处理。如果是接待员接到客人的保密要求,也应交问讯处处理。

(2)问清客人保密程度,如对接听电话的要求,是只接听长途不听本地,或者来电一律不听;又如对来访客人的要求,是只会见某一访客还是一律不见等。

(3)在值班本上作好记录,记下客人姓名、房号及保密程度和时限。

(4)通知总机室做好该客人的保密工作。

(5)如有人来访要见保密的客人,或来电查询该客人时,问讯员及总机均应以该客人没有入住或暂时没有入住为由予以拒绝。

(6)如客人要求更改保密程度或取消保密时,应即刻通知总机室,并作好记录。

五、留言服务

留言服务是问讯处的一项主要工作,同时亦是饭店主动为顾客提供服务的一个范例。访客到来,住客不在房间时,问讯员可建议访客在大堂等候,或征求其意见是否需要留言;有电话找住客,但住客不在房间时,总机或问讯员应告知对方房间没人接听,然后征询其意见是否需要留言——有些饭店当房间无人接电话时,电话线路会主动跳回问讯处,而不再经过总机;有时住客与来访者事先有约,但又有事须马上外出时,也会给访客留言,甚至填授权单,允许某个访客进房等候;饭店有时也会由于某种原因给住客留言。

饭店留言服务可由人工提供或电脑处理,无论按何种方式处理,留言一定要准确及时地通知到相关客人,否则就会导致客人的不满,甚至投诉。

饭店的留言服务可分为4种情况:访客(或来电)给住客留言、访客(或来电)给暂未入住客人留言、住客给访客留言及饭店给住客留言。问讯员处理留言服务的程序如图4-5所示。

(一)访客(或来电)给住客留言

当被探访的住客不在房间时,问讯员应征询访客意见是否需要留言,如愿意,

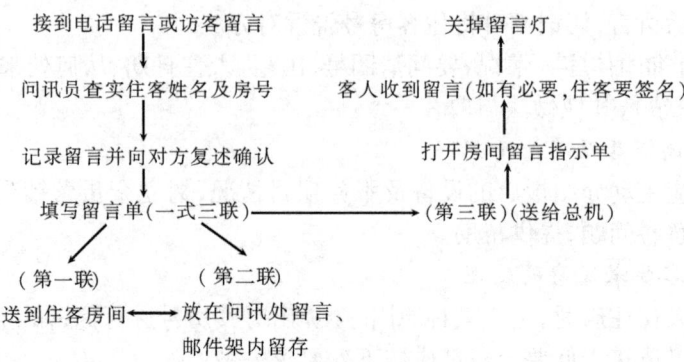

图 4-5 留言服务程序

则请访客填写留言单,或访客口述,问讯员记录,客人签名确认。

当住客外出,有电话找寻时,问讯员应征询对方意见是否需要留言,如需要,问讯员则应填写留言单,并向对方复述确认。

饭店为做好访客(非来电)给住客留言工作,设计了留言单,并在客房电话上设置了留言指示灯。有些饭店配置了高级的电脑管理系统,给住客的留言可从房间的电视荧屏上显示,其格式类似留言单。

访客给住客的留言单(见表4-8)一般为一式三联,第一联由行李员送入客房(住客在房时)或送至楼层台班处,由台班送进客房(客人不在房内);第二联放在问讯处留言、邮件架内留存;第三联送给总机,由话务员打开该客房的电话机上的留言指示灯,客人一回到房间发现留言指示灯亮着,便可电话询问留言内容。

有些饭店客房电话机上的留言指示灯可以由问讯员控制,故留言单第三联可以略去。

(二)访客(或来电)给暂未入住客人留言

有时访客(或来电)给暂未入住本饭店的客人留言,问讯员碰到这种情况一样要热情提供服务,填写留言单并向对方复述确认,然后根据暂未入住客人的订房情况区别对待。

1. 给预抵店客人的留言

客人订了当天的客房,但暂时没有入住,问讯员应将留言单与入住登记订在一起。如是 VIP 客人的留言可将留言单与订房单夹在一起;如是一般散客的留言,可在客人办理入住登记手续时,将留言单转送客人。

2. 给已订房但入住日期较为遥远客人的留言

问讯员填写留言单后,在留言单上注明客人入住的日期,将留言单按住客姓氏的字母顺序进行排列储存,并通知订房员在该客人的订房单上附一张纸条,以作备忘。

3. 给未订房客人的留言

原则上饭店不提供这类留言服务。如对方坚决要求,问讯员则应向其解释清楚,并设法了解其大致入住日期,然后将该留言列入等候栏并常加以检查,核实该客人是否已入住。

表 4-8 访客留言单

```
                    访客留言
                WHILE YOU WERE OUT

      TO    MR.                            先生
            MRS.                           女士
            MISS                           小姐
      ROOM NO.          TIME         DATE
      房号 _____  时间_____   日期_____
      YOU HAD A TELEPHONE CALL
      贵客有电话来自
      FROM.  MR.                           先生
             MRS.                          女士
             MISS                          小姐
      TEL NO. 电话号码_____  PLACE 地点_____
      令友并无留言      □      PARTNER LEFT NO MESSAGE
      令友将再给您电话  □      PARTNER WILL CALL YOU AGAIN
      请您打电话去      □      PLEASE CALL BACK
      令友曾到访        □      PARTNER CAME TO SEE YOU
      令友将再次来访    □      PARTNER WILL COME AGAIN
      MESSAGE _____
      CLERK 经办人_____
                                    THANK YOU 谢谢
```

(三) 住客给访客留言

住客暂时离开客房或饭店,如想告知访客自己在何处,可填写"何处找我单"(Where to find me)(见表 4-9)。"何处找我单"一般一式两联,问讯处和总机各存一联。

这类留言具有较强的针对性——留给特定的访客,并且有较强的时效性,如留言过时,而又没有接到住客新的指示,可将该留言单作废。

如住客留言内容属允许某一访客在其外出时进入客房的,问讯员则还应请住客填写授权单(Authority note)。

授权单要注明访客的姓名、性别及允许其进入客房的时间段,问讯员还要要求住客签名确认。接待该访客时,问讯员要确认其身份,并登记其身份证件号码。

表4-9 何处找我单

何处找我
WHERE TO FIND ME
日期 DATE:_____
我将会在 I WILL BE AT
由　　　　　　　　　　　上午/下午　至　　　　　　　　　　　上午/下午 FROM _____ AM/PM TO _____ AM/PM
留言 MESSAGE:_____
住客姓名 GUEST NAME:_____
房号 ROOM NO._____
签名 SIGNATURE _____

(四)饭店给住客留言

饭店给住客留言,亦称住客通知(Guest notice)(见表4-10)。

问讯员收到住客较为重要的邮件等,一般填写"住客通知单",请客人前来签名领取。

前台向客人催缴押金、征询客人是否续住等事宜,通常通过电话、口头通知或填写"住客通知"形式的书面通知来进行。

六、邮件服务

邮件服务分为进店邮件服务和代办邮件服务两大类。

(一)进店邮件服务

处理客人的进店邮件是饭店问讯处的一项重要职责。例如,饭店收到了住客的挂号信或特快专递但没有递送给客人,饭店可能要对客人由此所受到的损失或对客所造成的不便而承担责任。因此,建立高效率的邮件处理系统是非常必要的。

邮件部门的邮递员传送邮件直接与饭店问讯处打交道,问讯员接到邮件后按下列程序(如图4-6所示)进行处理:

表4-10 住客通知单

住客通知 GUEST NOTICE
先生、女士、小姐　　　　　　房号　　　　　　　　　日期 MR. MRS. MISS: _____　ROOM NO.: _____　DATE: _____ 兹收到一份 PLEASE BE INFORMED THAT THERE IS A 　　□　TELEX　　电传　　　　□　REGISTERED LETTER　挂号信 　　□　CABLE　　电报　　　　□　PARCEL　　　　　　　包裹 　　□　ENVELOPE　信封 其他 OTHERS _____ 给您 FOR YOU AT THE INFORMATION DESK 请联络问讯处索取或致电安排传递 FOR COLLECTION, PLEASE CONTACT INFORMATION DESK OR CALL FOR DELIVERY SERVICE, THANK YOU 留言 MESSEGE _____ 顾客签名　　　　　　　　　　　　　　　值班员 GUEST SIGNATURE _____　CLERK _____

1. 进店邮件的种类

（1）饭店邮件，分发给饭店相关部门。

（2）员工邮件，通过人事或办公室转交。

（3）租用饭店场所单位的邮件，一般由饭店的专门部门处理，如物业部等。有的饭店由问讯处处理。

（4）顾客邮件，包括住店客人（In-house guest 或 Current guest）邮件、已离店客人邮件、订了房但尚未抵店客人的邮件及姓名不详无法查找客人的邮件等。这几种邮件须区分不同情况予以处理。

接收邮件──→清点件数──→交接（签字）──→打卡日期、时间戳──→分类登记

客人签领←──分发（或转寄或留存）←──确认收件人房号及姓名

图4-6 进店邮件处理程序

2. 住店客人邮件的处理

对于寄发给住店客人的邮件,收到后要通过电脑进行核对;如是手工操作的饭店,应查对住客资料显示架、是否与住店客人的姓名和房号吻合;如邮件上只有姓名而无房号,则应从电脑或住客资料显示架中找出房号,并在邮件上注明;如果邮件上标有房号及姓名,但房号不正确,则应在邮件上附注正确房号并加括号以示区分,但原房号不能涂改,住客来签领时请住客确认。

确认邮件姓名与房号后,问讯员可按照邮件的种类情况分发:

(1)挂号信、包裹单、汇款单、特快专递等,立即用电话通知客人前来签领。如客人不在房间,则填写"住客通知单",并按留言程序进行分发,通知客人前来签取。客人签领时须出示有效证件。

(2)普通邮件应放入客人问讯架或钥匙架内,待客人来取钥匙时交给客人。亦可移交行李员,由行李员送给住客;如住客不在房内,则转交楼层台班,由其送入客房内。

3. 已离店客人邮件的处理

通过查找发现客人已退房,则应在邮件上注明客人离店日期。如客人退房时未作任何交代,又属普通邮件,有些饭店就在邮件中注明保留天数,过期后按寄件人的地址退回;客人的电报、电传等亦按原址退回,并标注客人已退房。如客人退房时留下了地址委托饭店转寄,饭店则应按要求予以办理,填写"邮件转寄卡"(见表4-11)。

表4-11 邮件转寄卡

```
                    Mail Forwarding card

Please forward any mail arriving for
Dr/Mr./Mrs./Miss/Ms
Room number _____ during next _____ days
To the following address:
_____
Date _____     Signature _____
```

4. 订了房但尚未抵店客人邮件的处理

通过查核,如属订了房但尚未抵店客人的邮件,应在邮件上注明客人入住日期,然后将邮件放在指定的地方(如等候邮件架内),并在订房部的客人订房单备注栏内提示该客人有邮件;待客人入住时,通过确认订房单的指示,将邮件交给客人。

5. 姓名不详无法查找客人邮件的处理

对于姓名不详客人的邮件,问讯员应耐心细致地通过多种渠道、多种方法查找,并由行李员多次试分发给姓名相近似的住客,请其确认。如确属无法查找的客人急件,可在急件上盖上"查无此人"印章,同时打上收件日期、时间后予以退回;如是普通邮件,可按饭店规定,保留一定期限,并在保留期内每天查对,在确定无人领取后,应退回给寄件人并作好邮件退回记录。

(二)代办邮件服务

代办邮件服务是指为住客代发平信、挂号信、特快专递,代售邮票、明信片等。如果是平信,应要求客人贴足邮票,待邮递员进店投递邮件时让其捎走;如有特快专递业务,则通话185服务专线前来收取;如果是挂号信、包裹,问讯员可请"金钥匙"等代为解决,费用应由住客用现金支付,或由饭店先行垫付,将单据转到前厅收款处入账,待客人退房时一并结算。

第三节 电话总机服务

随着现代通信技术的迅猛发展,电话在生活中的使用越来越普及并日益受到人们的重视,在饭店中更是如此。电话总机是饭店内外联络的通信枢纽,是饭店与客人交流信息、沟通感情的桥梁。总机话务员以电话为媒介,直接为客人提供各种话务服务。其服务质量的高低,直接影响着客人对饭店的评价,甚至影响到饭店的经营效益。

一、电话总机的业务范围

电话总机的业务范围,依据饭店类型和档次的不同而有所区别,其主要业务及基本要求如下:

(一)长途电话服务

根据客人要求准确挂拨长途电话;熟悉所有长途区号、国家代码及收费标准;作好外接电话登记;及时开出所有长途电话的账单并通知总台,以便与客人结算;应按前台要求,随时启动或关闭长途电话直拨功能。

(二)饭店内线电话服务

熟悉饭店所有内线分机号码;掌握饭店主要管理人员的姓名及联络方式;帮助客人或店内部门呼叫所需要寻找的人员;掌握当地及附近公安、消防、医院、供电部门的电话号码;必要时,应立即通知总机主管和值班经理与这些部门取得联系。

(三)住客电话服务

熟记市内各主要饭店总机号码及当地常用电话号码(至少200个以上);熟悉本饭店各项服务设施及服务项目、营业时间、营业地点与收费标准;根据客人要求,随时转接店内电话;处理电话留言,及时通知问讯处或客人;准确及时提供电话查询服务。

（四）提供叫醒服务

根据客人要求作好叫醒服务记录，并核对记录（包括房号、时间）；准时叫醒客人；若房内无人接听，应及时通知大堂副理或客房部办公室。

二、电话总机的服务程序

饭店电话总机提供的服务项目主要包括：转接电话、挂拨长途电话、提供电话查讯和留言服务、提供叫醒服务和内部呼叫等。

（一）转接电话

饭店电话总机是客人不见面的"窗口"，话务员的服务态度、语言艺术和操作水平决定了话务服务的质量，影响着饭店的形象和声誉。

（1）转接电话要礼貌待客，必须在铃响三声之前接听电话，并主动向客人问好，自报店名或岗位。外线应报"您好，某某饭店。"（××hotel, May I help you?）内线应报"您好，总机。"（Operator, May I help you?）

（2）根据客人要求，迅速准确地接转电话。

（3）遇到转接的电话占线或线路繁忙时，话务员应请对方稍等，并使用音乐保留键，播出悦耳的音乐。

（4）对无人接听的电话，铃响半分钟后（五声），必须向客人说明："对不起，电话没有人接，请问您是否需要留言？"需要给房间客人留言的电话一般由话务员记录，复述确认后，通知行李员送至客房或前台问讯处，或者开启客房内的电话留言信号；给饭店管理人员的留言，一律由话务员记录下来，并复述确认，通过传呼或其他有效方式尽快转达。

（5）在来话方只知道要找的住客姓名而不知房号时，应请其稍等，查出房号后予以接转，但不能告诉对方住客的房号；如果来话方只告诉房号，应首先了解住客姓名，然后核对电脑中客人资料，应特别注意该房客人有无特别要求，如房号保密、免电话打扰或有住客留言等，便无须将电话转入房内。

（6）对于要求房号保密的客人，如果事先并没有要求不接任何电话，可问清来话方姓名、单位等，然后告诉住客，询问是否接听电话。如果客人表示不接任何电话，应立即通知总台在电脑中输入保密标志，遇来访客人或电话查询，即答该客人未入住本饭店。

（7）如果住客要求"免电话打扰"，应礼貌地向来话方说明，并建议其留言或待取消"免打扰"之后再来电话。

（8）如果来话方是长途电话，而房内无人接听，则应先帮助寻找住客，再作电话留言；如住客房间电话占线，则应将电话插入该房间，向住客说明有长途电话是否需要接听，征得客人同意后，请客人先将房间话机挂上，再把电话转入。

（9）挂断电话时切忌匆忙，一定要待客人先挂断后，才能切断线路。为了能准确、快捷地接转电话,话务员必须熟练掌握接转电话的技能,熟知交换机的操作方法。同时应熟悉本饭店的组织机构、各部门的职责范围,尽可能地辨认长住客人、饭店中高层管理人员的语音特点,随时掌握最新的住客资料。

(二)挂拨国际、国内长途电话

饭店内长途电话服务通常有两种:一是客人在房内直拨的国际长途电话(International Direct Dial,简写为IDD)、国内长途电话(Domestic Direct Dial,简写为DDD);二是通过电话局接通的人工长途。

现代饭店一般采用程控直拨电话系统,客人可以在房内直拨国内和国际长途电话。通话结束后,电脑能自动计算出费用并打印出账单。因此直拨电话系统的使用,加快了通信联络的速度,大大方便了客人,减轻了话务员的工作量,还减少了饭店与住客之间因话费计算而引起的纠纷。

当客人要求挂拨人工长途电话,或在没有直拨电话系统的饭店,话务员受理挂拨电话程序如下:

(1)及时接受客人要求,检查客人姓名和离店日期,询问电话打往哪个国家、地区及电话号码,并在长途电话单上逐项填写,最后填上日期和话务员签名。

(2)拨通电信局国际、国内长途台挂号,向对方通报本机号码,分机(房间号)号码及客人姓名、国籍、地区、电话号码。

(3)电话接通后,将电话转至房间。通话结束,等待国际、国内长途台通报通话时间。

(4)开具电话通知单和收费单,根据实际通话时间计算费用,收费单正联送至前台收款处,副联保存,并请客人到前台付款或签单计入其账户内。

提供优质长途电话服务,必须熟悉世界各地时刻表,掌握各地国际时间和当地时间差,熟悉各国、各地长途电话代号和收费标准,并按客人要求做到挂拨电话准确、迅速。

(三)问讯服务

饭店内外客人往往会向话务员提出各种问讯,因此,话务员也同样需要为客人提供查询服务。总机话务员需要掌握的信息资料范围与前台问讯员基本相似。电话总机应像前台问讯处一样不断更新信息资料,以便正确、高效地回答客人的问讯。

以下两点是话务员在回答客人问讯时需要注意的:

(1)如果无法找到受话客人,话务员不应立即回绝来话客人,而应与前台进一步联系。因为这有可能是由于客人刚刚抵达饭店,有关信息还未来得及传递到总机等原因造成的。

(2)记事板。总机房的醒目处应设有记事板。记事板上记录的内容有天气预报、要求提供"免电话打扰"服务的住客资料、饭店主要管理人员去向、客人要求提供的特殊服务内容等。及时更新记事板的内容有助于总机话务员正确回答客人的问讯。

（四）留言服务

客人来电找不到受话人时，话务员应主动向来电客人建议，是否需要留言。

（1）记录留言人姓名、电话号码和受话人姓名、房号。

（2）准确地记录留言内容，并复述一遍。

（3）开启客人房间的留言信号灯。

（4）当客人电话查询时，将留言内容准确地告知客人。

（5）关闭客人房间的留言指示灯，并清除留言内容。

如受话客人已要求"免电话打扰"服务（阻止任何电话进入客房），话务员通常也应采取留言服务方式。

（五）叫醒服务（Wake-up Call）

电话叫醒服务是饭店对客服务的一项重要内容。它涉及客人的计划和日程安排，尤其是关系到客人的航班、车次或船次。因此，千万不能出现任何差错，否则将给饭店和客人带来不可弥补的损失。饭店向客人提供叫醒服务的方式有两种：人工叫醒和自动叫醒。

1. 人工叫醒服务

（1）接到客人要求叫醒的电话时，要询问客人的房号、姓名、叫醒时间，并复述以确保无误。

（2）填写叫醒服务记录表，内容包括叫醒时间、房号等。

（3）在定时器上定时。

（4）定时器鸣响，接通客房分机叫醒客人："早上好/下午好……现在是×点钟，已到您的叫醒时间。"过5分钟后应再叫醒一次，以确保叫醒服务生效。

（5）如果两次拨打电话均无人应答，则应通知客房服务中心服务员或大堂副理实地查看，以防止发生意外情况。

2. 自动叫醒服务

（1）接到客人需要叫醒服务的电话时，要问清客人的房号、姓名、叫醒时间，并复述以确保无误。

（2）在叫醒服务记录表上填写登记。

（3）将所有需要叫醒的房号、时间输入电脑中。

（4）总机领班或主管应核对输入情况，检查有无差错，并检查核对打印报告，以防机器有误。

（5）客房电话按时响铃唤醒客人。

（6）若无人应答，话务员应使用人工叫醒的方法再叫醒一次，以确认设施是否发生故障。

（7）若仍无人应答，应立即通知大堂副理或客房服务中心员工查清原因。

无论是人工叫醒，还是自动叫醒，话务员在受理这项服务时，都应认真、仔细、慎重。如果由于话务员的疏忽，忘记及时叫醒客人，其后果是非常严重的，不但会招致客人的投诉，还有可能赔偿客人由此带来的一切损失。所以对那些具有自动叫醒功能的饭店总机而言，在打印机打印出客人已被叫醒的记录后，再用人工叫醒方法检查落实，以证实客人确已被叫醒。另外，由于很少有人乐意在熟睡中被叫醒，因此话务员还应注意叫醒的方式，如在叫醒客人时，尽量以姓氏称呼客人；如是贵宾，则必须人工叫醒；若能在叫醒服务时将当天的天气变化情况告知客人，并询问客人是否需要其他服务（如是否需要在房内用膳），则会给客人留下深刻而美好的印象。

（六）内部呼叫

为了密切饭店内部各职能部门之间的沟通联络，同时也使各级员工对有关业务问题能够及时作出反应处理，现代饭店内部设立了呼机系统（电脑微机控制）。传呼系统的控制由总机人员负责。因此，话务员应熟悉传呼器携带者的呼叫号码，并了解他们的工作区域、日程安排及去向。当店内员工提出寻呼要求时，话务员即可在呼叫系统中准确键入打电话者或部门分机号码，也可直接键入总机号码，并记录寻呼者提出的某些要求，以便向被寻呼者进行简明转达。有的饭店甚至将寻呼器租借给住店客人使用，从而扩大了饭店总机的业务范围，大大方便了客人的商务、公务和旅游活动，深受客人的青睐。无论采用哪种方法，提供呼叫服务后，均应作呼叫记录。呼叫记录的内容应包括：日期/时间、客人姓名、房号、要求呼叫者姓名/电话号码、有无回电、话务员/呼叫员、备注。

由于饭店档次和客人需求的差异，使得饭店总机所提供的服务项目并不完全相同，有些饭店的电话总机还负责背景音乐、闭路电视和 VCD 的播放，接受进店电传，监视电梯运行及接受客房、宴会、会议室的预订、出租等各项工作。

第四节 商务中心服务

一、商务中心的业务范围

商务中心（Business Centre）是饭店为客人进行商务活动提供相关服务的部门。许多商务客人在住店期间要安排许多商务活动，需要饭店提供相应的信息传递和秘书等服务。为方便客人，饭店一般在大堂附近设置商务中心，专门为客人提供商务服务。

商务服务内容包括打字、复印、传真、会议服务（包括会议室出租、会议记录等)、翻译、票务、Internet 服务、委托代办、办公设备出租等业务。

商务活动对服务的要求很高，客人往往对商务活动的时间要求要及时精确，对商务活动的内容要求准确无误，对商务活动的安排细致周到，对商务活动的信息要求高度保密。为满足客人的需要，商务服务已日趋专门化，商务服务质量也已成为衡量饭店服务质量的一个重要方面。因而要求商务中心工作人员不仅要对客人热情礼貌、精通业务，而且要严守秘密，掌握秘书工作的知识和技能，密切与饭店各部门的联系，提供高水准、高效率的对客服务。

饭店一般根据自身业务来设置商务中心的组织机构，比较常见的是设一名主管，文员若干名。主管负责商务中心的日常管理和设备的维护保养，商务文员则负责具体的业务工作。

商务服务的设备可分为办公设备和会议服务设备两种。

办公设备一般有收发传真用的传真机，用于复印资料的复印机，用于电脑打字和收发电子邮件的计算机(配备打印机)，装订资料的装订机，可打国内、国际长途电话的电话间，同时还应配备有碎纸机、办公柜台和一定数量的办公桌椅、沙发，以及相关的商务刊物、报纸和图书资料。

会议服务设施、设备，一般包括可供出租的洽谈室、会议室，专门用于会议服务多媒体投影仪及投影幕、有线/无线麦克、高级写字板及音响设备等。

二、商务中心的服务程序

商务中心的服务项目很多，各项业务相差很大，但其服务程序却有许多共同点，概括起来其服务程序可分为迎客、了解客人需求、介绍收费标准、业务受理、结账和送客6个方面。

(一)打印服务程序

打印，是商务中心常见的服务项目，客人往往要求将写好的文稿用电脑打印成字迹清楚的印刷体文件。其服务程序如下：

(1)主动迎接客人。当客人走进商务中心时，接待员主动向客人礼貌地打招呼。如遇自己正在忙碌，不能及时接待时，则向客人表示歉意，并请客人稍候；当接待员正在接听电话，则向客人点头微笑，示意客人在休息处稍候。

(2)了解客人的要求。向客人了解文稿的打印要求，包括排版要求、稿纸规格、打印(复印)数量；迅速浏览原稿，对文稿不明或不清楚的地方，礼貌地向客人问清楚。

(3)接收打印。告知客人完成打印所需要的最快交件时间，同时向客人介绍收费标准。当不能在短时间内完成时，记录客人的姓名、联系电话和房号，以便及时和客人联系。

(4)校稿。打字完毕,认真校对一遍。通知客人进行校审,按客人要求进行校正。

(5)交件收费。将打印文稿进行装订,双手持稿件上端递给客人;征求客人意见后删除电脑中的原文件,并将作废的稿件放入碎纸机中。然后按规定价格计算费用,办理结账手续。

(6)送客。最后要起立、微笑、点头向客人致谢并道别。

(二)复印服务程序

复印,是将客人交给的文稿按要求用复印机进行复制,其服务程序如下:

(1)主动迎接客人。对于前来复印的客人要主动迎接,具体注意事项同打印服务。

(2)了解客人的要求。要礼貌地向客人问清复印的数量和规格,并介绍复印收费标准。

(3)复印。调试好机器,首先复印一份,征得客人同意后,再按要求数量进行复印。

(4)交件收费。将复印文件装订好后,连同原稿一起双手送给客人;然后按规定价格计算费用,办理结账手续。

(5)送客。最后要热情礼貌地向客人致谢并道别。

(三)传真服务程序

传真服务可分为发送传真和接收传真两种服务。

1. 发送传真服务程序

(1)主动迎接客人。

(2)了解发送传真的有关信息。

(3)主动向客人问清发往的国家和地区,并认真核对发往国家和地区的电话号码。

(4)主动向客人介绍传真收费标准。

(5)发送传真。

(6)认真核对客人交给的稿件,将传真稿件装入发送架内;用电话机拨通对方号码,听到可以传送的信号后,按发送键将稿件发出。

(7)结账。

(8)将原稿送还客人,按规定办理结账手续。

(9)向客人致谢道别。

2. 接收传真服务程序

接收传真分为两种情况,一是客人直接到商务中心要求接收传真;二是接收到传真,要将传真送交客人。对第一种情况,接待员应主动热情地帮助客人,并按规定收取费用。对第二种情况,其服务程序如下:

(1)接收传真。接到对方传真要求,给出可以发送的信号(传真机在自动接收状态时,则免除此操作),接收对方传真。

(2)核对传真。认真检查传真的字迹是否清楚,页面是否齐全,然后核对传真上客人的姓名、房号,填写传真接收记录,将传真装入传真袋。

(3)派送传真。通知客人取件,或派行李员送交传真。行李员送交传真的程序是:将传真及传真收费通知单交给行李员(有的是楼层服务员),请行李员在传真取件单上签名,由行李员将传真交给客人,并请客人付款或在收费通知单上签名。

(4)账务处理。按规定办理结账手续。

(四)票务服务程序

票务服务,是指饭店为客人提供订购飞机票、火车票等服务,其服务程序如下:

(1)主动迎接客人。

(2)了解订票信息。向客人了解并记录订购飞机票(或火车票)的日期、班次、张数、到达的目的地及坐席要求。

(3)了解航班情况。向相关票务中心了解是否有客人需要的航班票。如没有,则须问清能订购的最近航班,并向客人进行推荐。

(4)订票。向客人介绍服务费收费标准、票价订金收取办法。当客人确定航班后,查阅客人证件的有效签证和期限,请客人在订票单上签字并收取订金,向客人说明最早的拿票时间。送走客人后,向相应票务中心订票。

(5)送票。拿到票务中心送来的飞机票(火车票)后,根据订票单上的房号或客人的通信地址通知客人取票,并提醒客人飞机起飞(火车开车)时间。对重要客人,由行李员送交客人。

(6)按规定办理结账手续。

(7)向客人致谢道别。

(五)Internet 服务程序

随着 Internet 的发展,上网、收发电子邮件的业务越来越普遍。Internet 服务就是指为客人收发电子邮件、提供计算机上网等电子商务服务,其服务程序是:

(1)主动迎接客人,把客人引领至可上网的位置。

(2)告知客人连接因特网的费用。

(3)帮助客人连接因特网。

(4)记录使用时间,客人使用结束后,与客人确认使用的时间。

(5)建立账单,请客人签名。

(6)按规定办理结账手续。

(7)向客人致谢并道别。

(六)翻译服务程序

翻译,一般分为笔译和口译两种,两种服务除服务内容和收费计算方式有所区别外,其服务受理程序基本相同。以笔译为例,具体服务程序如下:

(1)主动迎接客人。

(2)向客人了解翻译相关信息。向客人核实要翻译的稿件,问明客人的翻译要求和交稿时间;迅速浏览稿件,对不明或不清楚的地方礼貌地向客人问清。

(3)翻译受理。向客人介绍翻译的收费标准。当客人确定受理时,记清客人的姓名、房号和联系方式,礼貌地请客人在订单上签字并支付翻译预付款。送走客人后,联系翻译人员翻译文稿。

(4)交稿。接到翻译好的文稿后通知客人取稿。如客人对稿件不满意,可请译者修改或与客人协商解决。

(5)办理结账手续。

(6)向客人致谢并道别。

(七)洽谈室出租服务程序

洽谈室服务包括洽谈室出租及客人会议洽谈期间的服务两部分。其服务程序如下:

(1)主动迎接客人。

(2)了解洽谈相关服务信息。向客人详细了解洽谈室使用的时间、参加的人数、服务要求(如坐席卡、热毛巾、鲜花、水果、点心、茶水、文具等)、设备要求(如投影、白板等)等信息。

(3)出租受理。主动向客人介绍洽谈室出租收费标准。当客人确定租用后,按规定办理洽谈室预订手续。

(4)洽谈室准备。提前半小时按客人要求准备好洽谈室,包括安排好坐席、文具用品、茶具用品、茶水及点心,检查会议设施、设备是否正常。

(5)会议服务。当客人来到时,主动引领客人进入洽谈室,请客人入座;按上茶服务程序为客人上茶;会议中每隔半小时为客人续一次茶。如客人在会议中提出其他商务服务要求,应尽量满足。

(6)结账。会议结束,礼貌地送走与会客人,然后按规定请会议负责人办理结账手续。

(7)向客人致谢并道别。

(8)打扫洽谈室。

会议结束后,应马上打扫洽谈室,整理室内物品,恢复室内原貌。

本章小结

> 礼宾服务、问讯服务、电话总机服务、商务中心服务等,都属于饭店前厅的配套服务,虽不能直接为饭店带来经济收入,但却能影响到客人对饭店服务质量的评价。因此,饭店从业人员必须兢兢业业做好每一次及每一项服务工作。

思考与练习

1. 你对"金钥匙服务"是如何理解的?
2. 你认为计算机网络对"金钥匙服务"有哪些影响?
3. 饭店对行李寄存的要求有哪些?
4. 传统商务工作的范围包括哪些?
5. 在当今社会,电子商务对传统商务带来的影响有哪些?
6. 在问讯服务中,如何保证客人的隐私权?
7. 如何为客人办理转接电话手续?
8. 人工叫醒服务的程序是怎样的?
9. 角色扮演:
    ①门卫替客人开门程序。
    ②行李员带散客去房间。
    ③行李员开车门送客程序。
    ④为客人办理商务服务。
10. 参观考察:参观所在地的饭店,观察该饭店的行李服务、雨伞保管服务、团体客人的行李服务、散客迎送服务等。

第 5 章

前厅收银管理

课前导读

饭店为客人提供设施和服务的最终目的是要获得经济收入,建立客账管理体系是获得合理、准确经济收入的一项重要保障。前厅的客账管理具有很强的时间性和业务性,它应准确反映饭店经营业务活动的状况。这项工作由前厅收款处承担。

前厅收款处与前厅接待处相邻,它主要负责处理宾客账户、办理住店客人的收款业务和离店手续、审核住店客人的各项收费、催收及核实账单、办理住店客人外币兑换业务、寄存与保管客人的贵重物品、审核饭店当日营业收入、编制营业报表等工作。其隶属关系因饭店而异,一般来说,其业务属饭店财务部管辖,其他方面则接受前厅部监督。近来有一些小型饭店将前厅收银结账服务也划由前厅接待处提供,而前厅的夜审(Night auditing)业务则由财务部负责。

学习目标

通过学习本章,要实现以下目标:
- 熟悉客账管理要求
- 掌握夜审程序
- 学习掌握退房结账
- 掌握贵重物品寄存的程序

第一节 前厅收银管理要求与控制流程

住店宾客每天都同饭店各部门发生各种各样的业务交易,如住宿、饮食、洗衣、客房送餐、商务中心、长途电话等。客人在使用这些设施和享受服务后,不必马上支付这些费用,越来越多的饭店开始为住店宾客提供一次性结账服务,也就是说客人在入住时预付保证金,饭店允许其在饭店营业点签单消费,账单则汇集到前厅收款处,待其退房时一并结账。

为了确保准确无误地结算客人在饭店居留期间所发生的费用,并保证赊欠账款的收回,避免逃账、漏账,前厅收款处应拥有一套完整的客账管理措施。

一、前厅客账管理要求

(一) 健全客账管理体系

这套系统的主要功能包括:

(1) 建立、健全并妥善保管住客的各种原始记录,包括入住登记表、餐单、账单、杂费收据等。

(2) 按房间及住客姓名建立归档汇总费用的账户,每房每客一户。

(3) 建立客人入住、离店的信息系统。

(4) 建立能够及时准确地把客人在饭店各营业点的各项消费登录到该客人账户中去的处理系统,努力扩大前厅收款处电脑联机的覆盖面,一时不能联机的地方要设专人用单据控制。

(二) 账户要清楚

饭店前厅客人账户主要分为两类,即住客分类账和应收款分类账。其中,应收款分类账又包括非住店户(亦称外客账户,City account)和饭店管理人员账户(Management account)。

住店客人在办理入住登记后,前厅收款处就为其设立了一个账户,供收银员登录核查该顾客在饭店居留期间的房租及其他未付款项。它是编制各类营业报表的重要来源,也是客人离店结账的依据。通常,饭店为散客设立个人账户(见表5-2、表5-3),为团体客人设立团体账户(见表5-4)。团体客人接待单位一般只负责其房租或免费,如个别团体客人预付保证金想享受散客待遇——在饭店各营业点签单消费,享受一次性结账服务等,饭店则也要为其设立个人账户,但户头必须清楚准确。

对那些与饭店保持账目往来,但并不在饭店登记的客户的账单集中在应收款非住店账户内,这些客户已为将来在饭店享受产品和服务预付了订金。饭店还能为一些当地客户提供个人直接划账的服务,这些客户的名单由饭店财务信用部列出。

一些饭店的管理当局为方便经理人员接待客人,授予下属一定数额的签单数,这些账单最后送至财务部,由其进行处理。

(三) 转账要迅速、准确

饭店为了方便客人消费,为住店客人提供一次性结账服务,规定各营业点必须及时地将客人账单送到前厅收款处来汇总,并要有一份准确的交易记录,因为客人在一天中的任何时候都可能决定结账。为了防止客人逃账、漏账,各营业点转账要准确、迅速。

在以手工操作为主的饭店,各营业点必须要设专人用单据来转账,而且营业点在给客人签单结账之前，要先征询前厅收银员的意见，核实该房间客人姓名及该客人是否可以签单等，然后及时转账。前厅收银员在给客人办理退房手续打印账单前，要电话通知各营业点查实有无遗漏的账单。

现在，大多数饭店使用了饭店管理系统，各营业点的电脑与前厅收款处电脑联网，各营业点收银员将账单输入电脑，前厅收款处电脑就同时记下了当时客人的应付账款，大大提高了工作效率，且减少了漏账的机会。

二、前厅客账控制流程

前厅收款处客账控制主要包括建账（登记、预收）、入账、结账、交款、编表、夜审等一系列环节。

（一）建账（Creation of Account）

客人到接待处办理入住登记手续，接待员为其安排房间，敲定房租，并确认付款方式之后，接待员将入住登记表的其中一联移交给前厅收银员，作为建账的原始依据。收银员据此预收保证金和建账。

1. 预收押金

预收押金是饭店为减少客房收入损失而采取的一项重要控制措施。一般客人入住时都要求预交押金。饭店特定客人，包括 VIP 和一些已被饭店批准挂账的客人，可免交押金。

预收押金的数额，各饭店不尽相同，但不外乎两种：一种是已预收房租的押金，其他费用在离店时结算；另一种是房租和其他费用一起预收，结账时多退少补，一般预收多一天的房租。

收银员在收取押金时，首先要检查接待员所填的房租是否正确，然后根据入住登记表上客人选定的结算方式收取押金。

（1）现金结算。客人用人民币或外币预付押金，收银员要辨清其真假，并填写押金收据（见表 5-1）给客人。

表 5-1 押金收据

押金收据 DEPOSIT VOUCHER	
日期 DATE：	号码 NO.
住客姓名 GUEST NAME：	账户号码 A/C NO.
	房间号码 ROOM NO.
金额 AMOUNT	CAPITALIZED
备注 REMARKS	
	收款人 CASHIER

(2)支票结算。比较典型的是国外旅客用旅行支票,国内企业用公司支票。由于客源复杂,用支票支付会给饭店的账目管理带来很大困难,故在实际工作中要特别注意下列方面:

①拒绝接受字迹不清、过时失效、打印或书写不规范及第三手的支票。

②检查支票是否是挂失的或失窃的支票。

③核对客人入住登记表上的签字是否与旅行支票上的签字相符。

④核实客人的身份证件,并登记证件号码,公司支票有时还要求客人留下联系电话。

⑤对于不清楚之处,应直接询问客人,或向财务部或银行部门查询。

(3)信用卡结算。收银员在操作过程中要注意以下几点:

①核对是否属饭店受理的信用卡。

②辨别信用卡的真伪。

③检查信用卡的有效期及持卡人姓名适用地区。

④查对信用卡号码是否在被取消名单之列。

⑤留意该信用卡的支付最高限额(Floor limit)。

⑥压印相应的信用卡签购单。

有的饭店为了缩短客人办理入住手续的时间,把压印信用卡签购单的工作交由接待员完成,待安排客人入住后,再把信用卡的签购单交给收款处查验其有效性。如发现问题再找客人交涉也不为迟。

(4)有价订房凭证方式结算(如旅行社凭证 Travel Voucher)。在竞争越来越激烈的形势下,饭店为了开辟和扩大客源市场,发展了许多代理商,特别是境外代理商,如旅行社和订房机构。饭店与其订立优惠的价格合同,促使它们为获取差价而直接向客人销售饭店的客房,这些代理商介绍来的客人,一般在当地已向代理商交过房费并持有代理商给他们的有价订房凭证。接待员在接待此类客人时,要仔细核对其订房凭证,并查阅代理商收来的预订单,核查一两名是否一致。有价订房凭证仅支付了房租,接待员应礼貌地问清客人是否选择在饭店内其他消费的支付方式,然后交由收银员收取保证金。

2. 建立账户

住客账户在客人办理完入住登记手续交付保证金之后建立,住客账户采取"借方"和"贷方"的会计簿记方式。建立账户的方法分手工建立和电脑自动建立两种。

(1)一般散客账户的建立。散客登记入住后,收银员以"入住登记表"的收银联作为依据,然后将押金单的其中一联与其订在一起,按照房号为住客设立账户(见表5-2、表5-3)。客人账户按房号排列,存放在账单盒(架)内。除了房间号码之外,饭店还应为客人各设一个账户号码。在现代的大中型饭店里,通常是由电脑自动为每个入住的客人分配账号的,如果电脑没有这个程序,则需收银员按入住的顺序编好号码输入电脑。

表5-2 宾客分户账单

房 号 ROOM NO.		姓 名 NAME		账 号 A/C NO.			备 注 REMARKS		××HOTEL 地址 ADD: 电话 TEL:		
房 租 ROOM RATE		抵店日期 ARR DATE		离店日期 DEP DATE					电传 TELEX: 传真 FAX:		
日期 DATE	借方										贷方 CREDIT	余额
	房租	服务费	餐饮	洗衣	电话	电传	传真	汽车	其他	小计		
住客签名 GUEST SIGNATUE			地址 ADDRESS			钥匙请交总台 HAVE YOU RETURNED ROOM KEY			最终余额 LAST BALANCE IS AMOUNT DUE		
付款单位 CHARGE TO											

表5-3 A GUEST ACCOUNT

××HOTEL	ADD TEL TELEX FAX		
NAME: ARRIVAL DATE: DEPARTVRE DATE: NO. IN PARTY: ROOM NO.: RATE: FOLIO NO.			
DATE	ITEM	DESCRIPTION	DEBIT	CREDIT
AMOUNT TO BE SETTLED BY GUEST BALANCE				

(2)团体住客账户的建立。对于团体住客,一般应设两个账户:公账账户(亦称主账户,Master folio)和私账账户(亦称杂费账户,Incidental folio)。团体住客的

食宿一般由旅行社或接待单位付款,这些费用记在公账账户(见表5-4)上。如个别团体客人预付保证金想享受散客待遇,在饭店内各营业点签单消费,饭店应为其开立一个类似散客账户的私人账户。

表5-4 团体客人接待单

团 名				编 号	
抵 离 时间地点		月 日 时 分乘 由 抵		付款 方式	
		月 日 时 分乘 赴 离			
人 数		客人	陪同	全陪姓名	
		计 人	计 人	地陪姓名	
用房数				客房布置及要求	
房 费		A. 美元/间天 元		B. 按 合同价	
膳食	餐别		退 伙 及		日 餐
	标准	元/人天(含) (不含)			
			其他		日 餐
	餐差				
风味或宴会		月 日 时 分,共 桌,计 人,标准 元/人			(含) (不含)
确认事项:	A. B. C.				
备 注:	A. B. C.				

(二)入账(Posting)

建立了宾客账户,客人在饭店内的各项消费单有了汇总、存放的地方,饭店就开始把客人的预付保证金、各项消费数记入客人户头,这就叫入账。

入账不仅要准确,而且要及时,尤其是客人即将离店时所发生费用的及时入账就更为重要。

1. 入账种类

前厅收银员主要通过"借方"(debit)和"贷方"(credit)两个方面入账。

(1)借方入账内容

房租、餐饮费用、电话费用、洗衣费用、客房小酒吧费用、其他房间转来的账单、其他费用(如健康中心、商务中心消费等)、代付款项、赔偿。

其中,代付款项(Visitors paid out 简称 VPO)是指饭店代为客人支付店外消费的款项。常见的如租车费、旅游观光费、邮资等。

(2) 贷方入账内容

预付保证金、结账时的补足款项、账单修改对冲数(如客人的餐饮收费应 150元,但在借方入账时入了 250 元,在贷方入 100 元作为冲数)。

2. 入账方法

(1) 通过计算机入账

通过主处理器,有些费用可通过计算机自动入账,如房租。(见图 5-1。)

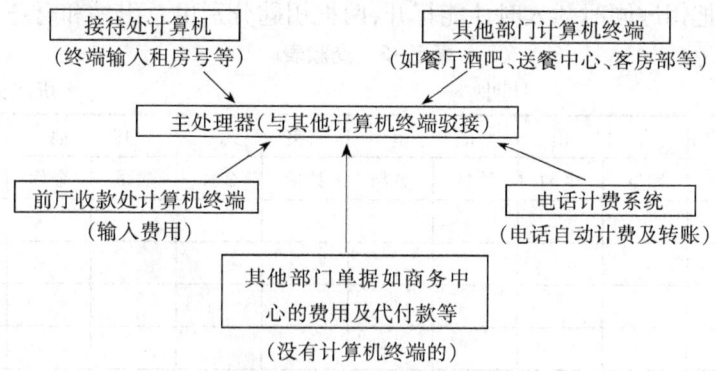

图 5-1　计算机入账

客人在饭店各营业点的费用,通过设置在各营业点的计算机终端输入,然后经过主处理器进入前厅收款处的客人账户。例如,餐厅的收银机与前厅收款处电脑联网后,不管住客在哪个餐厅、酒吧消费,在收银机操作的同时,就能输入到该客人的消费户头中去;再如,客房的直拨电话与前厅收银处电脑联网后,只要客人在房间拨打长途电话,电话费用立即能自动计算出来并转到该客人的户头上去。但也不是饭店的所有地方都能与前厅收款处电脑联网,如代付款等,这些费用只能通过凭单送到前厅收款处直接入账。

通过计算机入账,既准确又迅速,同时还可以通过计算机编制营业报表。

(2) 手工入账

有些小型饭店是通过手工入账。手工入账速度较计算机联网入账慢,且易遗失和漏收,这就要求饭店一定要建立严格的程序,并将责任到人,加快账单开出及传送的过程,尽量提高入账的速度。

无论是计算机联网入账,还是手工入账,客人账单最后都要归总到前厅收款处来,由收银员放入住客各自的账卡里,作为客人结账时的原始依据。前厅收银员在存放这些账单前,应认真复核账单上的签字、房号及账卡是否与登记表上的房号、签字相符。

(三)结账收银服务

具体内容详见本章第三节。

(四)交款编表

1. 清点现金

收银员清点应交的款额,并按币种分类,填写交款表(见表5-5),然后将现金上交饭店总出纳。交款方式分直接交款方式和信封交款方式两种。直接交款方式,即由收银员将现金直接上交总出纳。由于饭店总出纳晚上不当班,而采用把款项用信封装着投入指定的保险箱的方式,这种交款方式,简称信封方式。开启保险箱时须把两把钥匙同时插入时才能打开,两把钥匙分别由总出纳和财务主管保管。

表5-5 交款表

收银点:　　　　　　　　　　日期:　　　　　　　　　　班次:

票额	人民币		港币		美元		其他		备注
	数量	金额	数量	金额	数量	金额	数量	金额	
1 000元									
500元									
100元									
50元									
20元									
10元									
5元									
2元									
1元									
0.5元									
0.2元									
0.1元									

交款人:　　　　　　　　　　收款人:

2. 整理账单

收银员的主要工作有:

(1)把已离店结账的账单按照"现金结算收入"、"现金结算支出"、"支票结算"、"信用卡结算"、"挂账结算"等类别进行汇总整理。

(2)把入住客人的保证金付款单据、预订房间的保证金单据等进行分类整理。

(3)每一类单据整理好后,应计算出一个合计金额,把合计金额的纸条或便条附在每一类单据上面,以便核对。

3. 编制收银报告

为了确保每天客账收入的准确性,收银员在下班前都必须编制收银报告,收银报告包括一份明细表和一份汇总表。

(1)收银员明细表[Cashier Statement (detail)]

前厅收银员明细表(见表5-6),主要包括以下内容:

房号(住客的房间号码)、账号(住客的账户号码)、时间(入账的时间)、单号(入账单据的号码)、费用账项(应向住客收取的费用金额)、现金(是现金收进的简写,即住客付来的现金)、信用卡(客人用信用卡签付数额)、转账(指转为外账或挂账结算的数额)、支票(收进的支票)、现金支出(指退给客人的现金)。

表5-6 前厅收银员明细表
CASHIER STATEMENT (DETAIL)

收银员 Cashier			班次 Shift			日期 Date			时间 Time	

房号 Room No.	账号 Acc	时间 Time	单号 Reference	费用账项 Charge	现金(收进) Cash	信用卡 Credit Card	转账 Transfers	支票 Cheque	现金支出 Paid
合计 Total									

(2)前厅收银汇总表(Cashier Statement)

前厅收银员当班收银汇总表(又叫前厅收银员报告表,见表5-7)分两大栏:借方栏和贷方栏。借方栏列示该收银员经手记入各住客账户的费用额,即饭店应收住客的款项,内容为各种消费单。贷方栏列示该收银员当班办理结账的数额,即饭店应收住客账款的减少数额,内容列示为结账方式,如现金、信用卡、转账、支票等。

表5-7 前厅收银员报表
CASHIER STATEMENT

收银员 Cashier		班次 Shift		日期 Date		时间 Time	

借方 DEBITS	金额 AMOUNT	贷方 CREDIT	金额 AMOUNT
合计 TOTAL		合计 TOTAL	

4. 核对账单与收银报告

把整理好的账单与收银报告总表的有关项目进行核对,即将住客的消费单汇总表上的"借方栏"的有关项目逐个核对,将现金结算、信用卡结算、转账、支票等单据与汇总表上的"贷方栏"项目逐一核对。如发现不符,则将不符的项目与收银员明细表中的有关项目进行核对,找出原因,及时更正。

5. 核对现金与收银报告

两个收银报告中的"现金(收进)"项目与"现金(支出)"项目一比较,其差额就是"现金应交款"。如果不相符,应即刻查找原因。

6. 送交款项、账单、收银报告

现金核对准确后,将其按饭店规定上交给总出纳,同时将账单和收银报告按饭店规定移交和分发。

(五)夜审(Night Auditing)

饭店前厅收银员每天都要进行大量的账务处理工作,收银员既要建账、入账、又要收款、结账,在这一系列工作中难免会出错,为了加强对账单资料的查对,对建账——入账——结账环节进行检查和控制,饭店有必要对当天客账的正确性进行审核。

第二节 夜 审

为了维护客人、饭店的经济利益,饭店必须对当天的客账进行审核,夜审工作于是成了客账管理的一个重要环节。夜审工作由夜审员(Night auditor)负责。

一、夜审工作对象

夜审的工作对象是各收银点的收银员以及各营业部门交来的单据和报表等资料。通过对这些单据、报表的细致查对,纠正错误,追查责任,可以保证当天饭店收益的真实、正确、合理和合法。

二、夜审工作步骤和内容

(一)检查前厅结账处收银工作

(1)检查收银台上有无各部门(主要指电脑未联机的部门)送来的尚未输入电脑的单据,如果有,就把这些单据输入电脑,并按照房间号码进行归档。

(2)检查前厅收银员是否全部交来收银报表和账单。

(3)检查前厅收银员交来的每一张账单,看房租和住客在饭店内的消费是否全部计入;转账和挂账是否符合制度等。

(4)将各类账单的金额与收银员收银报告中的有关项目进行核对,检查是否相符。

(二)核对客房出租单据

(1)打印整理出一份当天客房租用明细表(见表5-8),内容包括房号、账号、客人姓名、房租、入住日期、离店日期、结算方式等。

表5-8 客房租用明细表
ROOM OCCUPANCY DETAIL SHEET

日期　　　　　　　　　时间
DATE　　　　　　　　　TIME

房号 Room	账号 Acc #	客人姓名 Guest Name	房租 Rate	入住日期 Arrival	离店日期 Departure	结算方式 Form of Payment	备注 Remarks

(2)核对客房租用明细表的内容与前台结账处各个房间账卡内的登记表、账单是否存在差错。

(3)确定并调整房态。

(三)房租过账

经过上述工作,确认无误后,便指示电脑将新的一天房租自动计入各住客的宾客分户账,或手工计入。房租过账后,编制一份房租过账表,并检查各个出租客房过入的房租及其服务费的数额是否正确。

(四)对当天客房收益进行试算

为确保电脑的数据资料正确无误,有必要在当天收益全部输入电脑后和当天收益最后结账前,对电脑里原数据资料进行一次全面的查验,这种查验称为"试算"。这种试算分3步进行;第一步,指令电脑编印当天客房收益的试算表,内容包括借方、贷方和余额三部分;第二步,把当天前厅收银员及各营业点交来的账单、报表按试算表中的项目分别加以结算汇总,然后分项检查试算表中的数额与账单、报表是否相符;第三步,对试算表的余额与住客明细账的余额进行核对。住客明细账所有住客账户的当日余额合计数必须等于试算表上最后一行的新余额,如果不相等,则说明出现了问题,应立即检查。

(五)编制当天客房收益终结表

客房收益终结表(Final balance),亦称结账表,此表是当天全部收益活动的最后集中反映。此表一编制出来,当天的收益活动便告结束,全部账项即告关闭。如果在打印终结表后再输入账据,也只能输到下一个新的工作日里,而不能输入刚刚结束的工作日里。

(六)编制借贷总结表

借贷总结表(Debit/Credit summary)是根据客房收益终结表编制的,是列示当天客房收益分配到各个会计账户的总表,此表亦称会计分录总结表。编制借贷总结表是夜审人员的最后一项工作。

第三节 离店结账服务

前厅收款处可能是客人与饭店员工面对面接触的最后场所,因此,在客人离店之前快速准确地为其提供结账服务是非常重要的。结账服务的质量将会影响到客人对饭店的最后印象。

一、各部门的准备工作

(1)接待处的准备工作。接待处提前一天准备次日离店客人名单(Expected departure guest list,简称 ED 名单),并将该名单分发至客房、总机、问讯、预订、礼宾等相关部门。该名单按客房顺序排列,清楚交代客人的房号、姓名、入住日期等。

(2)前厅收银的准备工作。根据 ED 名单,将这些房间的客人账单准备好。

(3)问讯处的准备工作。详细检查客人的信件及留言,及时转交给客人。

(4)电话总机的准备工作。根据 ED 名单,一方面查看有无电话费转账;另一方面跟催(Follow up)客人的叫醒情况。

二、客人结账时前厅的主要工作

客人离店以后,客房将被收回重新投入使用,与此同时,房态也将被更新。总的来说,在给客人办理退房手续时,前厅部的工作包括以下方面:

(一)为客人办理结账手续

迅速准确地为客人提供结账服务,并欢迎其再次光临。

(二)更新前厅相关资料信息

客人退房时,前厅部有责任更新相关信息资料,信息资料主要包括:

(1)房态:将房态从原来的实房改为"客房待清扫"(Vacant/Dirty)。

(2)客人历史档案(Guest history record)。

(3)住客资料信息。在手工操作的饭店,住客退房后,接待员应清除信息查询架和房卡架的住客资料卡片。在使用计算机管理系统的饭店,关闭了电子账单,宾客资料就从信息数据库和程控电话自动计费系统中被删除了,并被列入已退房的客人名单。

三、散客结账服务程序

(1)问候客人,弄清客人是否结账退房。

(2)确认客人的姓名与房号,并将其与客人账户核对。

(3)检查客人的退房日期,如果客人系提前退房,收银员则应通知相关部门。

(4)核实延时退房是否需要加收房租。客人超过中午12时以后退房,一般按饭店要求延迟退房至6:00pm前,加收半天房租;如延时超过6:00pm,则加收一天房租。如客人有异议,请大堂副理出面协助解决。但饭店有宾客优惠延时退房规定除外。

(5)通知客房楼层查走房,检查客房小酒吧酒水耗用情况,客房设备设施的使用情况,以及客人有否拿走客房内的日常补给品——供客人免费使用,但不可带走,否则需照价赔偿。

(6)委婉地问明客人是否还有其他即时消费(late charges),如电话消费、餐饮消费等。

(7)将已核对过的客人分户账及客人的账单凭证,交客人过目,并请客人签名确认。

(8)确认付款方式,客人结账,如客人入住时交了押金,则收回押金单。

(9)收回客人的房卡和房门钥匙,检查客人是否有贵重物品寄存,并提醒客人。

(10)行李员提供结账行李服务。

(11)弄清客人是否要预订日后的客房,或者预订本饭店连锁管理集团属下的其他饭店客房。

(12)更新前厅相关信息资料,如房态表和住客名单等,将客人结账离店消息通知相关部门,如让总机关长途电话线等。

(13)做好账、款的统计工作和材料的存档工作,方便夜间审核。

四、即时消费收费

即时消费收费是指客人临近退房前的消费费用,因送到前厅收款处太迟而没能赶在客人退房前及时入账。如洗衣费用就有可能在客人结账退房后才会被送到前厅收款处。在这种情况下,对饭店来说,从已退房的离店的客人那里收款是一件较为困难的事情。

为减少客人临近退房前的消费而带来的损失,收银员在给客人打印账单前,应确认客人有无仍未入账的消费。例如,收银员应婉转地询问客人早上有否使用客房小酒吧的酒水,有无吃早餐签单等问题。然而,这种做法是否有效,在很大程度上取决于客人的诚实度。

在客人结账时,收银员去调查客人有无即时消费的情况,有可能由于时间太长而给客人带来不便。再说,收银员本来工作就较为烦琐,如再花大量精力调查即时消费,可能会忙上加忙,因此,很多饭店就定了一个大致适当的比例,作为客人即时消费带来的损失,让饭店承担。在此情况下,为了向客人提供准确、快捷的结账服务,饭店有必要建立一套高效的、多功能的账目处理系统,来确保客人在饭店内部各个部门的消费账单能尽快地传递到前厅收款处来以及前厅收银员接到转来的账单尽快入账,所以,饭店相继投入使用了电脑账务处理系统。电脑账务处理系统能快速转账。

五、团体客人结账服务程序

(1)将结账团队的名称(团号)告知相关楼层服务台员工,通知其查走房。

(2)打印账单,做到转账和客人自付分开。通常接待单位或旅行社只支付房租及餐饮费用,其他杂项,如电话单、洗衣费、酒水费用则由客人自行支付。

(3)如预订单标明付款方式为转账,则请付款单位陪同人员在转账单上签字确认,并注明报账单位以便将来结算;凡不允许挂账的单位,其团队费用一律到店前现付,团队客人的房价不可泄露给客人。

(4)为有账目的该团客人打印账单,付款。

(5)收回房卡与钥匙。

六、结账付款方式

在客人办理结账手续时,客人的账户分为两种:私人账目和公司账目。私人账目由客人个人支付,客人可以用现钞(人民币或外币)、旅行支票、信用卡等方式付款。公司账目不用客人直接支付,而是客人退房时对账单签名确认后,转账给公司或旅行社,由其支付饭店欠款。

客人的付款方式主要分三大类,即现金、信用卡和挂账。

(一)现金结算

(1)外币现金

一定要是在我国银行或指定机构可兑换的外币,然后根据当天银行汇率折算。

(2)人民币现金

如果客人用现金付款,收银员一定要学会分辨真伪;如果客人用预付的现金结账,多退少补,退款需开具"现金支出单",并让客人签字确认,第一联给客人,第二联留夜审审核,收回客人交押金时交给客人的预付单第一联,与账单订在一起。

(3)旅行支票(Traveler's Cheque)

应检查旅行支票的真伪,如支票残缺不全,有涂改或擦除痕迹都不能兑换,并按买入价结算。

(4)支票(Cheque)

再次检查支票的真伪及支票正面的内容及背书情况,注意辨别哪些银行已发出停止使用的旧版支票。如果客人结账时才出示支票,则应按支票当押金时的工作程序做好,然后正确填写支票,切不可涂改、描补,一定要用碳素笔填写,填写支票头及相应日期、项目、金额等,并开具发票,返支票头连同发票给客人。饭店暂不接受私人支票。

(二)信用卡结算

信用卡是在消费信用的基础上产生和发展起来的、由银行或信用卡公司提供的一种供客人赊欠消费的信贷凭证。它是一张附有证明的特种塑料卡片,上面印有发卡银行(或其他机构)的名称、有效日期、账号、持卡人姓名及持卡人本人签名。

中国银行及其分支机构受理的外汇信用卡有:

美国运通卡(American express card)、香港汇丰银行的签证卡(Visa card)、香港汇丰银行的万事达卡(Master card)、香港麦加利银行的大来卡(Diners Club International)、日本东海银行的百万卡(Million card)、日本 JCB 国际公司和三和银行的 JCB 卡等。

我国自己发行的人民币信用卡有长城卡、牡丹卡、金穗卡等。

若客人入住时已压印信用卡签购单的,则遵守以下操作程序。

(1)请客人再次出示信用卡,与预先刷下的签购单核对,确认信用卡的有效期。

(2)检查客人的消费金额是否超过该信用卡的最高限额,如超过,则应向银行申请授权金额号码,否则此卡不可接受。信用卡消费限额一般发卡行会有明确规定,并随时会通知饭店更正金额,如目前长城卡限额 5 000 元,牡丹卡限额 4 000 元,龙卡限额 4 000 元,金穗卡限额 4 000 元等。

(3)请客人确认账单,并签名。

(4)在签购单上填写日期、证件、商户代号、消费金额(授权编号)等内容。

(5)请持卡人签名,人民币信用卡还要求客人出示身份证件,然后核对签购单及信用卡背面的签字是否一致,如不一致,要重签并通知大堂副理,填写无误后,将信用卡、身份证及签购单持卡人联交回顾客,特约商户联与账单订在一起,其他两联向银行追款。

现在饭店的收银部门大多配备了信用卡授权终端机,只要将客人结账的信用卡在终端机上刷一次,把入住时取得的授权号码输入,直接进行离线交易,并核对持卡人签名即可。使用这种结账方式,饭店财务能第一时间取得金额。

如客人改变原入住时决定的付款方式,要求改用信用卡支付,则应按客人入住时的信用卡验卡程序做,然后按信用卡结账的程序处理。验卡程序如下:

(1)是否属饭店受理的信用卡。

(2)辨别信用卡的真伪,检查信用卡的整体状况,有无任何挖补、涂改的痕迹;检查防伪反光标记的状况;检查信用卡号码是否有改动的痕迹。

(3)确认信用卡的有效期。

(4)查阅黑名单。

(5)人民币信用卡应先让客人在签购单上签名,外汇信用卡通过POS机查止付。

（三）挂账(City Ledger)

饭店出于促销和方便客人的需要,会允许一些大公司、旅行社为其客人的消费采用转账方式支付。这种支付方式可简化客人抵离店手续,同时可促使这些大公司、旅行社为饭店带来更多的客源。采取转账方式的前提条件是饭店要对对方的信用情况、财务情况有详细的了解,然后以合同的方式给予法律上的支持。只有饭店财务信用部允许的单位和个人才能挂账,一般客人不允许挂账。

1. 旅行社挂账(Travel Agent Account)

旅行社给予挂账的客人分为团体客和散客,其中,散客又有持旅行社传单(Travel voucher)和不持旅行社传单之分。旅行社传单由旅行社签发,客人持此单到饭店办理入住手续,届时由接待员收回作为转账凭证,旅行社只负责持旅行社传单客人的房费,其他费用由顾客自负。

团队客人的账单分两种:一种是杂费账单(Incidental account),如电话费、洗衣费等,由客人自行支付;另一种是旅行社挂账账单,亦称主账单(Master account),一般包括房费和餐费,这种账单必须由陪同人员签字确认,同时旅行社账单对客人是保密的。然后收银员将主账单、团队确认单、订房单订在一起挂账。

2. 公司账(Corporate Account)

收银员根据客人要求为客人建立两张账单,一张是由公司结算的主账单,一张是由客人自付且须在离店前对清的杂费账单,住客必须在公司结算的主账单上签字,以示确认,然后收银员将主账单及公司预订单订在一起挂账。

（四）支票(Check)

支票主要有现金支票、空白转账支票、旅行支票等。在收取各种支票时应非常慎重,防止空头支票。

七、快速结账服务

饭店退房时间为中午12时前,客人退房结账较为集中,以致前厅收款处客人拥挤,收银员工作较为繁忙。为了方便客人,避免此种现象的出现,国外的一些饭店力求为客人提供快速结账服务,大致分为两种模式。

（一）宾客房内结账

这种饭店的计算机管理系统具有宾客房内结账功能,饭店利用客房内的电视机,将其与饭店的计算机管理系统连接,宾客就能在离店的前一天晚上根据服务指南中的说明启动房内结账系统,开始结账。在离店的当天早上,宾客就可以在电视机屏幕上看到最后的账单情况,并提前通知收银员准备账单,这样就加快了结账的速度。如果住客使用信用卡结账,就不必到前厅收款处办理结账手续;如果客人用现金付款,则必须到前厅收款处结账,因为付现金的客人还没有与饭店建立信用关系,故计算机管理系统的控制程序不允许现金付款的客人采取房内结账。

(二)客人填写"快速结账委托书"办理结账手续

对于有良好信用的顾客,使用信用卡结账的饭店为其提供快速结账服务:客人在离店前一天填写好"快速结账委托书"(见表5-9),允许饭店在其离店时为其办理结账退房手续。住客可向前厅收款处索取"快速结账委托书",将其逐项填好后送至收款处,收银员则对其支付方式等进行核对。在客人离店当天早上,收银员将住客消费的大致数目告诉客人,这时客人也可能已经离店而未告知收银员。住客离店后,收银员在稍微清闲时替客人办理结账手续,并填制好信用卡签购单。

"快速结账委托书"上的客人签名,将被视做信用卡"签购单"上的签名,财务部凭信用卡签购单和"快速结账委托书"向银行追款。

为了方便顾客备查,饭店最后将账单寄回客人。

表5-9 快速结账委托书
AN EXPRESS CHECK-OUT FORM

	××HOTEL	
Good morning! In order to help you get speedily on your way, may we offer you our express check-out service.	Here's all you do: 1. Check this copy of your hotel bill as of 3:00 am this morning. 2. Fill out the information opposite. 3. Leave this form, together with your key, in one of the express check out boxes in the Lobby. 4. Within 24 hours, a finalized copy of your bill will be in the mail to you.	Please do not enclose cash. Thank you for staying with us. We look forwarding to seeing you again soon. Room number: Name: Departure time: Signature: If you would prefer your bill mailed to a different location, please note the mailing address now. Name: Company: Address:

八、外币兑换服务

外币是指本国货币以外的其他国家和地区发行的货币,有纸币和铸币两种形式。我国旅游饭店(Tourist hotel)的境外客人所占比例越来越大,为了方便住店客人,经中国银行授权,饭店设立外币兑换点,根据国家外汇管理局公布的外汇牌价,为住房客人代办外币兑换服务业务。

(一)我国收兑外币的种类

根据国家相关规定,目前可在中国银行或指定机构兑换的境外货币有澳大利亚元、瑞典克朗、美元、英镑、日元、新加坡元、港币、瑞士法郎、挪威克朗、澳门元、菲律宾比索、泰铢、欧元等。其中,欧元属欧洲货币同盟(EMU)的统一货币,主要有奥地利、比利时、芬兰、法国、德国、爱尔兰、意大利、卢森堡、荷兰、葡萄牙、希腊、西班牙等国家统一使用。

(二)外币兑换的服务程序

外币兑换主要有如下服务程序:

了解需要→清点鉴别→确认住客身份→填写水单→客人签名确认→支付款项

1. 外币现钞兑换

(1)当客人前来办理外币兑换时,首先应询问其所持外币种类,看是否属于饭店的收兑范围。

(2)礼貌地告诉客人当天的汇率以及饭店一次兑换的限额。

(3)认真清点外币,并检验外宾的真伪。

(4)请客人出示护照和房卡,确认其住客身份。

(5)填制水单(Foreign exchange voucher,见表5-10)。内容包括:外币种类及数量、汇率、折算成人民币金额、客人姓名及房号等。

表5-10 外汇兑换水单

×× HOTEL
Foreign Exchange Voucher

Guest name:			
Room No.			Date:
Currency Type	Amount	Exchange Rate	RMB ¥

Guest Signature
Cashier Signature

Total:

(6)客人在水单上签名,并核对房卡、护照与水单上的签字是否相符。

(7)清点人民币现金,将护照现金及水单的第一联交给客人,并请客人检查清点。

注意事项:若客人用新版外币及从未兑换过的外币兑换人民币,应婉言谢绝客人。

2. 外汇旅行支票(Traveller's Cheque)的兑换

旅行支票是由银行或旅行社为方便国内外旅游者而发行的一种定额支票,是一种有价证券,也是汇款凭证,旅游者在国外可按规定手续向发行银行的国内外分支机构、代理行或约定的兑换点兑取现金或支付费用。

(1) 了解客人所持旅行支票的币别、金额、支付范围,以及是否属于饭店的收兑范围,并告知当日估算价。

(2) 必须与客人进行核对,对其真伪、挂失等情况进行识别,清点数额。

(3) 请客人出示客房卡及护照,确认其住店客人身份,请客人在支票的指定复签位置当面复签,然后核对支票的初签与复签是否相符,支票上的签名与证件上的签名是否一致。

(4) 填写水单:外币名称及金额、兑换率、应兑金额,有效证件(护照)号码,国籍和支票号码等,填在水单相应栏目内。

(5) 请客人在水单的指定位置上签名,并注明房号。

(6) 按当天汇率准确换算,扣除贴息支付数额。

(7) 订存支票。

第四节 贵重物品的寄存与保管

饭店在努力为宾客提供优质服务的同时,还要保证客人的生命、财产安全。其中,贵重物品的寄存与保管就是饭店为确保客人财产安全而采取的一项重要措施。

贵重物品保险箱(Safe deposit box)是饭店为住店客人免费提供临时存放有效贵重物品的一种专门设备。饭店提供的贵重物品保险箱目前大致分为两种:一种是饭店在前厅收款处或附近的一间僻静的房间内配备贵重物品保险箱,由前厅收银员负责管理和对客服务。该保险箱是由一组小保险箱或小保险盒组成,每个小保险箱(盒)各两把钥匙,顾客、前厅收银员各一把,只有两把钥匙同时使用才能打开。另一种是饭店除在收款处设置有贵重物品保险箱外,同时还在客房内配备一小型保险箱(In-room safe)供住客使用,密码由客人自行设定,紧急万能密码由饭店大堂副理掌握。这种情况目前在我国较高档的星级饭店中较为普遍,其配备数量约为客房数的50%以上。

为确保住客贵重物品的安全,饭店在入住登记表上,房卡和服务指南(Service directory)中列出了专门的声明:如有贵重物品,请到前厅收款处保险箱内免费保管。否则,如有遗失,饭店概不负责。

本节主要说明前厅收款处保险箱的使用方法及程序。

一、贵重物品寄存程序

(1) 要弄清客人贵重物品的寄存要求。

(2) 请客人出示房卡、钥匙,确认住客身份。

(3)请客人填写"保险箱使用登记卡"(注意提醒客人阅读登记卡的说明),请客人签名并检查核实。

(4)为客人选择适当规格的保险箱,在"保险箱使用登记卡"上填上箱号,并将箱号输入到电脑客人房号中,当客人办理退房手续时,收银员提醒客人归还钥匙。

(5)打开保险箱,向客人说明保险箱的使用方法,特别是告诉客人保险箱只有两把钥匙同时使用才可打开。

(6)请客人存放物品,收银员后退不要直接观看。

(7)当着客人的面,锁上保险箱,并将其中一把钥匙交给客人,请客人妥善保管,另一把收银员存放。

(8)在"安全保险箱使用登记表"上填写日期、保险箱号、客人姓名、房号、开箱时间及经办人签名等;将"保险箱使用登记卡"按照保险箱的编号存放在专用的柜子里,柜子存放在前厅贵重物品间,收银员要保证保存资料的完整。贵重物品寄存程序如图5-2所示:

```
弄清客人寄存要求 ──→ 检查房卡、钥匙,核实住客身份
                              │
                              ↓
选择适当的保险箱并记录箱号 ←── 客人填写保险箱使用登记卡
         │
         ↓
打开保险箱,客人存入物品 ──→ 两把钥匙同时锁箱
                              │
                              ↓
将一把钥匙及贵重物品寄存单第二联交呈客人保管,
并说明开箱要求;另一把钥匙交由前厅收款处保管
         │
         ↓
填写安全保险箱使用登记本,备查
```

图5-2 贵重物品寄存程序

二、中途开箱程序

(1)请客人出示房卡、保险箱钥匙,报出保险箱号,找出贵重物品寄存单,请客人逐项填写有关内容。

(2)核对客人签名,看是否与寄存单的签名笔迹相符,如无疑义,则开箱存取。

(3)开箱完毕,经办人在寄存单上签名,然后将之放回原处。

(4)最后在保险箱使用登记本上登记,备查。

三、客人退还保险箱的处理

(1)客人提出要终止使用保险箱时,请客人出示房卡、保险箱钥匙,报出保险箱号,取出寄存单,请客人在终止使用保险箱栏中填上日期、时间,并签名。

(2)当客人取出贵重物品时,收银员彻底检查一次保险箱,看是否有遗漏,然

后锁上保险箱,将交付客人使用的钥匙收回。

(3)收银员填写保险箱使用登记本,在备注栏中标明"退还"字样。

(4)将贵重物品寄存单存档。

四、贵重物品保险箱使用注意事项

(1)客人每次使用保险箱,都必须出示房卡、保险箱钥匙,收银员都必须请客人填写开箱记录,如日期、时间、签名等要逐项填写并加以核对。

(2)如果客人丢失了保险箱钥匙,则应由大堂副理出面处理;大堂副理确认其身份;并请其填写开箱记录;向客人说明赔偿费用情况;填写"杂项附加费单",请客人签名,交前厅收款处入账;通知工程人员到场撬锁,撬锁时,客人、大堂副理、收银员等必须在场。收银员填写保险箱使用登记本。

(3)前厅收银员每个班次都应认真检查保险箱使用情况、使用保险箱数、钥匙是否与登记情况相符等。

(4)非住店客人及饭店内员工一律不得使用保险箱(部门使用除外)。有特殊情况者要经过一定的审批手续。

本章小结

客账管理是前厅管理工作的重要一环,既要做到客人满意,又要维护饭店的经济利益,客人离店时饭店提供的服务质量的高低决定着客人下次是否光临。为保障住客贵重物品的安全,必须严格按照程序向客人提供贵重物品保管服务。

思考与练习

1. 什么是"一次性结账服务"?
2. 怎样防止客人"漏账"、"逃账"?
3. 客账管理的要求是什么?
4. 住客贵重物品的保管及使用程序是什么?
5. 实地参观饭店,观察其团体客人、散客离店结账程序,并写出评析报告。
6. 角色扮演:
   ①主题:客人离店结账程序
   ②材料准备:圆珠笔、账单
   ③角色:前厅收银员、管家楼层服务员

第 6 章

信息沟通与宾客投诉处理

课前导读

　　本章的教学目标,是使学生通过学习,了解前厅部沟通的目的与方式,掌握前厅部与饭店各部门信息沟通的主要内容和宾客投诉处理的基本程序与基本方法,为进入饭店工作后更好地沟通并处理好投诉打好基础。

学习目标

　　通过学习本章,要实现以下目标:
- 掌握前厅部与饭店各部门沟通协调的主要内容和基本方法
- 熟悉前厅部际沟通协调实务中的关键环节
- 掌握宾客投诉处理的基本程序
- 掌握宾客投诉处理的基本方法
- 正确认识客人的投诉

第一节　前厅部际沟通

一、前厅部际沟通的原理

(一)沟通的定义

　　管理学中的沟通,是指相关岗位之间信息传递和反馈的过程。有效的沟通包括信息传递,即把信息全部传递出去和信息接受者及时、准确、充分地获取全部信息并在必要时反馈信息两个方面。

(二)沟通的目的

　　沟通的目的,主要是通过传递信息,使对方获取信息并反馈意见,进而实现双方行动协调一致。

　　饭店是一个多部门、多功能,为社会提供综合性服务的企业。凡企业都需要协调工作,而饭店则更强调这一点。众多的部门在自身运行和发挥作用的同时,一方面要保持自身的有效性,另一方面要明白各部门之间只有做到协调一致、和谐统一,才能实现饭店的总体目标。这不仅因为饭店要运用各种有形的服务设施为宾客提供满意的服务,更因为饭店服务工作必须确保整体性、系统性、连续性。这些服务多种多样,随机性很强。宾客入住饭店,所要求的服务绝不是单一的,他们的感觉也不仅仅是针对某一个部门的,因为整个服务工作并非一个部门、一个岗位、一个人所能做好的。这就产生了协调问题。沟通、协调是一种管理活动。这种管理活动是以饭店的决策目标为基本出发点,通过对不同业务部门的调整、联络等活动,使饭店各部门之间、员工之间、饭店与宾客之间、饭店与社会公众之间和谐一致,充分发挥各部门的工作潜能,以达到饭店的经营目标。

(三)前厅部与饭店各部门沟通协调的内容

(1)各部门之间目标的协调。

(2)各部门之间服务项目、内容的协调。

(3)各部门之间服务质量的协调。

(4)各部门之间服务时间与服务过程的协调。

(5)各部门之间工作量的协调。

(6)各部门之间人际关系的协调。

(7)各部门之间在利益分配上的协调。

(8)各部门之间操作程序和岗位职责的协调。

(9)各部门之间的其他沟通协调。

此外前厅部内部各工种及班组之间,也存在着上述9种协调关系。

二、前厅部际沟通的基本方法

(一)会议

会议是一种面对面的最明朗、最直接的联系和交流方法。调查研究的结果一再显示,把内情告诉员工的最佳方法之一,是举行各种会议。如由前厅部经理召集的部门例会、晨会,前厅部各工种举行的班前会和班后会等。当然,会议的次数和时间都应以不影响饭店的正常业务运行为准。有意义的、简短而又重点突出的会议,对增进管理者和员工之间的了解是极其有效的。员工大会给管理者以表现的机会,既可激发员工的热忱,促进合作精神,又能消除员工心理上的疑虑。小型会议为双方创造了充分交流的机会,管理者可借此了解员工、评价部属。

(二)公告牌

公告牌是最简单也是最常用的沟通方法之一。它能通知有关事项、提供有关信息、提示当日工作要点。

(三)报纸、杂志和内部简报

饭店的刊物在饭店创建企业文化过程中起着重要作用。饭店刊物通常采用店报形式,也有店刊、内部简报等。店报以月报形式为多,主要登载饭店的要闻、宣传饭店的服务理念和宗旨、发表员工的习作。

（四）员工手册

饭店经营管理的一个常见方法是编印员工手册。员工手册人手一册,内容包括规章、政策、义务、权利、禁止事项,以及有关饭店产品或服务、历史和组织等介绍。这一方法对饭店内部的协调是非常有效的。

（五）给员工的信

前厅部员工给前厅部经理写信,前厅部经理给前厅部员工发公开信,可以交流信息、加强沟通与理解,探讨前厅部的有关业务,也是一种有效的联系手段。这种方法花费不多,却比较容易为员工所接受,可以收到很好的效果。

（六）报表和报告

报表和报告,既是饭店内部各项工作衔接的手段,也是饭店内部沟通和传递信息的方法。其中包括:各种营业统计报表、营业情况分析报表、内部运作报表等;报告则包括:按组织机构管理层次,逐级呈交的季度、月度工作报告。报表和报告可以使饭店的经营状况一目了然,可以使管理者掌握基层工种和班组的员工思想、管理水平。许多饭店都发现员工们对饭店状况,尤其是对切身利益有影响的问题特别关心,因此特别编印真实而具体的有关本饭店收支及发展状况的财务报表发给员工阅读。这种方法可以有效调动员工关心饭店、参与民主管理的积极性。

（七）团体活动

多种形式的团体活动是消除误解、隔阂,加强沟通、交流的较理想的方式。饭店应定期、不定期地举行这类活动,如联谊会、茶话会、酒会、歌舞会、郊游等。去别的饭店考察、外出参观,等等。

（八）备忘录

备忘录,是饭店上下级、部门之间沟通、协调的一种有效形式。它包括:工作指示、接待通知单、请示、汇报、建议、批示等。

（九）日志、记事本

日志、记事本,是饭店对客服务过程中各班组相互沟通、联系的纽带,主要用来记录本班组工作中发生的问题、尚未完成而需下一班组继续处理的事宜等。饭店各部门、各环节、各班组均须建立此制度,以确保信息传递渠道畅通、迅速有效。

（十）员工内部培训,特别是交叉培训

饭店员工开展内部培训,例如前厅部经理对前厅部员工的培训,前厅部主管、领班对员工的培训,前厅部员工对员工的培训等,通过培训既能提高前厅部员工和各级管理人员的业务水平和语言表达能力,又能加强员工之间及员工与管理人员之间的沟通与理解,还能有助于管理人员准确评估员工水平,进而合理安排员工的工作和提拔任用。

(十一)电话、电脑、传真、电子邮件等

前厅部日常工作中大量使用电话、电脑、传真、电子邮件等通信方式,这可以大大提高沟通效率和沟通的准确性。

三、前厅部际沟通协调实务

饭店服务工作的突出特点是综合性、整体性和系统性,优质服务是各个部门中不同岗位员工共同努力的结果,单靠一个部门或一个人是不可能实现的。前厅部是联络宾客与饭店服务部门之间的纽带和桥梁,其工作质量影响着其他部门的工作效果,所以前厅部必须始终保持与饭店其他部门的联系,加强沟通协调,以保证饭店每个部门、每个环节都能高效运转,以保证饭店对客服务的整体质量。

(一)前厅部与客房部的沟通与协调

(1)许多饭店的前厅部与客房部同属于房务部。这两个部门被看做是不可分割的整体,因为它们之间的联系最密切,信息沟通也最频繁。因此,这两个部门之间保持良好的沟通具有非常重要的意义。

(2)及时通报宾客入住、结账离店、延期退房、押金不足等情况。

(3)每天在规定的时间前把必要的宾客信息以书面方式通知客房部,如一周客情预测表、贵宾接待通知单、次日预计抵店宾客名单、团队会议接待单、住店宾客名单等。如前厅部电脑已与客房部电脑联网,则上述资料可以根据不同饭店电脑系统的不同,不传递或少传递。

(4)团队会议宾客抵达前,要发送团队会议分房表,以对客房进行准备和控制。

(5)发送特殊要求通知单给客房部,以便做好准备,满足宾客的个性化要求。

(6)发送换房及房价变更通知单给客房部,使其了解用房变动情况。

(7)发送客房状况报告、客房状况差异表等,或双方在电脑上直接核对差异,以协调好前厅柜台客房销售(柜台销售属前厅部)与客房管理(客房部职责)的关系。

(8)大堂副理等前厅部人员应根据饭店的授权,参与客房卫生及维修保养状况的检查。

(9)客房部应及时将住客遗留物品情况通知总台,以方便宾客找回物品。

(10)客房部应根据电话总机房的要求,派服务员探视对叫醒无反应的客房。

(11)客房部应及时向总台通报客房的异常情况,如双锁客房、紧急维修、在外过夜等。

(12)客房部应安排服务员协助行李员完成行李的运送、收集等服务。

(13)前厅部与客房部员工应相互接受交叉培训,以加强了解、促进沟通。

(二) 前厅部与营销部的沟通与协调

前厅部与销售部都对饭店的客房销售工作负有责任。销售部不但对眼前的客房销售负有责任,更重要的是对饭店长期的、整体的销售,尤其是对团队、会议的客房销售负责,所以不少饭店将负责接待团队宾客的团队联络员隶属于销售部。前厅部对零星散客,尤其是当天的客房销售工作负有更直接的责任。前厅部与销售部之间必须加强信息沟通,避免由于部门利益或个人利益竞相杀价,损害了饭店整体利益,特别是在节假日用房紧张时期,更应根据饭店政策做好沟通协调工作,只有这样才能圆满完成客房销售及接待任务。

(1) 进行来年客房销售预测前,双方磋商并研究决定饭店团队、会议宾客与散客的接待比例。

(2) 讨论当饭店实行超额订房时,一旦发生已订房宾客入住时饭店无房的情况,饭店所能采取的补救措施。

(3) 接待处以书面形式向营销部通报有关客情信息。如下达每周客情预测表、旅游团及会议团用房分配表、次日预计抵店宾客一览表、次日预计离店宾客一览表、贵宾接待通知单、房价及预订情况分析表、客源分析表等表格。

(4) 营销部把已获批准的各种订房合同复印件,及饭店有关房价规定的文件转前厅部妥善保存并执行。

(5) 营销部应将旅游团和会议团的详细订房情况,以书面形式报送预订处,以预留客房。

(6) 营销部应将旅游团和会议团的用房变动情况及日程安排情况通报总台,以便前厅部作出相应的变更及解答宾客的问题。

(三) 前厅部与财务部的沟通与协调

(1) 前厅部与财务部应就信用限额、预付款、超时房费的收取,以及结账后再次发生费用等情况进行有效的沟通,以防止漏账及逃账。

(2) 接待处在宾客入住后,应立即递交已制作的散客账单、入住登记表的第一联及刷好卡号(最好签过名)的信用卡签购单等给前厅收款处,以便及时、准确地为宾客建立账户,累计客账。

(3) 接待处在宾客入住后,应立即递交已制作的团体主账单,供前厅收款处签收并累计客账。

(4) 相互通报客情信息(如抵、离店,延期退房等),以便及时、准确地收取营业款并正确显示客房状况。

(5) 接待处应把住客的换房信息(涉及房费的变化)及时、准确地以书面形式通报前厅收款处,以便及时准确地为宾客累计客账。

(6) 双方应就每天的客房营业情况进行仔细核对,尽量做到准确无误。

为了保证对客服务的质量及客房销售的经济效益,前厅部应加强与财务部

（包括前台收款处）之间的信息沟通。

（四）前厅部与餐饮部之间的沟通与协调

"食"、"宿"是住店宾客最基本的需求，也是饭店的两大主要收入来源。前厅部必须重视与餐饮部的信息沟通。

1. 接待工作

（1）书面通知房内的布置要求，如在房内放置水果、点心等。

（2）发放团队宾客的用餐券。

（3）每日送交"在店贵宾/团队会议人员表"、"在店宾客名单"和"预期离店宾客名单"。

2. 预订工作

（1）每月送交"客情预报表"。

（2）每日送交"客情预测表"和"贵宾接待通知单"。

（3）书面通知餐饮部订房宾客的用餐要求及房内鲜花、水果篮布置的特殊要求以做好准备工作。

3. 问讯工作

（1）每日从餐饮部的宴会预订组取得"宴会/会议活动安排表"。

（2）向宾客散发餐饮活动宣传材料。

（3）随时掌握餐饮部各营业点的服务内容、服务时间、服务特色及最新收费标准的变动情况等。

4. 大厅服务

更新每日宴会/会议、饮食推广活动的布告牌，协助餐饮部进行促销，解答宾客问讯、发放餐饮推销宣传材料等。

5. 电话总机

随时掌握餐饮部各营业点的服务内容、服务时间及收费标准的变动情况。

（五）前厅部与总经理室的沟通与协调

由于前厅部与总经理办公室的工作联系较多，所以不少饭店前台的位置靠近总经理办公室。前厅部除了应向总经理请示汇报对客服务过程中的重大事件，平时，还应与总经理办公室沟通以下信息：

（1）前厅部应及时向总经理室请示、汇报前厅部对客服务过程中发生的重大事件。

（2）前厅部应转交邮件、留言、信件等。

（3）了解当天值班经理的姓名及去向，以便有事及时通知值班经理。

（4）定期呈报客情预测等资料及报表。如每月递交"房价及预订情况分析表"、"客源分析表"、"客源地理分布表"。

（5）报告已预订客房的贵宾情况，递交贵宾接待规格审批表及房租折扣申报表等,供总经理审阅批准。

(6)通报每天的客情信息及客房营业情况。如每日递交"在店贵宾/团队表"、"预期离店宾客名单"、"客房营业日报表"、"营业情况对照表"。

(7)与营销部配合,草拟饭店的客房营销政策(房价的制定与修改,如信用政策、免费政策、折扣政策、订金政策、预付款政策等),呈报总经理室审批,并就执行过程中存在的问题进行协调、沟通。

(六)前厅部与其他部门的沟通与协调

(1)与人事部、培训部沟通、协调,开展前厅部新员工的录用和岗前培训工作。

(2)与安全部、工程部沟通、协调,处理物品遗失及饭店施工干扰宾客的问题。

(3)及时向康乐部传递信息,满足宾客的健身需求。

(4)出现突发事件时的相互沟通。

第二节 宾客投诉处理

饭店是一个复杂的整体运作系统,宾客对服务的需求又是多种多样的,同一位宾客,由于心情不同,对同一家饭店在不同时间的相同标准的服务感受和评价是不一样的;宾客入住饭店的星级、位置不同,或两次入住同一家饭店所享受的房价不同,对同一项服务的要求也不同。因此无论饭店经营得多么出色,设备设施多么先进、完善,都不可能百分之百地让宾客满意,宾客投诉是不可能完全避免的。饭店投诉管理的目的和宗旨,在于如何减少宾客的投诉,如何妥善处理投诉,如何使因宾客投诉而造成的损失降低到最低程度,最终使宾客对投诉的处理结果感到满意。

一、投诉的定义

投诉,是指宾客对饭店的设备、服务等产生不满时,以书面或口头方式向饭店提出的意见或建议。提出投诉的宾客称为投诉者。

二、投诉的种类

(一)按投诉的来源及方式区分

根据投诉来源及方式,投诉可分为:电话投诉、书信投诉、传真投诉、找大堂副理当面投诉、各服务现场当场投诉、宾客意见表上客人反映的较严重的问题、各部门收集的宾客较尖锐的意见7类。

(二)按投诉的途径和渠道区分

根据投诉途径和渠道投诉可分为以下几种:

1. 直接向饭店投诉

这类宾客认为,是饭店令自己不满,是饭店未能满足自己的要求和愿望,因此,直接向饭店投诉,争取尽量挽回自己的损失。

2. 向旅行代理商投诉

选择这类投诉渠道的,往往是那些由旅行代理商(例如旅行社)介绍而来的宾客,投诉内容往往与饭店服务态度、服务设施的齐全、配套情况及消费环境有关。在这些宾客看来,与其向饭店投诉,不如向旅行代理商投诉对自己有利,前者不仅费时,而且往往是徒劳的。

3. 向有关社会团体投诉

消费者向消费者协会一类的社会团体投诉,希望依靠社会组织的力量迫使饭店以积极的态度去解决目前的问题。

4. 向有关政府部门投诉

消费者向工商局、旅游局、旅游质检所等有关政府部门投诉,希望通过它们来让饭店解决自己的问题。

5. 向媒体反映问题

消费者向电视台、电台、报纸、杂志等媒体反映饭店存在的问题,利用社会舆论向饭店施加压力。

站在维护饭店声誉的角度去看待宾客投诉,不难发现,宾客直接向饭店投诉是对饭店声誉影响最小的一种方式,饭店因而设置了大堂副理这个岗位,为宾客提供了一个固定、方便并能有效解决问题的投诉场所。从保证饭店长远利益的角度出发,饭店接受宾客的投诉,能有效控制损害饭店声誉的信息在社会上传播,防止使公众产生不良印象。宾客直接向饭店投诉,不管其动机、原因如何,都给饭店提供了一个及时作出补救和保全饭店声誉的机会。

三、投诉的原因

就饭店服务而言,容易被宾客投诉的原因和环节是多方面的,既有饭店方面的原因,也有宾客方面的原因。

(一)饭店原因造成的投诉种类

1. 有关设备、设施的投诉

由于饭店的消费环境、消费场所、设备设施未能满足宾客的要求而引起的投诉,如饭店空调、音响系统使用不正常、不配套,水、电、气供应不到位,电梯控制失灵等。

2. 有关服务与管理的投诉

此类投诉是指:管理人员督导不力,部门间缺乏沟通和协作精神而出现的违约现象;员工专业水平低、业务不熟练、一问三不知、工作不负责,会议服务不按要求配备所需设备、岗位责任混乱、事先预订了客房不能兑现、饭店未实践给予优惠的承诺、住客在房间内受到骚扰、服务效率低、叫醒服务不准时以及宾客账目合计错误等。

3. 有关服务态度的投诉

此类投诉主要是指:饭店服务人员服务态度不佳、冷冰冰的面孔、无礼粗暴的语言、嘲笑戏弄的行为、过分的热情或不负责任的答复等。

4. 对饭店产品质量的投诉

如客房有异味或蚊、蝇、蚂蚁,寝具、食具、食品不洁,食品变质、口味不佳等。服务员服务方式欠妥或行为不检,有违反有关规定的现象(如进入住客房不敲门、向宾客索要小费、不按操作规程工作等)。

5. 其他特殊原因造成的投诉

造成投诉的原因是多方面的,还有可能由一些意外因素引发客人的不满,导致投诉。

(二) 宾客原因造成的投诉种类

1. 对饭店的期望值过高

当宾客感到饭店相关服务或服务设施、项目未达到相应标准,不能体现出"物有所值",与期望值相差太远时,便会产生失望感,进而引发投诉。

2. 对规定的理解与饭店相悖

宾客的需求及价值观念不同,对事物的看法及衡量标准也不一致。部分宾客对相关规定的理解与饭店有分歧,产生不同的看法、感受,甚至误解,因而导致投诉。

3. 心绪不佳,借题宣泄

因非饭店原因产生不满,而在饭店内借题宣泄或借题发挥,故意寻衅滋事,导致对服务的投诉。

四、宾客投诉心理

(一) 宾客投诉的心理分析

当宾客在饭店消费过程中遇到不满、抱怨或遗憾时,会有不同的反应,可能投诉,也可能不投诉,这与宾客的心理因素有关。

1. 不愿投诉宾客的心理

(1) 不习惯。有些宾客由于对高档服务环境规范不够了解而不投诉,而有些宾客则由于不习惯表达自己的意见而不提出投诉。

(2) 不愿意。有些宾客由于宽宏大量、善于理解他人而不提出投诉,生活方式为粗线条型的宾客通常也不愿意为小事投诉。

(3) 不相信。部分宾客会自认倒霉,认为投诉解决不了什么问题而不投诉。

(4)怕麻烦。部分宾客会因时间紧迫或不愿多事而不投诉。

2．采取投诉的宾客的心理

(1)善意投诉的宾客

① 真情关心、热忱建议,生活态度严谨认真。

② 见多识广,表现欲较强,且有一定知识基础。

③ 想挽回损失、保全面子,自我保护意识强,了解服务规范。

(2)恶意投诉的宾客

① 借题发挥,自控性不强或个性太强。

② 无理取闹、无端生事,情绪不稳定、素质较低。

③ 有意敲诈,存心不良,另有他图。

(二)宾客投诉类型分析

1．理智型宾客投诉

理智型宾客下榻饭店,如果受到冷遇,或粗鲁的言行,或不礼貌的服务,会产生不满、气愤的情绪,但他们大多不会因此而发怒,此时的情绪显得比较压抑,他们力求以理智的态度、平和的语气和准确清晰的表达,向受理投诉者陈述事情的经过以及自己的看法和要求。理智型宾客很容易打交道,出现问题时,饭店服务人员或管理管理人员如果对他们表示同情,并能立即采取必要的改进措施,他们会理解并支持饭店的工作。因为,这类宾客多数受过良好的教育,既通情达理又在发生问题时比较冷静和理智,所以对他们提出的问题比较容易处理。为此,饭店应该注意向理智型宾客提供最佳服务,争取他们的再次光临,他们是饭店的主要宾客。

2．失望型宾客投诉

当宾客事先预订的服务项目饭店未能兑现,如电话预订客房,因饭店某些部门的粗心服务而被忘记、漏约,或当他们所付出的费用与所得到的服务产品质量不成正比,未能体现"物有所值"时,一些宾客会产生失望、不满或发火。失望型宾客的情绪起伏较大,时而愤怒、时而遗憾、时而厉声质问、时而摇头叹息,对饭店或事件深深失望,对自己遭受的损失痛心不已。这类宾客投诉的内容多是自以为无法忍受的,或是希望通过投诉达到某种程度补偿的问题。处理这类宾客的投诉的有效办法,便是让他们消气、息怒、立即采取必要的补救措施。

3．发怒型宾客投诉

发怒型宾客很容易识别,在他们受到不热情、不周到的服务之时,或在受到冷遇,碰到个别服务员粗鲁言行之时,很难抑制自己的情绪,往往在产生不满的那一刻就会发出较高的骂声,言语不留余地,动作有力、迅速,不停地做手势以及快速地移动脚步,并急于向其他饭店人员讲清道理,寻求理解,对支吾其词、拖拉应付的工作作风深恶痛绝,希望能干脆利落地解决问题,并要饭店承认过失。对这类宾客的投诉,首先要使他们息怒、消气,耐心听取他们的批评意见。

五、正确认识宾客投诉

投诉是饭店管理者与宾客沟通的桥梁,对宾客的投诉应有一个正确的认识。投诉是坏事也是好事。接待投诉宾客是一件令人不愉快的事,它可能使被投诉者感到不快,甚至受罚,对很多人来说,是一次挑战;但投诉又是一个信号,告诉我们饭店服务和管理中存在的问题。因此,饭店对宾客的投诉应给予足够的重视。

(一)投诉的积极因素

宾客来自四面八方,不乏有一些见多识广、阅历丰富的人。宾客从他们的角度对饭店服务工作提出宝贵的批评意见,帮助饭店发现工作中的不足和差距,有利于饭店不断改进和完善服务工作。所以,宾客的投诉是饭店完善服务工作的一种信息来源,尤其是一些善意的投诉(如对服务项目、服务设施,以及物品配备方面的意见和建议等)是我们所希望的。同时,通过对投诉的处理,可以加强饭店同宾客之间的沟通,进一步了解市场需求,有利于提高企业竞争力,争取更多客源。因此,对宾客的投诉,饭店应将其看做是发现自身服务及管理中的漏洞、改进和提高服务质量的重要途径。

(二)投诉的消极因素

宾客在服务环境或公众场合投诉,会影响饭店的声誉和形象,这是对饭店最不利的消极因素。对饭店来说,争取和维护良好形象是一件很不容易的事,如果对宾客投诉的态度及处理方式不当,使宾客因不满而离去,真正受损失的是饭店;同时,还有些宾客虽不轻易投诉,当受到不公正待遇后,便把不满压在心底,但他们却会拒绝再次光顾,并向其他亲友、同事宣泄,影响饭店的对外形象和声誉。

事实上,投诉产生后,引起宾客投诉的原因并不重要,关键是服务人员怎样看待宾客的投诉,采取怎样的态度来面对投诉,用怎样的方法来解决宾客的投诉问题。成功的饭店善于把投诉的消极影响转化为积极影响,通过处理投诉来促使自身不断提高工作质量,以防止投诉的再次发生。正确认识宾客的投诉行为,就是不仅要看到投诉的消极影响,更重要的是把握投诉所隐含的对饭店的有利因素,变被动为主动,化消极为积极。总之,正确认识宾客的投诉,是使投诉得到妥善处理、为饭店挽回声誉、使宾客满意而归的基础。

所以,饭店对宾客的投诉要采取积极、欢迎的态度,无论宾客出于何种原因进行投诉,饭店方面都要理解宾客的心理,绝不能与其争辩或不理不睬;要充分重视、设身处地为宾客着想,及时调查,弄清事实,纠正错误,改善关系,真诚地帮助宾客,尽可能地令其满意,只有这样才可能消除宾客的怨恨与不满,重新赢得好感及信任,改善宾客对饭店的不良印象。

（三）宾客投诉对饭店的作用

1. 可以帮助饭店管理者发现服务与管理中的问题和不足

饭店的问题是客观存在的,但管理者不一定能发现,原因之一是管理人员长期在一个习惯了的工作环境中,对本店存在的问题可能会熟视无睹。而宾客则不同,他们到过许多饭店,较易比较,容易发现存在的问题。另一方面,尽管饭店要求员工做到"管理者在与不在一个样",但事实上,很多员工没做到这一点,管理者在与不在截然不同,因此管理者很难发现问题。而宾客则不同,他们是饭店产品的直接消费者,对饭店有切身的体会和感受,所以容易发现问题,找出不足。

2. 为饭店方面提供了一个改善宾客关系、挽回自身声誉的机会

研究表明,使一个宾客满意,可以招揽8位顾客上门,而惹恼一个宾客则会导致25位宾客从此不再登门。因此宾客有投诉,说明宾客不满意,如果这位宾客不投诉或投诉了没有得到满意的解决,宾客将不再入住该饭店,同时意味着将失去25位潜在的宾客,无疑,这对饭店是一个巨大的损失。通过宾客的投诉,给饭店提供了一个使宾客由"不满意"到"满意"的机会,加强了彼此的沟通,消除了对饭店的不良印象。

3. 有利于饭店改善服务质量,提高管理水平

饭店可通过宾客的投诉不断地发现问题、解决问题,进而改善服务质量,提高管理水平。

（1）投诉有助于创造常客。目前,饭店业非常重视培养忠诚顾客,而研究表明,提出投诉而又得到妥善处理的宾客2/3是回头客,所以,投诉在使饭店为难的同时,也创造了常客。

（2）投诉说明宾客对饭店还有较高的期望值。通常,如果宾客认为某一饭店令他不满是一个例外才会投诉,在该宾客心目中,饭店的形象远比现在宾客感受到的要好。宾客会认为通过投诉,饭店就会表现出应有的水平。如果宾客对某饭店的服务不满而又认为该饭店正常水平就是如此,通常便不会投诉,而是去寻找理想中的饭店。

六、投诉处理的基本程序

饭店方面在处理宾客投诉过程中要注意和把握一定的方式方法,认真做好投诉的处理工作。接受宾客投诉的,无论是管理人员还是服务人员,都不是一件愉快、轻松的事情。为什么把接待投诉的工作视为一种挑战呢?原因就在于想使宾客满意而归,的确有一定难度。因此我们必须研究处理宾客投诉的技巧和方法。这里着重介绍一下口头投诉的处理程序:

全神贯注地聆听→保持平静→同情宾客→尊重宾客→关心宾客→记录→告诉宾客将采取的措施→告诉宾客解决问题的时间→监督问题的解决过程→把处理结

果通知宾客并征求宾客意见→把投诉中发现的问题反映到相关部门,以便饭店采取改进措施。

七、投诉处理结束后饭店所应采取的措施

(1)了解分析投诉形成的原因,涉及个人责任的,按饭店制度对有关责任人进行处罚;如果发现投诉涉及饭店的制度漏洞,应查漏补缺、完善制度。

(2)迅速找到有关责任人所在部门,尽快执行饭店制度。

(3)找出投诉较多的问题与环节。如,可统计投诉,找出投诉最多的部门、个人及问题;可统计宾客意见书上的意见,确定哪个部门、个人存在的不足最多;请处理投诉的员工列举投诉较多的问题。

(4)把投诉统计、分析、处理的经过及宾客对投诉处理的意见,反馈到有关部门,以便改进工作。

(5)根据投诉记录及其他有关资料,建立、补充宾客投诉档案。

(6)针对薄弱环节,加强员工培训,改进服务态度与服务质量,特别要培训前厅服务人员掌握正确的处理投诉的方法。

八、投诉的预测与防范

如果宾客在上述环节的投诉量大,就会降低和损害饭店的声誉,从而影响饭店的经营活动及经营效益。要做到这一点,就要求我们在饭店营运管理中注意容易出现投诉的环节,并采取相应的措施。

(一)加强同宾客的沟通

通过加强同宾客的沟通来扩大了解投诉的渠道,最大限度地掌握宾客的满意程度,控制宾客投诉势态的发展,增强改进工作的主动性。例如,让各级管理人员亲自询问宾客意见,以获取更详细的信息;在前台即客房提供"宾客意见表",收集宾客书面的投诉及建议;定期进行市场调查及新客源、丢失客源调查等。

(二)注重改善服务质量

通过日常工作的监督控制,及加强服务人员思想、业务及技能的教育培训,增强其礼貌修养和工作责任心,改进其服务态度,增强服务意识和协作观念,最终提高服务质量和工作效率。

(三)加强设备、设施的管理,注重饭店产品的出品质量

要建立完善的管理体制,制订出具体的有关设备、设施的管理、维修保养,以及控制饭店产品出品质量的方案、计划;同时,要不断提高工程维修人员及负责产品出品人员的技术、技能水准,保证维修质量,加强饭店产品出品的质量控制,实施定期的监督和检查。

（四）搞好饭店的安全控制

所谓饭店安全控制，即做好饭店内部各部位的消防、治安监督、控制工作，制定严格的规章和责任制度，采用各种控制手段，避免火灾的发生，维护好饭店的治安环境，保障在店宾客人身及财物安全。

（五）建立宾客投诉档案

通过大堂副理日志等形式记载投诉的情况，并定期由专人整理，形成饭店全面质量管理的依据，以便做好总结，改进日后的工作，防止此类投诉的再度发生。

九、常见宾客投诉处理案例

案例一

塑造良好形象　赢得潜在客源

（一）事情经过

天地酒店坐落在某市 A 机场出口不远处，是一家三星级饭店，饭店内常会遇到因飞机晚点而没有被接机人接走的宾客。这天，下着滂沱大雨，从北京飞来的某次班机比预计时间晚到了整整一个小时。有6位宾客预订了市中心某四星级宾馆的客房，但是在机场出口附近并未见到该宾馆的接客车。因为下雨，6位宾客就来到了天地酒店大堂等候……

（二）问题

对这6位宾客在大堂的出现，大堂副理应作出何种反应？

（三）可能采取的做法及评析

1. 立即上前问候，介绍本酒店，希望能留下这6位宾客。这一做法太急功近利，可能会引起宾客的反感，使酒店丧失商机。

2. 上前询问，安慰宾客，得知具体情况后，帮助宾客联系订过房的饭店，联系好后把情况告诉宾客，请宾客安心等待。这种帮助宾客解决实际问题的做法，将给宾客留下良好的印象，为酒店赢得潜在宾客创造条件。

3. 如果再等一会儿接客车还不来，大堂副理应再次上前请宾客安心等待，并适时地恰当介绍本酒店的设施、设备和服务，使宾客对本酒店有所了解。这样做，既给宾客提供了一种消遣方式，也有意识地宣传了本饭店。

4. 如再等一会接客车仍不来，可帮宾客打电话再度联系，如果对方车辆来不了，可替宾客叫出租车。这时，6位宾客会被酒店热情耐心的服务所感动，又加上天还下着大雨，路上出租车较少，宾客很可能会说"不用了，不用再找车了，我们就住在你们饭店了"。

（四）思考

假如你是该酒店正在当班的大堂副理，你会选择上述哪一种做法？为什么？

有无其他的方法？如果有，请陈述其他方法并说明使用这种方法的好处？

案例二

如何处理可能有假的客房预订

（一）事情经过

10月2日，傍晚5点左右，杭城P酒店的住宿率已达到92%，酒店尚有5间已预订出去的标准间，还有少数几间单人间和一套套房可供出租。

这时，从酒店大门外进来一位宾客，他径直来到总台，对总台接待员小胡说："我是上海来的林先生，上海南北订房中心为我预订了一个标准间，房间准备好了吗？""请稍候。"小胡立即在电脑上从"预订类宾客"中进行查找，奇怪的是电脑显示没有该预订。小胡又查了总台的预订夹，里面也没有该订房中心的预订传真件。小胡礼貌地问宾客："请问林先生，您有南北订房中心的 Voucher（客户凭证联、又称订房凭单）吗？""有啊。"林先生立即从公文包里拿出一张 A4 大小的文件纸递给小胡。小胡接过来一看，果然是上海南北订房中心于9月15日为林先生在P酒店预订了一个标准间，住10月2日、3日两晚，房价按酒店与南北订房中心签订的协议价。但怎么会没有原始订单呢？小胡正在疑惑的时候，细心的领班小徐又发现了另一个问题：以前，每次从上海南北订房中心过来的 Voucher 上都有一个小甲虫标志，但这张 Voucher 上面却没有这个标志。因此，小徐开始怀疑起这份订房凭单的真实性。是不是宾客为了能在国庆节期间以较低的房价订到房间而伪造了一张订房凭单呢？但又不能仅凭一个小甲虫标志来判断宾客所持 Voucher 的真假，因为南北订房中心从来都没有向酒店正式声明过以此小甲虫作为该订房中心 Voucher 的真伪识别符号，也许这只是某个订房员个人的爱好，而这次，正好又不是该订房员操作的呢？这些都是有可能的。如果在平时，总台可以立即打电话与该订房中心联系确认，或与宾客协商一个房价安排宾客入住，可偏偏国庆节期间订房中心休假，而酒店又没有多余的标准间可供出租了，即使是剩下的单人间和套房，根据总经理室的指示，在国庆节期间也要执行特别的价格政策，按门市价上浮20%出售，宾客能接受这些房间及价格吗？

此时，天色已暗，小徐非常清楚，在这样一个旅游城市、这样一个节日期间，眼前的这个宾客已经很难再在别的酒店订到房间了。看着宾客期待的目光，我们的总台接待员真的感到为难了。

（二）问题：下一步总台接待员该怎么办？

（三）可能采取的解决办法及评析

1. 告诉宾客，酒店没有收到过南北订房中心的原始订房传真件，因此没有为他预留房间。虽然宾客持有南北订房中心的 Voucher，但酒店还是以原始传真件为准，若有异议，请他自己和订房中心联系。

明知节日期间订房中心联系不上,却让宾客自己联系订房中心,明摆着是一种推脱。告诉宾客酒店没有收到订房传真以及酒店以原始传真件为准,都是对宾客不信任的直接表现。若宾客所持 Voucher 果真来自订房中心,宾客会有被侮辱、被欺骗的感觉,同时也使宾客对订房中心产生不满,这也不利于双方今后的合作。因此,即使酒店真的"巧妇难为无米之炊"——不能给宾客解决住宿,也绝不应该采取这样的办法。

2. 给宾客出示以前南北订房中心过来的 Voucher,指出宾客所持 Voucher 上没有同样的小甲虫标志,以此为由,谢绝按订房凭单入住。同时告知酒店尚有少量单人间和套间,可按本酒店节日期间的价格标准出租给宾客。

这样做首先给宾客的第一个感觉是酒店不接受他出示的"凭证",认为这张凭证是伪造的,若事实不是这样,宾客会非常生气,对订房中心、对酒店都会很不满意;其次,宾客为了证明自己的"诚实"和"清白",会坚持要以协议价入住,而不接受本来有可能接受的"节日价",否则,等于宾客默认了"伪造"的事实。因此,这样处理把宾客推向绝路,结果很有可能会使双方在大堂争执起来,破坏节日气氛,影响其他宾客。故此法也不妥。

3. 向宾客说明酒店未收到过订房中心的预订,加之 Voucher 上又没有小甲虫标志,因此,该预订是无效的。但考虑到宾客目前的处境,酒店可以按给南北订房中心的协议价出租给宾客单人间或套房。

应该说,在当时的情况下,宾客能以协议价拿到房间是一件很幸运的事。但总台先前多余的"说明"不仅没有起到让宾客觉得酒店向他提供了一种超常规服务,反而认为酒店和订房中心在操作上都有问题,从而产生不满。因此,这个办法可以说是"画蛇添足"。

4. 不管总台是否有原始订房传真,只要宾客按总台的要求出示了 Voucher,就相信宾客,承认该预订。但向宾客说明因节日期间酒店用房紧张,他预订的标准间房型没有了,其他酒店可能也都订满了,请宾客谅解并建议以协议价入住本酒店单人间或套房,次日有标准间时再为他换房。

饭店应该相信宾客,而且节庆期间,预订的房间没有准备好,只要酒店的接待员真诚地向宾客解释和道歉,相信宾客会谅解的。况且酒店提供其他选择,也是为解救宾客"燃眉之急"。因此,这个办法较好。

5. 向宾客解释,由于酒店事先因故没有收到订房中心的预订,所以房间没有准备好,同时因为节日期间执行特殊价格政策,因此需要与订房中心再次确认该预订的房价。先请宾客按门市价入住单人间或套房,次日酒店将与订房中心联系,若确有该预订,则冲房费,若没有该预订,则按节日房价收取 。

这样处理存在两种可能。第一种可能,如宾客确实伪造了 Voucher,最后按节日价收取房费,当无可非议。但酒店也应从宾客的角度去理解宾客的难处,也许宾客确实是因为在节日期间订不到房间,迫不得已才出此下策。酒店要考虑到这一点,给宾客留有余地,而不去戳穿宾客。否则让他没面子,也许下次再也不会光顾这家酒店了。第二种可能,如宾客的 Voucher 是真的,则酒店这样处理显然伤了他的自尊,第二天即使证实了 Voucher 是真的,冲了房费,宾客心头的不快却很难排解了。因此,这样处理也不是最好。

6. 认可宾客所持 Voucher 的真实性,更考虑到订房中心平时给酒店带来较大的客源量,因此先从订房中心传真过来的、保证性预订的标准间里调出一间给林先生。

这个办法会让林先生非常满意,也会让林先生真正体会到通过订房中心预订的好处,有利于酒店与订房中心的合作,但遗憾的是并不能做到让酒店所有的宾客皆大欢喜,紧接着,如果那位预订了标准间的宾客如期而至,麻烦也会随之而来。当然总台这样处理也许是出于对酒店客源量的保证,但恰恰忽略了一个基本的待客原则:对所有的宾客一视同仁。因此,这个办法更不可取。

案例三

开不开空调

(一)事情经过

1999 年 10 月 15 日晚 10:00,杭州某饭店大堂内 20 位宾客集中在大堂副理面前,要求立即开启空调。原来他们是该饭店接待的中旅马来西亚系列团之一的宾客,大多数是第一次到中国,宾客投诉房间太闷热。他们在国内时旅行社承诺是入住四星级饭店,他们认为,四星级饭店就应该开空调,这下可使大堂副理犯难了,因为,在接待这批宾客之前,有一个荷兰来的 80 人退休教师大团领队刚来大堂副理处反映,房间内太凉,希望能开暖气,因为这批退休教师都在 60 岁以上,身体不是很好,当时室内温度是 18℃,室外 15℃,不开空调尚且如此,更不要提开了冷气会导致什么后果,可是前述 20 位宾客的不满态度及一副不开冷气誓不罢休的架势,又让大堂经理不知所措。

(二)问题:大堂副理该如何同时解决两批宾客截然相反的要求呢?

(三)可能采取的解决方法及评析

1. 开启暖气,因为此时室内温度只有 18℃,室外只有 15℃,未达到饭店应有恒温 20~26℃,这样可以满足大部分宾客的要求。并且向马来西亚团宾客说明饭店只能满足大部分宾客的要求,没有饭店可以同时供应暖气和冷气的。

这样做虽然符合了大部分宾客的要求,但对马来西亚团宾客而言无疑是"火上浇油",他们会觉得饭店不重视他们。马来西亚宾客很可能会说同样是付钱,为什么他们的要求不能满足,搞不好他们会立即换住其他饭店,并在回国后向组团社提出取消此系列团的要求,所以此种解决办法并不妥当。即使开窗放进自然风,宾客也可能会投诉噪声太大,灰尘太多且不安全。

2. 开启冷气,同时通知荷兰团领队,把该团房间的空调都关掉。

这种方法虽然满足了马来西亚团宾客的要求,但不符合处理宾客投诉的基本原则,即使荷兰团宾客房间都关掉空调,其他公共区域还是会感到温度太低,而且宾客的心里也不舒服,总会感到冷气无处不在。如果宾客都在房间不出来消费,还会影响到饭店的营业额和效益。而为10个房间开冷气,无疑会大大增加饭店的能源成本。启动空调机组没有成百上千度电是不可能的,因为这10个房间导致增加的电费成本未必能抵消房费收入。

3. 既不开暖气,也不开冷气,而只是保持信风入室。同时通知两个团领队,如还有宾客嫌太热或太冷,可以给宾客房间加毛毯或送风扇、冰块,如有必要开启一些房间的窗户,让自然风把室内温度降下来,并且通知值班工程师将电子测温仪拿到房间实地测量室温,向荷兰宾客解释由于两个人一个房间,只需20~30分钟,室温便会达到20℃。如开暖气,势必加剧室温快速上升,马上会觉得太热。在中国,这样的温度最适宜,不宜再开暖气。向马来西亚团宾客解释,饭店的信风是从店外吸入的自然风,低于室内温度,只有15℃,也会使房间凉下来,如嫌太慢可以暂时开窗,让自然风尽快入内,同时说明18℃的室温已低于饭店的正常开空调的温度范围20~26℃,况且室外温度还在下降,如果再开空调,其他宾客势必会投诉,为照顾其他大部分宾客的要求,请其谅解。

以上情况在春秋季经常会遇到,开暖气或开冷气都会使某一方投诉更强烈,而且增加饭店营运成本。春秋季应是饭店节约能源的最佳时机,而合理耐心的解释往往比较奏效,既满足双方宾客的基本要求,又为饭店节约了大量成本。

(四)给饭店的启示

1. 东南亚宾客因来自热带,特别怕闷热,其心理定式就是到处都热。这与其生活环境有关,因此接待来自热带地区特别是东南亚宾客,饭店对空调问题要有充分的准备。

2. 上了年纪的宾客一般身体状况不如年轻人,比较怕冷,要注意观察并作相应的准备。

3. 满足单方的要求或者大部分宾客的要求不是解决问题的最好办法,饭店要尽量做到两全其美,在做不到的情况下,也应对损失一方采取适当的弥补措施,以求双方心理上的平衡。

4. 用事实向宾客说明(如电子测温)不开空调的合理性。

5. 在季节变化或接待特殊宾客(如来自热带的宾客、老弱病残宾客等)的特殊时期,要有足够的备用物品,如毛毯、风扇以及应急用品如冰块等。

案例四

贵宾遇到特殊问题

（一）事情经过

H饭店总台接待处，从美国来的史密斯先生正在办理登记入住手续，他事先请饭店总经理为他预订了房间。总台袁小姐核对完护照与登记单，确认宾客用现金支付后，请宾客在登记单底端签名，并请宾客到收款处支付押金。"什么？付押金？"史密斯先生显然对此事感到惊讶，"我住饭店从来都不需要付押金的，难道你们不相信我，认为我会逃账吗？我可是你们总经理介绍的宾客。""不是的，史密斯先生，请您别误会。这是我们饭店的一个规章制度，每位入住我们饭店的宾客都要先交一定数额的现金或刷信用卡，这是为了支付您所有的房费及15%的城建税和您将要在本饭店签单消费所收取的押金。"史密斯先生显然很不情愿地付了押金。

次日，史密斯先生在西餐厅招待朋友，因消费额较大，西餐厅收银员要求他现场结清账单，史密斯先生则要求签单挂账，待离店时一并支付。收银员在请示了上级后，同意挂账。

第三天，史密斯先生要求续住，总台发现他的押金不够了，要求他立即到收款处支付不足押金，并重制房卡。下午2：00，史密斯先生来到总台："对不起，小姐，我的现金带得不多，能否使用信用卡？""当然可以，您用的是什么卡？""American express card（美国运通卡）。""欢迎使用，请出示您的信用卡，好吗？"史密斯先生拿出钱包，却发现他的卡不翼而飞，"天哪，我的信用卡不见了。"他立即回房查找，但没有找到。

总台将此事立即汇报给了大堂经理，请他来处理；而几乎同时，史密斯先生也打电话给大堂经理请求帮助。

（二）问题：大堂经理该如何处理这件事呢？

（三）可能采取的处理办法及评析

1. 通知酒店各个部门协同宾客寻找信用卡。若找到信用卡，则请宾客使用信用卡消费；同时在信用卡找到之前，请宾客协助向银行报失，同时取得他的信用卡账号及授权，以保证饭店收取宾客的消费金额。

不管宾客是否真的丢失了信用卡，首先一定要使其感觉饭店对他是绝对信任的，并尽全力给以帮助，同时也要以娴熟的业务水平保证饭店和宾客双方的利益。故这种做法较好。

2. 汇报给介绍宾客入住的饭店总经理，请他为宾客担保，同时让宾客想办法付足押金。

如果宾客真的是总经理的朋友，相信总经理一定会出面解决此事，也给了宾客一段缓冲的时间，相信如果双方都有诚意，此事一定会最终解决。故此法也可行。

3. 不同意宾客续住，请宾客办理离店手续。

为了保障饭店的实际利益,趁目前尚未有太大损失,干脆请宾客离店,也是饭店的常见做法之一。但显然这种做法离我们倡导的高星级饭店优质服务标准相距甚远,故不值得借鉴。

4. 要求宾客将护照等证件及贵重物品寄存在饭店保险箱内。此做法可行,既没有触及宾客利益,也保障了饭店利益,同时也可以为宾客所接受。即使宾客没有诚意,此法也能起到一定的约束作用。

扣留宾客护照,请宾客找亲戚朋友到饭店为其付账。这样做未免有些不客气,饭店应该采取更委婉的方式。

(四) 对饭店的启示

1. 对付现金的宾客,在入住时一定要收取足够的押金,尤其是对没有行李或只有很少行李的宾客,并向宾客明确说明。

2. 总台要尽早打出 Due-out(预计离店)房的宾客名单,尽早与宾客确认是否续住或离店,以便有足够的时间让宾客准备订金。

3. 在账务处理过程中,既要保证饭店利益不受损失,也要急宾客之所急,在力所能及的范围内帮助宾客。

4. 注意在任何情况下都不要有违反法律的行为。

案例五

老总的朋友要打折

(一) 事情经过

晚上 10:00 左右,某饭店前厅接待处有一位宾客正在大声地和服务员陈小姐争论着什么,而陈小姐好像在坚持什么。经了解,原来宾客自称是总经理的朋友,要求陈小姐给他一间特价房,而陈小姐却说没有接到过总经理的任何通知,只能给予常客优惠价。对此,宾客很不满意,大声地吵起来,说一定要到总经理处投诉她:怎么连总经理的朋友也不买账。

(二) 问题:陈小姐该如何答复并处理此问题呢?

(三) 可能采取的解决方法及评析

1. 告知宾客,她马上打电话给总经理,如果总经理答应了,她就照办;或者让宾客自己打电话给总经理,然后让总经理给她一个明确的指示。

此法一般不可行。除非是很重要的事,一般我们不直接与总经理联系。这种情况下,或许总经理遗忘了,陈小姐可以让宾客稍等片刻,自己在避开宾客的情况下,给上级或总经理打个电话证实一下,但一般情况是不提倡的。作为一个好的员工,不能一有事就找上级,否则上级或总经理岂不是什么事都不用做,专门应付这种事了;员工也就成了一个传话机器,而不用做具体工作了。

2. 告知宾客这是没有办法的,作为一个服务员只能照章办事,在没有接到任何通知的情况下,自己只有这个权利,给予常客优惠价,如果您要向总经理投诉也请便,反正自己做得没错。

此法是不可行的,虽然现在很多宾客都采用自称是总经理朋友的方法来争取优惠价,但他毕竟是宾客,如果被得罪了,宾客大可以一走了之,去住别的饭店。因为宾客会感到自己很没面子,也没有一个台阶可以下,特别是他旁边还有别的朋友,这样做对饭店有害而无利,更何况如果他的确是总经理很好的朋友,一时找不到总经理或总经理忘了通知总台,这样做无疑增添了很大的麻烦。

3. 让宾客先登记入房,告知宾客可能总经理通知了别人,而他们忘了留下任何口信或留言,也或许总经理第二天一早会通知我们的,只要是总经理的朋友,我们总会给您一个满意的价格。然后第二天一早询问一下上级或总经理,是否有这样一位朋友,如果的确是总经理忘了通知,那么这样做也给总经理弥补了一个过失,且没有得罪朋友。反之,如果此人与总经理并不相识,无非是想争取一个优惠价或在朋友面前有面子,那么第二天结账时,给他一个普通的常客优惠价,相信宾客也会愉快地离去。

故此法可行。

(四)对饭店的启示

1. 饭店应该有一个健全的管理体制,包括饭店的价格政策,怎样的宾客该给予怎样的价格,应该有明文规定,不能有太大的灵活性,应从总经理开始做起,因为灵活性太大,势必对价格管理造成混乱,最终必定走向失败。所以总经理必须带头做好并且抓好此项工作,当然对特殊情况也应该特殊处理。

2. 对员工的培训,增强员工一级对一级负责的意识,尽量发挥主观能动性,独立地去处理每一个问题,不要做一个传话筒,什么事都找上级,没有独立思考能力的员工是一个不称职的员工。

案例六

价廉物不美

(一)事情经过

许先生从报上看到广告,说 R 酒店是一家新开的五星级酒店,目前试运转期间特别推出大堂吧,下午茶 58 元/位。他想,价格很实惠,又能享受五星级的服务,体验一下五星级的氛围,公司里最近人际关系又比较紧张,正好可以借此机会联络一下情感。于是,这天下午,他约了上司王总、同事小余,一起来到了 R 酒店大堂吧。

大堂里此时正播着美妙的轻音乐,大堂吧的布置也的确非同一般,葱郁的盆景与环绕的彩色喷泉使许先生觉得没来错地方。迎宾小姐将三位带到了一个靠窗的位置,从窗户望出去,是一座造型别致的假山。王总先说话了:"小许,带我们来这么高档的地方，你要破费了。""这算什么，大家别客气，自己点。"这时，大堂吧服务员拿来了酒水单，王总和小余分别点了"碧螺春和径山茶"，许先生自己则点了一级哥伦比亚咖啡。

大约5分钟后，服务员走过来对王总和小余说："对不起，先生，你们点的绿茶品种都没有。请你们换别的品种吧。"王总皱了皱眉，"那就换'龙顶'吧？""对不起，这个也没有。""那你有什么？""有西湖龙井。""好吧，好吧，那就还喝龙井吧。到哪儿都是龙井！"王总叹道。"那么这位先生换什么呢？"服务员又问小余。"我来乌龙茶，功夫茶，有吗？"小余问。"有。"服务员下去了。许先生觉得气氛有点不对头了。

过了一会儿，茶和咖啡上来了。王总一杯龙井绿茶，许先生一杯咖啡，另有奶罐和威士忌，而小余却对着服务员递给他的玻璃杯愣住了。这分明是一个西式的玻璃杯，而乌龙茶的茶具和茶艺都有特别的讲究。他嘲讽地问许先生："这是不是五星级酒店特有的乌龙茶？"许先生不知道该如何回答。王总在旁边打圆场："哎，算了，算了，你没听刚才那小姐说，才58元每位，你就不要太讲究了，还是将就点吧。"许先生拿过糖罐，想给自己的咖啡加点糖，却发现糖罐里除了白糖、黄糖，没有自己喜欢的红糖或植物糖。他无奈地摇了摇头，拿起咖啡匙，正要搅拌，突然发现咖啡匙上沾满了细细的绒毛。原来，刚才服务员把咖啡匙放在了餐垫上。这下，许先生的气可不打一处来了，他放下咖啡，怒气冲冲地朝不远处的大堂经理走去……

（二）问题：大堂经理该如何处理这个已不可避免的投诉？

（三）可能采取的解决办法及评价

1. 迎候宾客，耐心倾听，接受投诉，向宾客道歉，并启用减免权赠送额外食品或给予消费减免。同时感谢宾客提出的宝贵意见，表示酒店对宾客意见的尊重，欢迎他下次光临，并保证类似的事件不会再发生。

这是一家五星级酒店该有的投诉处理程序。事已至此，重要的是让宾客平息怒气，尽量缩小事态，减少宾客对酒店的不满程度。

2. 推脱酒店尚处于试运转期间，下午茶价格又很便宜，出现这样的情况很正常，请宾客理解。

这样处理也许听起来有一定道理，但顾客对一家酒店留下的印象是不会和价格联系起来的，更不会因为试运转与正式营业有所区别而予以谅解。一家酒店一旦营业，就应该对宾客负责，价格可以打折，但服务不能打折，尤其是一家新开业的酒店，正处于树立企业形象、创品牌的时期，更需要赢得良好的口碑。因此，不能这样处理这个投诉。

3. 立即想办法满足宾客尚未满足的需求，想方设法买到宾客刚才所点的品种，使宾客挽回面子，同时也体现出五星级的服务。

微笑、礼貌不是服务的最终目的,只有有效的服务才能最终使宾客满意。服务首先要从办事的角度出发,即首先要满足宾客的本来需求。因此,这个办法不仅会让宾客忽视刚才的不快,而且会使宾客赞叹五星级的服务。最重要的是,满足了宾客选择这家酒店的初衷便是一次体面的感情联络。因此,这是本案例中处理问题最有效的方法。

（四）对酒店的启示

1. 作为一家已营业的星级酒店,必须要有相应的产品设施设备、常规服务项目及与服务项目相匹配的用具和表单,因为宾客选择不同档次的酒店是有不同档次期望值的,酒店不仅要满足宾客的期望,更应该做得比宾客期望值更好。

2. 在21世纪知识经济的时代,酒店硬件已不是能否在竞争中取胜的主要因素,硬件完美无瑕而软件跟不上,无疑会给宾客留下遗憾。从某种意义上说,酒店的投资也会付诸东流。因此,酒店高层在不遗余力地投入资金完善硬件的同时,在"建造"软件工程的时候也该考虑投入相应的心血。

3. 宾客对服务的要求越来越高,这就促使酒店在服务中必须更细心、更周到。站在宾客的立场,从消费者的角度去考虑问题,产品要符合需求,不是为了产品去促销,而是为了需求制造产品。本案例中酒店的餐垫使用了一种非常高档的羊绒毯,但刀叉直接放置在上面就很容易沾上纤维,宾客的感觉不好,吃进去就更不好。这样的产品就不能满足消费者的需求。

4. 酒店的文字资料,包括广告、报价单、菜单等,是酒店对宾客的一种服务承诺,严格意义上讲,是有法律效力的,绝不可以文字上有,而实际没有,宾客可以说这是一种欺骗,同时也会给宾客和酒店的服务和管理都带来不必要的麻烦。商家应"以信为本,以诚待人",才能最后树起金字招牌。

5. 目前许多酒店为了追求经济效益,往往工程尚未正式竣工,许多配套设施尚未跟上,便急于开业,因此暴露出很多不足之处。而对于宾客的投诉,又以试营业为由,其结果常常得不偿失,在开业之初就损害了自身的形象,不利于长远发展。因此,酒店在作出是否进行试营业的决定时,要慎之又慎,最好是待一切准备就绪再进行"实战演习"。

案例七

长包房宾客的押金不够了

（一）事情经过

P酒店是一家新开业的三星级酒店,地处市郊,但距离各交通点不远,周边同类同档的酒店鳞次栉比,竞争非常激烈。该酒店为了争取客源,特别允许一些常客、长住客进行信用消费,再加上营销人员的努力,酒店在开业之初,便生意兴旺,尤其是长包房宾客的入住率,明显高于其他酒店。但几个月下来,麻烦事就来了……

金先生是一家集体所有制企业的总经理,因是外地人,在企业所在地没有住处,而公司效益不错,因此长包酒店客房。金先生原来住在邻近的一家酒店,因不满意其服务和陈旧的设施,在P酒店营销人员的促销鼓动下,住到了P酒店。P酒店在宾客入住时与他签有一份长包房合同(注意:是合同,而不是协议),双方约定:宾客在入住时须缴纳一个月的房费押金,并于每月5日前结清上月一切费用,同时允许宾客在酒店各营业点签单挂账。第一个月过去了,金先生除了住宿,在酒店几乎没有什么消费,并在次月5日付清了上月的房费、长话费等;第二个月,金先生开始在酒店餐厅请客吃饭,每次消费都在千元以上。在当月的15日,总台收银发现金先生账上余额已出现负数,便打电话催他再付一个月房费的订金到总台,金先生表示马上会付的。可是,三天后,还是不见金先生来付订金。总台便与营销部的小许联系,希望他与客户金先生取得联系,协助催缴不足订金。小许见到金先生时,金先生依然爽快地表示近日一定付。又是三天过去了,金先生仍然没有行动,而请客依旧、娱乐依旧,消费直线上升。前厅部李经理只好亲自来到客户房间。这次,金先生的态度与前两次截然不同,他唉声叹气地说:"唉,李经理,我公司最近资金周转有点麻烦,您看能不能宽容几天?你们酒店的设施和服务都不错,账我一定会付的。"

前厅部李经理回到办公室,拿起总台打出的账单,看着透支的大笔金额,毅然决定采取行动……

(二)问题

前厅部李经理该如何处理这件麻烦事?

(三)可能采取的处理办法及评析

1. 汇报给总经理,请总经理责成营销部有关人员及财务部负责讨债。

通常营销人员及财务部对宾客逃账、赖账负有直接责任,前厅将此事责任转移,无可非议。但这样做,并没有最终解决问题,并且不利于各部门之间的协调合作。因此,这个办法并不好。

2. 利用酒店先进的IC卡系统,封锁宾客房间。

这样做的目的是逼迫宾客到总台交押金,但如果宾客实在没钱,又没有其他办法,则很可能出现宾客逃之夭夭的情况。这样,损失的只有酒店自己。因此,这个办法在此场合不能采用。

3. 扣押宾客身份证。

扣押身份证的本来目的是让宾客失去证明身份的有效法律证件,以最终从法律上保障酒店的利益。但这样做,酒店自身也触犯了法律。除了公安部门,其他任何机构未经公安部门授权均无权扣留居民身份证。况且这样做仍不能最终解决问题。因此,在没有公安部门协助的情况下,这个办法万万不可。

4.请宾客将身份证及其他贵重物品存放在酒店保险箱内。

宾客欠款数目较大,宾客承认账目,并表示愿意偿还,在他偿还之前,请他把身份证及贵重物品保管在酒店保险箱内,应该会取得宾客的同意。这样做,酒店既得到了法律保障和相当的经济保障,又没有涉及违法行为,当是一个权宜之计。

5.扣留宾客,要求其亲友为其担保或付清欠款。

首先,扣人同样是违法行为;其次,若无人替宾客付账或担保,酒店仍然达不到最终目的。因此,此法也不妥。

6.让宾客立即离开酒店,酒店自己承担损失。

这样做在宾客消费超支不大,而酒店又认定宾客是蓄意赖账性质的情况下可以采用。但若透支巨大,这样做明摆着是让宾客逃账,酒店自认倒霉,也许正中某些宾客下怀,不利于酒店今后催账的操作。因此,这个办法在本案例中不可行。

7.在宾客付清一切欠款之前,保留其客房,终止宾客在其他任何营业点的签单权。

为了减少酒店的损失,避免坏账继续发生,同时又给宾客留有余地,这是一个暂缓的办法。

8.调查宾客公司的资金情况,若与宾客所说相符,则给宾客一个限定时间,要求其到期支付欠款及不足押金。过了限定时间,酒店再根据双方签订的合同及宾客公司营业执照复印件向法院起诉该宾客。

这个办法既给了宾客一个回旋余地,同时又使酒店得到了法律保护。因此,此法最有利于本案例中问题的解决。

(四)对酒店的启示

1.酒店在争取客源时,尤其是长包房客户,不但要争取其较大的消费额,更应该对他的资信情况作详细的调查,以免出现逃账、赖账、坏账、死账的情况。

2.各营业部门在宾客发生消费时,要随时查询余额,发现有可能超额的情况,要及时与宾客联系,请他去总台支付不足押金并适当控制消费。

3.发现有逃账迹象或账面余额出现负数的情况,要立即汇报给上级领导,以便及时决策,避免更大的损失,不要拖延或遮掩,更不要事不关己,高高挂起。

4.出现类似情况,酒店各相关部门要密切配合,团结协作,共同追账,不要彼此推卸责任。

5.切记在任何时候都不要以违法行为来保证酒店的合法利益。

6.酒店在签订有关信用消费等书面协议时,要注意从法律上保护自己的利益,如注明是有法律效力的合同而非无法律效力的协议书,要求客户提供单位证明或工商企业营业执照复印件等。

7. 同样的事例要注意对不同宾客、不同情况区别对待。如对资信情况较好的宾客，一时有麻烦，酒店要急宾客之所急，想宾客之所想，帮宾客之所需，要雪中送炭，把宾客给酒店短期内带来的损失视为一次提供个性化服务的机会。但对待蓄意逃账的宾客，则态度要坚决而果断，必要时应采取相应措施。

本章小结

> 前厅部加强与饭店其他各部门的沟通是保证前厅部自身和饭店各部门正常运行和发挥作用的重要保证，前厅部应当运用多种形式与部门进行沟通与协调。投诉是最令饭店管理者头痛的一件事，饭店管理者应把处理好投诉当成事关饭店生死存亡的大事，认真处理、积极预防，把投诉造成的损失和不利影响降到最低点。

思考与练习

1. 饭店前厅部与客房部、营销部、餐饮部的主要沟通内容有哪些？
2. 对前厅部员工而言，会议是不是最可行的沟通方式？为什么？
3. 为什么说投诉是一件好事？
4. 处理投诉时为什么要对宾客的投诉进行记录？
5. 角色扮演：散客电话投诉处理程序。
6. 参观考察：由学生分散参观当地一家饭店的大堂，观察大堂副理处理投诉的情况。
7. 分析判断：结合以下两个案例分别提出你认为最佳的应急处理办法。

（1）某五星级饭店的一位商务住客弗兰克先生，一天下午2:45来到商务中心，告诉早班服务员陈小姐，在3:15将有一份发给他的加急传真，请收到后立即派人送到他房间或通知他来商务中心领取。3:15，这份传真发到了商务中心，而在3:10中班小张已经上班，3:15早班陈小姐正向小张交代刚接收的一份紧急文件的打印要求，并告诉她有一份传真要立即给宾客送去，然后按时下班。恰巧在这时，又有一位商务宾客手持一份急用的重要资料要求打印，并向接班的张小姐交代打印要求；此时又有一位早上打印过资料的宾客，因为对打印质量不满而向小张交代修改要求。忙乱之中，小张在3:40才通知行李员把传真给弗兰克先生送去，弗兰克先生拒绝接收这份传真。他手指传真说，因为酒店商务中心延误了他的传真使他损失了一笔生意，并立即向大堂副理吴先生投诉。大堂副理看到发来的传真内容是：如果下午3:30没有收到弗兰克先生发回的传真，就视做弗兰克不同意双方上次谈妥的条件而中止这次交易另找买主，弗兰克自称为此损失了3万美元的利润，要求饭店赔偿，或者开除责任人。

（2）早上7:00左右，值班经理李经理接到总台收银员小王打来的电话，请他立即到总台处理一个团队的结账问题。李经理立即来到大堂，只见大堂里站满了宾客，而该团的陪同、领队正在和总台服务员辩论着什么。他赶紧过去，先请领队将宾客送到停在大门口的旅游车上去，然后向陪同和前厅收银员了解情况。原来事情是这样的……

SHSAZJ－990817 团是 C 酒店与假日旅行社合作的一个系列团之一，原定在 C 酒店住两晚，付款方式为离店时现付。在该团到达的前一天，C 酒店财务部收到假日旅行社的一张汇票，注明是 SHSAZJ－990817 团的房费，但金额只够用一天。财务部随即在电脑上作了已收到该团汇票的显示，并在"DETAIL（详细情况）"栏内详细说明了只收到一天房费的情况。而前厅收银员看到有收到汇票的显示，以为该团的付款方式由"现付"转为"预付"了，并没有打开"DETAIL"栏，只在团体订房单上作了修改，更未了解预付款的金额，便与旅行社确认了两天的付款方式。

直至早上团队离店结账时，总台收银才发现旅行社只预付了一天的房费，因此，收银员要求陪同现付另一天的房费，而陪同则坚持两天房费都是旅行社由汇票预付的，同时责怪酒店事先没有看清楚预付款金额，现在，宾客都等在车上，当天的行程都是安排好的，时间很紧张，希望酒店早点放行。收银员根据该团队订房单上指明的该团付款方式为现付，后改为预付，现在少收了一天的房费，又因为是星期天，无法与旅行社确认，因此不敢擅自放行，只好请值班经理来处理这件事了。

第 7 章

前厅文档管理和经营数据分析

课前导读

　　饭店前厅部是宾客信息的出发点与归宿点,是饭店的信息中心。为了提高效率,便利工作,前厅部经理要设计用于统计与传递客人信息的各种相关类型的报表。

　　客史档案的建立是以提高客人满意度和扩大销售为目的的,它涉及客史档案信息的管理工作。前厅的经营统计数据分析是饭店经营管理工作的重要信息,提供正确、必要、有价值的信息是前厅部的职责和义务。对客房经营统计数据的分析是提高客房经营效益的基础工作,其经营数据是对客房经营绩效评估与考核的依据。

学习目标

　　通过学习本章,要实现以下目标:
- 熟悉前厅文档管理的基础知识
- 熟悉客史档案的制作方法

第一节　前厅部文档管理

　　从一定意义上讲,衡量前厅部的管理是否成功,以是否具有良好的报表管理体系为标志。表格及文档管理是前厅管理的重要内容。

一、前厅表格文档的种类与设计原则

（一）前厅表格的种类

前厅部所使用的表格非常多,但大致上可以分成以下三类:

1. 接待服务用表格

这类表格主要是用于对客服务,如客人登记单、承诺付款书、客人留言单等。

2. 与各部门联络用表格

这类表格主要用于与饭店内部各有关部门进行信息沟通、业务联络,如在店贵

宾一览表、预期抵店客人名单、团队分房表、团队接待通知单等。

3. 各类统计分析用报表

这类报表主要用于向上级报告经营情况,供决策者参考,如客房营业日报表、房价及预订情况分析表、一周客情预测表、客源地理分布表等。

弄清各类表格及其用途,对于确定表格样式、分发数量、印刷质量和纸张要求有重要的参考价值。

(二)设计表格的原则

1. 符合运转体系的要求

无论是开业前还是开业后,前厅经理在设计或修改部门使用的表格时,都要遵循符合运转体系要求这一目标。也就是说,前厅经理只有在饭店确定了组织机构、职责范围后,才有可能设计出符合运转体系、适合规章制度的表格,也才有可能做好各类表格的衔接与配套工作。当运转体系发生变动后,前厅经理应考虑部门使用的表格的种类与内容是否有必要作相应的更改。

2. 正确列项

表格设计包括确定表格的种类与内容两个方面。确定表格种类时,需要考虑的关键问题是,此表是否有保留及使用的必要性。前厅经理应该考虑,如没有这类表格对工作将会产生什么影响,此类表格能否由其他表格代替。设计表格要比较"投入"与"产出"的关系。"投入"指制作、发放、保存表格所需花费的时间与精力;"产出"指使用表格的机会与效果。

确立表格的内容时,首先要考虑的是此表格所提供的信息能否满足接受者的需求;其次是表格的内容是否简明扼要、一目了然,排列是否科学、美观。

表格的设计要尽量达到高效率、低成本的目标,以有利于工作的顺利进行。

3. 定期审查、修正已投入使用的表格

每年至少审查一次正在使用的表格。在进行修正工作前,应广泛征求使用者及制作者的意见,认真研究所有新设计的表格及需修正的表格的内容。表格的设计、修正工作完成后,要经过培训、试用、审查、再次修正(有必要时)等阶段,才能正式印制、使用。

使用中的任何表格若增加、变更、删减,必须得到前厅经理的批准,必要时,还需请示分管总经理。前厅经理应将部门正在使用的所有表格汇集在样本册内。样本册内的表格按序号排列前应加上必要的说明。

(三)设计表格时应考虑的因素

1. 目的

应明确为什么设计此表格,以及表格名称、制作过程及使用要求。

2. 内容

表格的内容应简明扼要,排列应合乎逻辑,便于阅读,形式美观。

3. 分发对象

确定分发对象的原则是只将表格发给需要的部门与人员。

4. 格式与尺寸

明确什么尺寸最便于存档,所设计的行距是否适于书写、打字,外观如何。

5. 纸张与印刷

在决定与纸张和印刷有关的一系列问题前,需首先考虑的因素是此表格是否与客人见面,然后才考虑纸张质量与成本,印刷的数量与费用,复写的方式(无碳复写、有碳复写、还是用复写纸复写),颜色的选择,字体的选用,装订的方法,以及是否需要编号等。

二、前厅文档管理的原则与步骤

文档管理是前厅管理工作的一个重要组成部分。为了保证文档管理工作的顺利进行,前厅部必须建立健全文档管理制度。

(一)文档管理的原则

1. 专人负责

可以由各部门负责人亲自进行文档管理,也可委派一位具有一定工作经验、细心、责任心强的员工具体负责。

2. 有章可循

前厅经理应明文规定文档管理的规则,并公布出来供大家遵守。规则的内容包括以下几个方面:明确哪些文件、表格应该存档,存放的顺序(按字母→日期→先按日期、后按字母存放),存放的时间,销毁时的批准程序与方法。

(二)文档管理的步骤

1. 分类

按运转体系的要求,可将需要的文件、表格分成待处理类、临时归类、永久归类三大类。

(1)待处理类。待处理类文档是指尚未处理的文件、表格,如已填写好的订房单,已制作好、但未经审核的表格,客人填写好的入住登记表,待签字的传真,需要答复的文件、信函,饭店客满时订房客人的等候名单等。这类文档不属于归档类文档。

(2)临时归类。临时归类文档指短期内需要经过处理,然后进行整理归类的文件、表格,如客人的订房资料、报价信函、在店客人档案卡(登记表)等。

(3)永久归类。永久归类文档指供查阅用的文件、表格,如各种合同的副本、客史档案、已抵店客人的订房资料、取消预订未抵店客人的订房资料、婉拒订房的致歉信、各类已使用过的表格等。

2. 归类存放

（1）待处理类。应先按轻重缓急的次序把文件、表格分成急办、日常事务、等候处理三类，然后分别存放在文件栏、文件架中。如等待签字的传真等属于急办的待处理文档；各种等待处理的表格可放在日常事务类内；客人的等候名单、需回复的信函、需要起草的报告等则可归在等候处理类内。

（2）临时归类。应先分门别类地整理好，然后存放在专用档案柜的带有悬挂式档案夹的抽屉内或其他固定的器具内。

存放的顺序为：订房资料（近期的订房资料，先按抵店日期、后按字母顺序存放；远期的订房资料，一般先按抵店月份、后按字母顺序存放）→报价信函（按字母顺序存放）→在店客人档案（按字母顺序存放）。

（3）永久归类。可存放在贴有标签的活页夹内，也可存放在专用的柜子内，还可以打成包，在包外标明名称，存放在地下室等处。有些饭店运用电脑储存或拍照储存。需要特别注意的是，有些必须保存的资料，应存放在特别安全的地方，以防止由于火灾或其他人为原因所造成的损失。

存放顺序：合同副本（按字母顺序排列）→客史档案（按字母顺序排列）→订房资料（按已抵店、取消、致歉、未抵客、团队等归类；先按抵店日期、后按字母顺序存放）→已使用的表格（按日期顺序存放）。

3. 制作索引

文档归类存放前，负责整理文档的人员应在文档的右上角写上索引字码。按姓名字母顺序排列的文档应写上客人姓的前两个字母，如 Sm、Wa 等；按日期排列的文档则应写上客人抵店的日期，如 15/3、24/4 等，这样做是为了节省查找时间。另外，还应建立一个文档存放的索引本，里面标明文档的种类、内容、存放地点、起止日期、销毁时间等。

第二节　前厅部客史档案管理

客史档案（Guest history record）是饭店对在店消费客人的自然情况、消费行为、信用状况和特殊要求所作的历史记录。它是饭店用来促进销售的重要工具，也是饭店改善经营管理和提高服务质量的必要资料。完整的客史档案不仅有利于饭店开展个性化服务，提高客人满意率，而且对搞好客源市场调查、增强竞争力、扩大客源市场具有重要意义。简而言之，饭店建立客史档案是以提高客人满意率和扩大销售为目的的。在饭店管理中，出于对客服务的需要，不少饭店将客史档案工作记录由前厅部的客房预订部承担。

客史档案主要分为手工的客史档案卡和电脑客史档案两种形式。客史档案卡是按字母顺序排列，每张卡片上记录了住店一次以上的客人的有关情况，未使用电脑的饭店也有将客人住宿登记表的最后一联作为客史档案卡保存;而在使用电脑的饭店,电脑系统中专门有客史档案菜单,电脑会根据菜单指令记录、储存客人的有关资料,并可随时打印出来。

一、客史档案的内容及用途

(一)客史档案的内容

1. 客人/客户的基本资料

主要包括姓名、性别、年龄、生日、国籍、民族、生活习惯、工作单位、职业、职务、通信地址、住店原因、订房方式、接待单位、付款方式、证件号码与种类等。

2. 客人住店记录

记录各次抵离时间、用房种类、房价、消费情况、信用情况、特殊爱好、表扬或投诉意见、不检点行为、要求提供的特殊服务、曾享受的优惠和折扣等。饭店通过这些内容就能了解市场的基本情况,掌握"谁是我们的客人"。预订员根据这些档案内容,可以在客人再次抵店前就做好相应的准备工作,并通知有关部门采取措施,为客人提供针对性的服务。(见表7-1、表7-2)

表7-1 饭店管理系统中的信息来源分析

1月1日—6月30日 客史档案中对客人获取饭店信息途径的分析		
方 式	数 量	所占比例(%)
直邮广告	300	30.0
广告牌	121	12.1
预订系统	420	42.0
当地信息来源	89	8.9
汽车收音机	35	3.5
报纸	35	3.5

(二)客史档案的用途

1. 提供客人信息,开展针对性服务,以提高效率和服务质量

(1)客史档案可向饭店提供下列有用信息:

①该客人在本店住过几次、何时住过。②客人个人的基本情况,如姓名、性别、年龄、国籍、地址、电话等。③客人有哪些爱好、哪些习惯,喜欢哪种类型的客房或哪间客房,喜欢何种饮食或水果。④客人住店期间的消费情况及信用情况。⑤客人住店的原因,订房的渠道,由哪个单位接待。⑥客人对饭店的评价如何。⑦客人住店时有无发生过特殊情况或投诉。

表7-2　饭店管理系统中公司顾客数据选项

1月1日—1月31日	客史档案—公司客户住店频率	
公司顾客	住店频率	房间数
安德森公司	1/4	10
安德森公司	1/7	2
安德森公司	1/15	5
登特森公司	1/5	9
登特森公司	1/23	1
哈特森大学	1/4	16
蒙哥马里文家	1/20	7
诺里斯保险公司	1/14	50
诺里斯保险公司	1/15	65
诺里斯保险公司	1/16	10
奥尔森面包店	1/18	10
贵宾公司	1/2	10
贵宾公司	1/9	10
贵宾公司	1/25	14
贵宾公司	1/26	17
贵宾公司	1/28	5
贵宾公司	1/30	23

（2）饭店可利用客史档案开展下列针对性工作：

①客人再次抵店前做准备工作。②给住店若干次的客人寄感谢信。③给住过本店的客人寄发饭店的各种促销宣传品。④在中外重大的传统节日（如圣诞节或春节）前夕，给曾住本店的客人和贵宾寄贺卡。⑤为市场调研收集资料。

2. 推广销售，巩固既有客源市场，再创造新市场，争取更多的回头客

（1）向销售部提供有价值的统计资料和客人信息，以供市场调研。

（2）有利于饭店有目的、有针对性地实施各种促销。

（3）据以组成饭店老客户（如住店20次以上的客人）的俱乐部或贵宾（VIP）俱乐部等会员组织，向客人颁发优惠卡及会员证，以稳住一部分市场。

（4）利用档案资料建立起良好的顾客关系，及时了解客人的需求，适时提供各种产品与服务，调整经营策略，以扩大潜在的客源市场。

二、客史档案的资料来源

客史档案的资料来源通常有下列几项：

（1）预订单。它可以告诉饭店客人抵离店的时间、用房的种类、房价、预订方式和渠道等信息。

(2) 登记单。饭店从登记单可以掌握客人的基本情况。

(3) 账单。据此可以了解客人的消费情况及信用。

(4) 客人意见记录。这包括客人意见征求书、客人表扬和投诉记录。从这种记录中可以了解到客人对饭店服务的评价以及有哪些特殊的要求。

(5) 其他服务部门的接待记录。这主要指客房、餐饮等对客服务部门的对客服务记录，从中可以了解客人对客房、餐饮等服务上的特殊要求。

上列资料来源大多与前厅部的业务有关，因而饭店往往将建立客史档案的任务交给前厅部负责；但是做好这项工作绝非仅是前厅部的工作，还须饭店各有关部门的配合。饭店对客史档案工作应有明确的规定，应当将这一工作制度化。各部门亦应主动将有关客人的信息反馈给前厅部，使之能够较为全面、系统地积累客史资料，为饭店建立起完备的客史档案，从而有效地支持饭店各部门的经营服务工作。

三、建立客史档案的方式及原则

(一) 建立客史档案的方式

建立客史档案最常见的方式有以下3种：

1. 登记单方式

这种方式是将客人住宿登记单的最后一联作为客史档案卡。由于要做成卡存放，登记单最后一联的纸应予以特殊考虑。通常最后一联是硬纸卡，反面还应印上每次客史记载的项目。这种方式比较简单易行，但编目保存较困难，而且记载的信息量不大。中、小型饭店多采用这一方式。

2. 档案卡片方式

这是用专门印上各项须填写的客史内容，并按字母顺序编目的正规档案卡做客史档案卡。可以根据管理上的规定，将卡片印制成各种颜色，来代表不同的内容和含义，预订人员查找起来比较方便，建档编目亦比较正规适用，但作业量大。

3. 电脑方式

这种方式是在电脑系统中设定客史档案栏目。将客人的各种信息输入储存，以供随时查阅。该方式操作简便，信息储存量大，且易于保管。随着电脑的普及，这一方式将成为建立客史档案的最主要方式。

计算机建立客史档案的功能主要体现在：当客人首次入住饭店，接待员把客人的各种资料输入电脑后，电脑中的建档功能就会自动地为客人/客户建立客史档案。以后，随着客人的消费和再次光临，电脑就会不断记录客人在店时的各种有用信息(如客人的特殊要求、消费金额、住宿次数与时间、信用情况、饭店曾给予的优惠等)，作为饭店今后为他提供针对性服务的参考。饭店可以依据客史资料，一方面给不同客人、不同单位以不同的优惠政策，另一方面可以对那些不守信用的客人予以适当处理或追回不必要的损失。

建档功能主要有下列内容：

(1)接受预订时可按客人姓名查询有无客史，有客史者在新预订时可直接调用；

(2)对客史进行修改和输入新的说明；

(3)清除客人的客史；

(4)按客人姓名自动累积各次的资料；

(5)打印客史细目；

(6)修改客人住店细目表；

(7)即时打印任何客人的客史记录；

(8)为总台接待办理客人入住手续时提示客史。

当然，电脑只是一种工具，它绝不可能代替服务人员的全部劳动。电脑的效能发挥要靠工作人员正确的使用及输入准确的信息，这也是前厅电脑管理的基础。

(二)建立客史档案的原则

(1)建立健全客史档案的管理制度，确保客史档案工作规范化。

(2)编定编目和索引，卡片存放要严格按照既定之顺序。

(3)坚持"一客一档"，以便查找和记录。

(4)一张卡填满后以新卡续之，但原卡不能丢弃，应订在新卡的后面，以保持客史内容的连续与完整。

(5)定期整理。档案是要长久保存的资料，因此必须定期整理，纠正存放及操作失误，清理作废的卡片，以保持客史档案的完备。

第三节 前厅部经营统计数据分析

一、客房销售预测

(一)客房销售预测的作用

客房年度销售预测就是对来年客房销售作详细的计划。这是前厅部每年应考虑的首要问题，因为客房销售预测是费用支出、人力安排等项预算的基础。换句话说，前厅部制订年度工作计划的依据就是客房销售预测。

(二)客房销售预测的内容

在客房年度销售预测前，应仔细研究、分析所有资料，权衡出租率、平均房价与客房年度销售指标之间的关系，这是年度预测的关键性一步。为了使预测更正确、更客观，前厅部应与销售部、财务部反复讨论，商定来年客房出租率或平均房价的浮动百分比。全年的出租率、平均房价确定以后，通过计算很容易得到全年客房出租的间天数。接着根据淡、旺季的差别，合理安排每个月份客房销售应达到的平均房价、出租率、间天数及客房营业收入总数。（见表7-3、表7-4）

表 7-3　客房销售预算表

项目	间天数				平均房价				出租率				客房营业收入			
月份	1999年实际	2000年预计	2000年实际	2001年预计	1999年实际	2000年预计	2000年实际	2001年预计	1999年实际	2000年预计	2000年实际	2001年预计	1999年实际	2000年预计	2000年实际	2001年预计
一月																
二月																
三月																
四月																
五月																
六月																
七月																
八月																
九月																
十月																
十一月																
十二月																
合计																

表 7－4 房价预算表

月份 客源	项目	一月		二月		三月		四月		五月		六月		七月		八月		九月		十月		十一月		十二月	
		间天	平均房价	间天	平均房价	间天	平均房价	间天	平均房价	间天	平均房价	间天	平均房价	间天	平均房价	间天	平均房价	间天	平均房价	间天	平均房价	间天	平均房价	间天	平均房价
散客	全价																								
	折扣																								
	优惠																								
团队	自联																								
	国旅																								
	中旅																								
	外办																								
航空公司	机组人员																								
	团队																								
	小包价																								
会议																									
内宾	散客																								
收入合计																									

对来年的平均房价进行可行性分析是客房销售预测工作中的一个关键步骤。其做法是对房价的组成因素进行详细的分析。因为各种客源的房价存在着差别，所以应先根据饭店的具体情况列出主要客源种类。从总体上讲，客源可以分成散客与团队客两大类。由于大部分饭店对散客中的外宾与内宾的房价不完全一样，为了便于今后对房价的控制，可以将两者分开统计。航空公司的客源、会议的客源与其他来源的团队客人，虽然都属于团体客源，但价格方面也不完全相同，为了便于分析、比较，可将他们分门别类地统计。计算方法：一般先根据团队客人的客房预订间天数及合同价，算出各类团队客源的客房营业收入；然后，根据团队、散客的用房百分比推算出散客的平均房价及相应的间天数。房价预算表为管理者实现客房年度销售计划和日常控制、检查，提供了依据。

进行客房销售预测，除了掌握必要的基本知识外，更重要的是应具备正确的判断能力。正确的判断能力来源于工作经验，丰富的工作经验要靠日积月累的细心体会、分析、比较以及不停地对新事物进行研究。

（三）客房销售预测数据的来源

客房年度销售预测，必须根据三方面的资料：首先，要明确总经理下达的来年客房年度销售指标；其次，要收集历年来尤其是最近两年的客房营业实绩；最后，要了解来年客房的预订情况。

二、客房销售统计指标分析与评估

饭店客房经营状况，通常可以从以下一些指标中得到反映：

（一）客房出租率

客房出租率是表示饭店客房利用情况的重要指标。它的计算公式如下：

$$客房出租率 = \frac{已售客房数}{可出租客房数} \times 100\%$$

客房出租率是饭店经营管理者追求的主要经济指标，它象征饭店的客源充足程度，表明经营管理成功的程度。饭店的盈亏百分比线是用客房出租率来表示的。

（二）双人住房率

双人住房率就是两人租用一间客房数与饭店已售客房数之间的比率。它的计算公式如下：

$$双人房住房率 = \frac{客人数 - 已售客房数}{已售客房数} \times 100\%$$

国际上许多饭店，一个标准间两位客人住与单人住，其房价是不同的。因此，饭店注重双人住房率，是提高经济效益、增加客房收入的一种经营手段。同时，饭店管理者了解双人住房率,对于预测餐饮的销售量、布件的需要量及分析饭店的平均房价都是十分有用的。

(三)平均房价

平均房价是指饭店每出租一间客房所获得的平均客房收入。计算公式如下:

$$\text{平均房价} = \frac{\text{客房房费总收入}}{\text{已售客房数}}$$

饭店的客房收入与出租的客房数量及房价密切相关,所以平均房价对于饭店经营管理者具有重要的参考价值。平均房价的高低受到许多因素的影响,如出租的客房类型、双人住房率、白天房价以及房价折扣等。通过分析平均房价,可以掌握前台销售人员向客人出租高价客房的工作业绩。

(四)客房收益率

客房收益率是指饭店每天的客房实际收入与潜在的最大客房收入之间的比率。计算公式如下:

$$\text{客房收益率} = \frac{\text{实际客房收入}}{\text{潜在最大客房收入}} \times 100\%$$

潜在的最大客房收入是指饭店通过出租客房所能获得的最大房费收入。如某饭店共有100间标准客房,每间客房的公布房价是100元,则潜在的最大客房收入为:100间×100元=10 000元。通过实际收入额同潜在的收入额的比较,既可以反映出饭店经营效果,也可以反映出前台员工销售客房的工作业绩。

(五)人均支付房价

人均支付房价是指每一个住客所支付的平均客房价格,计算公式如下:

$$\text{人均支付房价} = \frac{\text{客房房费总收入}}{\text{客人数}}$$

饭店的经营管理者通常对客人支付的平均客房价格尤感兴趣,因为它为饭店确定目标市场、调整房价结构,提供了重要的参考价值。

三、客房经营情况分析

(一)客房营业收入分析

影响客房营业收入的因素主要有客房出租率、公布房价和折扣率。客房出租率是影响客房营业收入的关键因素。一般来说,出租率越高,收入就越高。公布房价是对外的公开报价,但饭店对于不同的客人有时会给予不同的折扣,所以公布房价与平均折扣率相乘才是饭店实际收取的房价。在公布房价确定的情况下,平均折扣率越高,实际房价越低,收入也就越少;在平均折扣率确定的情况下,公布房价越高,实际房价越高,收入也就越多。(见表7-5)

表 7-5 客房营业收入表   单位:元

项 目	2000 年 10 月	2001 年 10 月	差 异
客房数	400	400	0
出租率	78%	80%	2%
公布房价	125	120	-5
折扣率	90%	95%	5%
实际房价	112.5	114	1.5
收 入	1 088 100	1 130 880	42 780

从表 7-5 可以看出,该饭店 2001 年 10 月份客房营业收入 1 130 880 元,比 2000 年 10 月增加了 42 780 元,增长率为 3.39%。若要进一步了解收入增加的因素及影响程度,则需要用因素分析法进行分析。

(1)出租率因素对收入的影响:$400 \times 31 \times (80\% - 78\%) \times 125 \times 90\% = 27\,900$(元)

由于出租率提高,饭店 2001 年 10 月客房收入增加了 27 900 元,占收入增加额的 65.21%。

(2)公布房价因素对收入的影响:$400 \times 31 \times 80\% \times (120 - 125) \times 90\% = -44\,640$(元)

由于公布房价下降,客房收入减少了 44 640 元。

(3)折扣率因素对收入的影响:$400 \times 31 \times 80\% \times 120 \times (95\% - 90\%) = 59\,520$(元)

由于折扣率下降,客房收入增加了 59 520 元。

三项因素对客房收入的综合影响:$27\,900 + (-44\,640) + 59\,520 = 42\,780$(元)

三项因素使客房收入比 2000 年 10 月增加了 42 780 元。

从上面的分析可以看出,客房营业收入增加的主要原因是出租率提高和房价折扣率下降。因此,全面反映饭店客房经营情况的,不仅是客房出租率的高低,而且有赖于客房实际平均房价的高低。

(二)客房费用分析

客房费用分析,就是要分析客房经营费用变化的原因,采取相应的措施。这是加强客房经营管理,提高客房经济效益的重要手段。(见表 7-6)

表 7-6 客房部费用对照表   单位:元

项 目	2000 年 10 月费用	2001 年 10 月费用	差 异
工 资	8 000	8 000	
福利费	880	880	
低值易耗品摊销	56 500	57 000	500
电话租金	4 500	4 500	
服务费及其他费用	3 000	3000	

续表

项 目	2000年10月费用	2001年10月费用	差 异
不变费用小计	72 880	73 380	500
消耗品	25 000	24 000	-1 000
水 费	8 000	9 000	1 000
电 费	18 500	20 000	1 500
燃料费	16 000	16 600	600
维修费	7 805	6 993	-812
洗涤费	13 000	11 000	-2 000
可变费用小计	88 305	87 593	-712
总 计	161 185	160 973	-212

从表8-6可以看出,该饭店客房部2001年10月费用比2000年10月减少212元,其中,不变费用增加了500元,这是由于低值易耗品摊销费增加所致;可变费用减少712元,这是由于间天可变费用下降所致。间天可变费用的计算公式如下:

$$间天可变费用 = \frac{计算期客房可变费用总额}{客房数量 \times 计划期天数 \times 出租率}$$

该饭店2000年10月间天可变费用为9.13元,2001年10月可变费用为8.83元。如果用因素分解来表示可变费用总额,则可以写成如下公式:

$$可变费用总额 = 客房数量 \times 计划期天数 \times 出租率 \times 间天可变费用$$

用因素分析法进行分析:

(1)出租率因素的影响:$400 \times 31 \times (80\% - 78\%) \times 9.13 = 2\ 264$(元)

由于出租率提高,可变费用总额增加了2 264元。

(2)间天可变费用因素的影响:$400 \times 31 \times 80\% \times (8.83 - 9.13) = -2\ 976$(元)

由于间天可变费用降低,可变费用总额减少了2 976元。

两项因素使客房可变费用总额减少了712元。

在饭店经营中,对客房间天可变费用常有定额。若将两年间天费用进行比较,则可以发现经营管理中的问题或成绩。

(三)客房利润分析

客房利润是指在一定时期内房价收入扣除税金和费用以后的余额。其计算公式是:

$$客房利润 = 客房收入 - 税金 - 费用$$

在一般情况下,营业税率是不变的,所以税金是随着营业收入的变化而变化的。因此,影响因素分析,有必要将收入与费用进行分解,这样才能分别测定各项因素对利润的影响。分解后的客房利润公式是:

客房利润 = ∑[(某类客房可出租数量×计划期天数×出租率×单位房价)×
(1-税率)] - 不变费用总额 - ∑(某类客房可出租数量×
计划期天数×出租率×单位可变费用)

公式中的某类客房可出租的数量是指饭店拥有的不同档次的客房数量。如果该饭店的客房有多种类型且档次相差较大,那么应该分别计算各种类型客房的收入与支出,然后汇总成饭店的收入与支出。在分析利润时,可以按不同类型的客房进行分析计算,因为不同类型的客房房价不同,实际出租率也不同,只有分别计算其收入才更为精确。(见表7-7)

表7-7 客房利润分析表　　　　　　　　　　　　单位:元

项　目	2000年10月	2001年10月	差　异
客房数量	400	400	
出租率	78%	80%	2%
公布房价	125	120	-5
房价折扣率	90%	95%	-5%
税　率	5%	5%	
不变费用总额	72 880	73 380	
单位可变费用	9.13	8.83	-0.3
利　润	872 510	913 363	40 853

从表7-7中可看出:

(1)出租率因素影响:[400×31×(80%-78%)×125×90%]×(1-5%)-[400×31×(80%-78%)×9.13] = 24 241(元)

由于出租率提高,客房利润增加24 241元。

(2)房价因素的影响:400×31×80%×(120×95%-125×90%)×(1-5%)
= 14 136(元)

由于房价提高,客房利润增加14 136元。

(3)由于不变费用增加,利润减少500元。

(4)单位可变费用因素的影响:400×31×80%×(8.83-9.13) = -2.976(元)

由于单位可变费用下降,利润增加2.976元。

综合各项因素的影响,最终利润增加了40 853元:

24 241 + 14 136 + (-500) + 2.976 = 40 853(元)

从上面的分析可以看出,出租率提高和房价上升是使利润增加的主要原因,单位可变费用和不变费用的下降也使利润增加;反之,则客房经营利润就会下降。

四、客房产品盈亏临界分析及最大利润分析

(一)盈亏临界分析与应用

盈亏临界分析也叫保本点分析法,或量本利分析法,它是指饭店经营达到不赔不赚时应取得的营业收入的数量界限。在饭店客房经营过程中,成本、销量和利润之间存在着千变万化的关系,如当客房销售量一定时,利润状况如何?如果成本发生变化,为使利润不减少,销售额应如何变化?房价变化了会对利润产生什么影响,销售应作如何调整?等等。这些问题都可以运用盈亏临界分析方法加以解决。

1. 客房临界分析法的概念

在进行盈亏临界分析时,首先需要将成本按照其与销售量的关系划分为固定成本与变动成本。固定成本总额一般保持不变,变动成本总额却会随销售量的增减而变动。饭店所获得的客房营业收入扣减客房变动成本后的余额,要先用来补偿固定成本,余额与固定成本相等的点即为保本点或盈亏临界点。

例如,某饭店客房部日固定费用 13 000 元,出租客房间天变动费用为 20 元,房价为 150 元,该饭店有 258 间客房,则盈亏临界状况可以用表 7-8 表示。

表 7-8 某饭店盈亏临界状况   单位:元

客房租数	变动费用	固定费用	总费用	收入	盈亏状况
1	20	13 000	13 020	150	亏损
20	400	13 000	13 400	3 000	亏损
50	1 000	13 000	14 000	7 500	亏损
100	2 000	13 000	15 000	15 000	盈亏临界点

也就是说,当客房出租量达到 100 间时,总成本与总收入相等。那么,这 100 间便是保本点的客房出租量,收入 15 000 元为保本点的营业收入。

除上述方法外,还可以采用绘制盈亏平衡图(如图 7-1 所示)的方式进行。利用该图可以直观地看到销售量、成本与利润之间的变动关系。

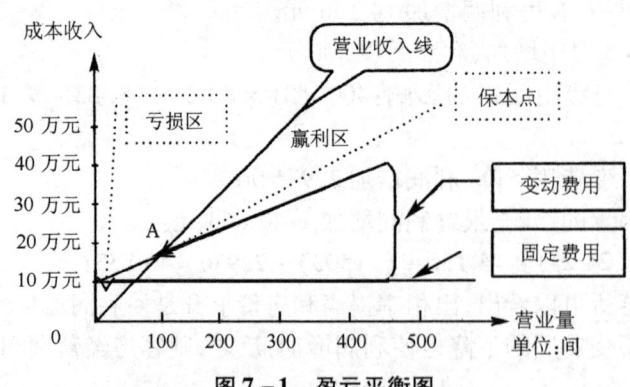

图 7-1 盈亏平衡图

进行盈亏临界分析时,要明确边际贡献这一概念。边际贡献是指每增加一个单位销售所得到的销售收入扣除单位变动成本后的余额。边际贡献首先要用来补偿固定成本,其余额才能为饭店提供利润。当边际贡献与固定成本相等时,饭店经营活动就处于保本状态。如饭店的平均房价为150元,每间客房的变动费用为30元,则边际贡献为120(150－30)元,这是用绝对数表示的边际贡献;如果把全部销售额看成100%,已知变动费用率为20%,则边际贡献率为80%(100%－20%),这是用相对数表示的边际贡献。

盈亏临界分析法一般公式为(不考虑税金):

$$保本点销售量(额) = \frac{固定成本}{1 - 变动成本率}$$

如果边际贡献用绝对数表示,则计算的结果为保本点销售量,其公式为:

$$保本点销售量 = \frac{固定成本}{单位售价 - 单位变动成本}$$

如果边际贡献用相对数表示,则计算的结果为保本点销售额,其公式为:

$$保本点销售额 = \frac{固定成本}{边际贡献率}$$

2. 客房临界分析法的运用

盈亏临界分析法实际上是量本利分析法的一个特例。它是在利润为零的情况下研究销售量(额)与成本间的变动关系。饭店只有先保本才能有利润可赚,但保本并不是目的。在此基础上,我们再来分析在具有一定利润的前提下,它们之间的变动关系。

它们之间的关系可以用下面的公式来表示,即:

$$销售量(额) = \frac{固定成本 + 预期利润}{边际贡献率}$$

(1)成本变动时销售量的变动情况

在客房销售价格不变的情况下,成本如果增加,那么饭店的利润就会下降。要想使利润不减少,就必须增加销售量(额)。如果成本的变化是由于固定成本增加了,那么计算销售量(额)的公式就要调整为:

$$销售量 = \frac{原有固定成本 + 新增固定成本 + 预期利润}{1 - 变动成本率}$$

如果单位变动费用发生了变化,而房价保持不变,要想保持原有的利润水平,必须提高客房销售收入额,即:

$$销售额 = \frac{固定成本 + 预期利润}{1 - (原有变动费用率 + 新增变动费用率)}$$

(2)客房价格变化时销售(额)的变动情况

饭店客房价格在旅游淡旺季是不同的,有时为了提高竞争能力也可能使房价

下降一定幅度。在这种情况下,为不使利润下降就必须提高客房出租率。这时,计算销售量的公式就调整为:

$$销售量 = \frac{固定成本 + 预期利润}{原房价 \times (1 - 房价下降率) - 单位变动费用}$$

(3) 为弥补亏损所必需的销售量的计算

例如,某饭店客房经营情况如下:固定费用 550 000 元,变动费用 135 000 元(每间 30 元),销售额为 675 000 元(4 500 间,房价 150 元),亏损 10 000 元。

要消除亏损所必须达到的销售量为:

$$4\ 500 + \frac{10\ 000}{150 - 30} = 4583(间)$$

要消除亏损所必须达到的销售额为:

$$675\ 000 + \frac{10\ 000}{1 - 20\%} = 687\ 500(元)$$

如果在除亏的基础上计划获利 20 000 元,则:

$$所需销售量 = 4\ 500 + \frac{10\ 000 + 20\ 000}{150 - 30} = 4\ 750(间)$$

$$所需销售额 = 675\ 000 + \frac{10\ 000 + 20\ 000}{1 - 20\%} = 712\ 500(元)$$

(二) 客房最大利润分析与应用

1. 客房最大利润分析法的概念

客房最大利润分析法又称为边际分析法,即引进边际收入和边际成本概念,通过比较边际收入与边际成本来分析饭店实现客房销售最大利润的方法。

边际收入(MR),是指每增加一间客房而使客房总收入相应增加的部分,即增加单位客房产品销售而带来的客房营业收入。边际成本(MC),是指每增加销售一间客房而引起的客房总成本相应增加的部分,即增加单位客房产品销售而必须支出的成本情况。

(1) 当 MR > MC 时,说明增加一间房的出售,所增加的收入大于成本,因而能增加利润,从而使客房销售的总利润扩大。因此,当 MR > MC 时,可以继续增加客房销售量,以获取更多经济收益。

(2) 当 MR < MC 时,说明增加一间客房的出租,所增加的收入小于支出,即产生亏损,从而会使客房销售的总利润减少。因此,当 MR < MC 时,饭店不应增加客房销售量,以保证一定的经济收益。

(3) 当 MR = MC 时,说明每增加一间客房的销售,所增加的收入与支出相等,即增加单位客房产品销售的利润为零。在这种情况下,饭店客房销售的总利润既不会增加,也不会减少,因而是饭店实现客房销售最大利润时的销量。

2. 客房最大利润分析法的应用

经预测,某饭店100间客房在不同价格下的需求以及边际收入、边际成本资料如表7-9所示。

表7-9 某饭店房价和边际收入资料　　　　　　　　　单位:元

房价(Q)	销售量(X)	边际收入(MR)	边际成本(MC)	净利润(P)
800	1	800	120	680
760	2	720	120	1 280
720	3	640	160	1 760
680	4	560	160	2 160
640	5	480	200	2 440
600	6	400	200	2 640
560	7	320	240	2 720
520	8	240	240	3 920
480	9	160	280	2 600
440	10	80	280	2 400

由此可见,根据薄利多销的经营原则,降低房价能够提高客房出租率,在增加客房销量的情况下,只要边际收入超过边际成本,则可以继续降价,以求得最佳的经济效果。换句话说,饭店可以让客房销售价格降低,以促使销售量增加,直到边际收入和边际成本相等为止。在上例中,当房价为520元时,边际收入与边际成本相等。这时有客房最大利润3 920元。如果边际成本已经超过边际收入,再继续降低客房销售价格,尽管会继续增加销量,但会引起客房销售利润的下降。

本章小结

前厅部的文档管理是前厅部重要的管理任务,从某种意义上说,衡量前厅部的管理是否有效,以是否具备良好的报表管理体系为标志。前厅部文档管理的原则是:专人负责,有章可循。文档管理的步骤是:分类→归类存放→制作索引。文档完整,对于进行经营数据分析意义重大。

客史档案是饭店对在店消费客人的自然情况、消费行为、信用状况和特殊要求所作的历史记录,它是饭店用来促进销售的重要工具,也是饭店改善经营管理和提高服务质量的必要资料。

思考与练习

1. 简述前厅文档管理的重要性及原则。

2. 简述建立客史档案的方式以及使用电脑建档的好处。
3. 简述盈亏临界分析法和最大利润分析法的基本概念。
4. 简述边际贡献、边际收入、边际成本的概念。
5. 反映客房经营情况的指标有哪些?
6. 如何计算客房出租率与平均房价?
7. 如何计算客房保本点销售量(额)?
8. 角色扮演:①散客订房档案处理。②客史档案的制作和保存。
9. 参观考察:有条件的学校可让学生分散参观当地一家饭店的前厅部办公室,观察文档保存的情况。

附录一

前厅部的岗位职责

（一）商务中心文员

职责范围：在营业时间内，优质、高效地为客人及饭店提供传真、打字、复印、票务、邮件等服务。

其工作内容：

1. 严格执行服务规程，优质、高效地为客人提供传真、打字、复印、邮件等服务，并登记各项服务结果。
2. 检查营业报表，保证账目完整、准确，符合要求。
3. 负责核实"无主收报"，并做好存档工作。
4. 检查设备使用情况，发现故障及时与维修部门联系，并报告上级，补齐各种用品、用具。
5. 爱护财产、设备，严禁无关人员操作，做好清洁保养工作。
6. 为非住店客人提供市话、长话服务。
7. 保持仪表整洁，态度和蔼，给人留下良好的饭店形象。
8. 写好当班工作日志，做好交接班工作。

（二）前厅部文员

其职责范围和工作内容如下：

1. 执行部门经理的工作指令，并报告工作。
2. 负责本部门各种文书、通知、报表的收发登记和传阅保管工作，及时分类立卷、归档。
3. 落实前厅部召开的会议，并做好会议记录。
4. 负责统计本部门员工的考勤，办公用品的申领和发放。
5. 负责前厅部的财产管理。
6. 接听电话和接待办公室来访者，并做好记录。
7. 做好有关岗位在就餐时间的代班工作。
8. 负责前厅部办公室的清洁卫生工作。

（三）前厅接待员（含订房员、问讯员）

其职责范围是：按照饭店制定的操作程序、服务规程和质量标准，为宾客提供订房、分房、接待、问讯等服务。

其工作内容：

1. 执行领班的工作安排，仔细阅读交班本。
2. 掌握当天客人抵离情况和接待服务要求，为客人办理入住手续，处理住客延期住宿，制作前台有关统计报表。

3. 熟悉饭店各种服务项目和营业时间及所处地理位置,了解本市交通、商业、旅游等方面的资料,了解饭店当日宴请、活动、会议的安排,热情、周到地为客人提供各种问讯服务。

4. 熟悉饭店各类不同房间及其相应的各种不同价格,如门市价、协议价、团队价、时段价等,做到准确操作,并适时推销客房、餐饮、娱乐等服务项目。

5. 与前厅收银密切配合,共同做好宾客的入住、退房等工作,协助前厅收银,做好客账的建立、管理工作和信息的沟通、反馈工作。

6. 保持仪表及工作场所的整洁,态度和蔼、言行规范,给客人留下良好的饭店形象。

7. 做好团体、零散客人的住宿登记工作。

8. 热情、耐心地解答客人问询,谨慎、熟练地处理客人投诉。

9. 写好当班工作日记,做好交接班工作。

(四)总台领班

其职责范围是:监督和参与所带班组的各项业务活动,及时检查下属员工的工作情况、服务规范、质量标准,发现问题及时纠正。

其工作内容是:

1. 保证前台客房销售、接待入住、问询回答、信息传递等业务工作的顺利进行,对新员工及时有效地提供帮助和指导。

2. 查阅上一班各种报表和值班日记上的记事和需要进一步落实的工作事项。

3. 了解并记录本班次中出现的问题和须交代的事务,处理下属员工解决不了的问题。

4. 核对和审阅送向各有关部门的各类报告、通知。

5. 布置、落实公安部门通缉令的协查工作。

6. 掌握客房状况,准确排房,并及时将房号通知有关部门。

7. 掌握饭店的房价政策,善于领导下属进行有效的客房销售,并向上级及时提供有关信息。

8. 及时向上级报告重要客人、特殊客人、黑名单客人的抵离情况。

9. 做好下属的考核、培训、评估工作和上级临时安排的其他工作。

10. 督促下属做好交接班工作,检查工作日记,帮助下属提高业务水平。

11. 掌握饭店内所有服务项目及服务时间,并保证每位员工都知道。

(五)总机话务员

职责范围是:认真按照规定的服务工作规程为宾客及饭店提供优质、快捷的电话服务,遵守职业道德。

其工作内容是:

1. 坚守工作岗位,礼貌、热情、准确、迅速地接转每次电话。

2. 严格执行安全保密制度,保守通信机密。

3. 礼貌地回答客人提出的问题,熟悉(熟背)饭店各部门和服务(设施)场所的电话号码,随时提供查询服务。

4. 熟悉国际、国内大城市的电话区号,并熟记本市急修、急救、火警、公安等单位的常用号码,熟背饭店所有分机号码。

5. 认真、准确地为客人提供叫醒服务和留言服务。

6.熟记饭店各级领导和相关人员的姓名、电话号码和联系方法,未经允许不得私自将饭店领导电话或传呼、手机号码等告诉客人,但可代为转接。

7.遇有紧急情况,立即通知有关部门并注意保密,不扩大、不张扬。

8.保持机房整洁,维护设备完好,做好安全防范,做好日常的清洁卫生和保养工作。

9.掌握突发事件的报警程序。

10.做好交班记录。

(六)总机房领班

其职责范围是:负责电话机房和电话服务的管理,做好总机设备的维护、保养和安全工作,确保通信线路的畅通,督导话务员做好各项电话服务工作。

其工作内容是:

1.督导话务员严格按照服务工作规程,热情、礼貌、迅速、准确地为客人提供服务。

2.负责总机房的安全工作,严格执行消防安全和保密制度,督导员工爱护和正确使用财产设备,做好机房的清洁保养工作,发生故障及时报修。

3.负责做好话费登记工作,保证账目完整、准确、符合要求。

4.熟悉国际、国内大城市的电话区号代码,并熟记本市急修、急救、火警、公安等单位的常用号码,熟背饭店所有分机号码,并了解各分机相应的具体位置,掌握饭店各级领导的姓名和联系方式,以满足客人查询和饭店运营之需要。

5.严格遵守话务纪律,保守饭店秘密。

6.检查话务员的礼貌用语、服务质量及遵守纪律情况,检查电话账目是否有逃账、漏账,如有发现及时处理,检查交班日记,核验各种报表的准确性。

7.了解VIP客人的住店情况,督导下属做好电话服务工作。

8.做好下属员工的评估、培训、考核工作,负责下属员工的班次安排。

(七)行李领班

其职责范围是:参与并督导行李员按操作规程进行工作,组织指挥大堂的门厅应接、行李服务、宾客迎送等工作,确保行李房优质、高效的服务水平。

其工作内容是:

1.负责行李房的日常管理和服务督导工作。

2.检查行李的存放、保管、运送、交接等工作。

3.合理调配当班期间的劳动力,准确、及时地迎送团队和散客,及时运送行李,确保行李服务的优质高效。

4.掌握饭店重要的接待任务和重大活动安排,并布置下属员工相应的具体工作。

5.在饭店接待VIP客人时,亲自参与并指挥门厅迎宾,确保贵宾接待标准的实施。

6.加强服务现场的管理,确保行李服务质量标准的实施,创造良好的大厅服务气氛。

7.做好行李服务设备的清洁保养和报修工作。

8.检查下属员工的礼节、仪表、劳动纪律和服务规范,树立饭店的良好形象。

9.负责下属员工的工作考核、评估、培训,做好思想工作,抓好班组建设。

10.负责班组的排班。

(八)行李员

其职责范围是:按照服务规程提供宾客迎送、行李服务、开门服务、邮件分送、车辆安排、寻人服务等。

其工作内容是：

1. 按服务规程，提供宾客迎送、安排车辆、开门服务等。
2. 准确、及时地为客人运送行李，提供优质服务。
3. 为客人办理行李的寄存和提取，保证行李房内的清洁、卫生和安全。
4. 注意大厅的整洁与安全，协助做好大厅寻人服务。
5. 阻挡精神病患者和衣冠不整者进入饭店。
6. 负责办理团队行李的检点、签收和交接工作，并做好书面记录。
7. 为住店客人提供租借饭店客用手摇椅、雨伞等服务。
8. 为住店客人提供传送信件、电传、留言及邮政服务。
9. 为住店客人提供店内寻人服务。
10. 完成上级临时指派的其他的任务。
11. 做好交接班记录。

（九）大堂副理

其职责范围是：督导前厅部各班组的各项工作，使其能优质、高效、规范地展开对客服务。处理宾客投诉，接受客人对饭店提出的建议和意见，为客人提供方便。

其主要工作内容是：

1. 熟悉饭店和各种服务项目、营业时间和各部门的职责范围，掌握饭店的重要接待任务和重大活动安排，掌握饭店当日宴请和会议的安排。
2. 督导和指导总台、总机、行李房、商务中心的日常检查，督促前厅部各班组严格按照工作规程及质量要求实行规范服务。
3. 检查本部门员工的仪表仪容、劳动纪律、礼貌用语和工作规范，解决工作中出现的问题，处理工作差错和事故，并将情况向经理报告。
4. 掌握客人预订状况，审阅每日订房委托书，检查各种登记表单、业务报表的准确性。
5. 根据当天到达及离店客人名单，指导房间排房及销售，并向部门经理报告重要团体和 VIP 客人的订房情况。
6. 组织指挥大堂门卫应接、行李服务等工作，保持大厅良好的服务氛围。
7. 负责电话机房和电话服务的管理，督导工作人员严格按照服务规程，礼貌、迅速、准确地为客人提供服务。
8. 负责商务中心的日常管理工作，督导工作人员严格按照服务规程，准确、优质、高效地为客人服务。
9. 负责检查大厅内各区域的设施完整，如需修理，应及时通知有关部门。
10. 根据情况调节大堂灯光，保持最佳饭店气氛。
11. 代表饭店接待和迎送客人、处理客人投诉、接受客人对饭店提出的建议和意见。
12. 协助饭店领导和有关职能部门，处理在饭店内发生的各种突发事件。
13. 确保 VIP 客人到达之前做好一切必要的准备工作，如登记卡、欢迎卡，检查房间状况和布置标准等。
14. 迎接并陪同重要客人进房、办理入住手续，欢送重要客人离店，并将客人抵离情况通报有关经理。

15. 按照有关程序及授权处理宾客账务方面的问题,处理客人损坏饭店财物的索赔工作。

16. 检查、核对送往各有关部门的各类报表或通知。

17. 创造和谐的工作氛围,减少工作环境中的摩擦。

18. 每天记录当班情况,做好工作日记的交接。

19. 完成上级交办的其他工作任务。

(十)前厅部经理的职责

其职责范围和主要工作内容是:

1. 全面主持部门工作,提高部门工作效率和服务质量,力争最大限度地提高房间出租率。

2. 贯彻执行总经理下达的营业及管理指示。

3. 根据酒店计划,制定前厅部各项业务指标和规划。

4. 对各分部主管下达工作任务并指导、落实、检查、协调。

5. 组织主持每周主管工作例会,传达酒店例会工作要点,听取汇报,布置工作,解决难题。

6. 确保员工做好前厅部各项统计工作,掌握和预测房间出租情况、订房情况、客人到店情况以及房间账目收入等。

7. 负责将"昨日客房营业日报表"报送房务总监和总经理。

8. 负责前厅部员工的招聘和培训工作。

9. 检查、指导前厅部所有员工及其工作表现(包括员工的仪容、仪表和制服的卫生情况),保证酒店及部门规章制度和服务质量标准得到执行,确保前厅各部门工作的正常运转。

10. 每月审阅各部门主管提供的员工出勤情况。

11. 对前厅部员工进行定期评估,并按照奖惩条例进行奖惩。

12. 做好与酒店其他部门的沟通与协调工作。

(1)与销售部的协调。每天与进、离店的团队协调配合,在团队到达前七天内及时了解该团队的具体要求,并通过销售部做好团队的善后工作。

(2)与客房部及工程部的协作。确保大厅及公共区域的卫生状况良好,设施设备运转正常。

(3)与电脑部经理紧密配合,熟悉电脑程序,确保电脑的安全使用。

13. 协助总经理处理发生在大堂的特殊事件。

14. 每日、每月批阅由大堂副理提交的客人投诉记录及汇总表,亲自处理贵宾的投诉和客人提出的疑难问题。

15. 密切保持与客人的联系,经常向客人征求意见,了解情况,及时反馈,并定期提出有关接待服务工作的改进意见,供总经理等参考决策。

16. 如总经理或其他管理部门要求,应履行其他义务。

17. 检查 VIP 接待工作,包括亲自查房、迎送。

(十一)前厅部副经理

其职责范围和主要工作内容是:

1. 协助前厅部副经理管理前台的各项日常工作,当前厅部经理不在时,代行其职,保证前厅部各个环节的正常运转。

2. 检查前厅部各部门工作(包括仪表仪容、工作表现等),为前厅部经理写出报告。

3. 及时处理客人投诉并及时反馈。

4. 对 VIP 的接待工作予以关注。

(1) 根据报告,检查当天的到店情况,确认其特殊要求是否已准备好;

(2) 检查 VIP 房间及鲜花、水果、刀叉等是否准备好。如发现房间有差错,及时通知有关部门。

5. 处理超额预订问题。

6. 检查酒店的后台工作(夜班),大厅和客人活动区域,包括门外停车区。确保检查过的每个区域没有问题(如发现有意外情况,及时与有关部门联系并记入交班本中)。

7. 与保安部配合,对可疑客人加以控制。

8. 报告并记录酒店内一切异常情况。

(1) 事故报告必须在同一天内呈送前厅部经理及有关部门经理和酒店领导;

(2) 如有财产物品丢失或人员伤亡,写出报告及时通知客人并索要费用。

9. 亲自培训员工。

10. 与电脑部经理协调配合,保证电脑系统的正常运作。

11. 执行前厅部经理或管理部门交给的其他任务。

(十二) 前台主管

其职责范围和主要工作内容是:

1. 协助前厅经理检查和控制前厅的工作程序,全面负责前厅的接待和问讯等日常工作,督导员工为客人提供高效优质的服务。

2. 主持前厅工作例会,上传下达,与相关部门做好沟通、合作与协调工作。

3. 随时处理客人的投诉和各种要求。

4. 每天检查员工外表及工作情况。

5. 对员工进行培训并定期进行评估。

6. 下班之前与预订部核对当日及次日的房态。

7. 检查有特殊要求客人的房间并保证这些特殊要求得到关照。

8. 及时申领物品,保证前台有足够办公用品。

9. 协助大堂副理检查大厅卫生、陈列酒店介绍等宣传品,并在用餐时间,临时接替大堂副理的工作。

10. 按要求每月制作有关报表并送至公安部门。

11. 完成前厅经理或其他管理部门所交给的任务。

(十三) 总机主管

其职责范围是:负责总机房的全面管理工作,保证设施设备运转正常,并为客人提供优质高效的电话服务。

其主要工作内容是:

1. 制定总机室工作条例和话务员行为规范。

2. 制订总机班工作计划。

3. 做好话务员的考勤工作。

4. 随时掌握客房利用情况,并据此安排和调整班次。

5. 统计每日经手的 IDD & DDD，每周将特殊电话单呈交前厅部经理。

6. 负责酒店电话号码单的编辑和印刷，并及时提供给各部门使用，对有变化的电话号码要及时更改。

7. 每天更换、调整信息栏的内容，为话务员提供有关服务信息，确保电话房清洁卫生。

8. 对话务员进行业务培训，确保员工掌握话务工作程序（包括紧急报警程序）和工作技能，培养员工的高度责任感，使员工的工作质量时刻保持最佳状态。

9. 周期性检查并保持电脑终端运转正常。

10. 记录所有的传呼电话和传呼系统故障情况，发生故障，立即报告前厅经理。

11. 保存一份所有行政人员及部门经理的 BP 机号码及家庭电话号码。

12. 定期对本部门员工进行评估，按照制度实施奖惩。

13. 完成前厅经理和部门经理临时交办的事情。

14. 有重要宾客接待任务时，提醒当班人员予以重视，并布置检查。

15. 处理客人有关电话服务的投诉。

16. 协调总机班与酒店其他部门之间的关系，与各部门保持良好的沟通与联系。

（十四）商务中心主管

其职责范围是：商务中心主管直接对前厅部经理负责，确保商务中心工作正常进行。

其主要工作内容是：

1. 负责对下属员工进行排班、考勤。

2. 检查商务中心的卫生情况及工作准备情况。如价目表、计算器、收据、零钱是否齐备；电传、传真线路是否畅通；复印机是否正常（是否清晰、碳粉是否足够）；打字机是否正常（色带是否够用，软盘是否够用）；碎纸机是否正常等。

3. 了解当天 VIP 情况，并安排好工作。

4. 检查当班员工仪容仪表、礼貌礼节、工作态度及服务质量，并做好工作指示。

5. 查阅交班本及有关文件、通知，注意将夜间接收的传真及时送到客人手中，疑难文件速交大堂副理处理，并核对前一天的营业日报表及单据，堵塞财务漏洞。

6. 做好当天工作记录。

7. 定期召开例会，讲评上周工作，传达部门主管会议的有关内容。

8. 定时填报当月工作报表（并做好工作总结），交下月工作计划。

9. 督导票员做好票务工作。

10. 负责对员工的业务及外语的培训，并定期进行考核。

11. 根据员工的工作表现执行奖惩制度。

12. 协调与其他部门的关系，与电信局有关部门保持密切联系，以保证电信业务的顺利进行。

13. 处理客人有关商务中心服务的投诉。遇有难题，及时汇报或与酒店内外有关部门联系，以便尽快解决。

附录二

前厅部各工种(班组)的主要任务

(一)预订组的主要任务

前厅部预订组的主要任务是：受理宾客的订房要求并妥善处理，完成填写订房表，确认预订、保证预订、控制预订、汇总预订、订房核对、订房资料的传递及存档、订房的预测，合理安排超额订房、制作客史档案等订房工作。

(二)问讯组的主要任务

前厅问讯组的主要任务是：掌握本饭店的各种大型会议、宴会和其他重要活动情况以及本饭店各种服务设施的位置、经营特色和营业时间；了解本市交通、商业、旅游、气象、风俗等基本情况以满足宾客的问讯要求；按照服务规程做好留言、查询及宾客物品的转交工作等。目前设置独立问讯组的饭店较少，问讯组的主要任务通常由接待组兼管。

(三)电话总机组的主要任务

前厅电话总机组的主要任务是：负责内、外线电话的接转，为宾客提供叫醒服务、电话留言、电话咨询服务，饭店内部长话的控制、指定班组外线电话的控制，机件设备的维护、机房和话务台的卫生清洁，保证紧急情况下的电话通畅等。

(四)接待组的主要任务

前厅接待组的主要任务是：规范、热情、礼貌地帮助宾客完成入住登记手续，与宾客保持良好的关系，适时了解宾客需求并及时、准确地反映到相关部门；及时、准确地核对房态，保证任何时间房态的准确性，努力推销饭店客房及其他产品，以获得最好的经济效益；同时必须让宾客满意，合理、高效、有针对性地为宾客分房。宾客抵达前准备好重要宾客、团体、常客的各种资料并及时分发到相关部门，确保宾客迅速、准确地入住；把宾客的叫醒、行李等服务通知电话总机室及行李组，接受宾客的换房、续住要求并及时、准确地通知相关部门及更改电脑记录；打印各种报表、分送各相关部门；保持工作场所清洁并注意控制表单、文具的消耗量，以降低成本等。

(五)礼宾部(含行李员、门童、驻机场代表)的主要任务

前厅礼宾部的主要任务是：替宾客开关车门及店门，问候宾客，协助宾客提拿行李；向宾客介绍饭店及客房内设施，替宾客联系出租车，保持饭店大门口整洁畅通，负责大门口的安全；代表饭店到机场、车站、码头迎接宾客，为宾客安排去饭店的交通工具；及时向饭店通报贵宾到达的信息，积极争取无预订宾客入住，妥善回答宾客的问题并提供恰当的服务，为宾客提供行李寄存和提取服务；为宾客传递传真、留言、信件，为饭店传递表单、报纸等。如果饭店设立金钥匙这一岗位，其职责范围将会更广泛。

(六)商务中心的主要任务

前厅商务中心的主要任务是:为宾客提供复印服务、打字服务、传真服务(含接收和发出传真)、电脑拷盘及文字修订服务、订票服务、翻译(口译及笔译)服务、出租打字机及电脑服务、市话及长话服务、洽谈室出租服务、资料查询服务、代办特快专递邮政服务、为上级打印文件及收发、查阅、存档资料,有的饭店商务中心还负责文印服务的收费工作。

(七)收款组的主要任务

前厅收款组的主要任务是:处理宾客的账务,负责除饭店商场、康乐部以外各营业点的收款业务,办理外币及旅行支票的兑换业务,办理宾客的离店结账手续,负责宾客贵重物品的寄存和保管。

(八)大堂副理的主要任务

前厅大堂副理的主要任务是:代表总经理接受宾客对宾馆的意见、建议、表扬及投诉,协助前厅部经理管理该部门,参与部门运转过程的指导,维持大堂秩序,处理突发事件,如火灾、伤亡、治安事故等,及时向前厅部经理及宾馆总经理汇报,负责检查大堂的清洁卫生、设备设施的完好情况,发现问题及时报修,定期及时与宾客保持联系,了解宾客的需求及意见并反馈到有关部门,督促保安维持大堂外围的安全和秩序,完整记录工作范围和当值时间内所发生的一切事项,并附上见解和处理结果,呈交总经理批示,次日在早会上反映情况。

附录三

前厅服务员国家职业标准

1. 职业概况

1.1 职业名称
前厅服务员。

1.2 职业定义
为宾客提供咨询、迎送、入住登记、结账等服务的人员。

1.3 职业等级
本职业共设三个等级,分别为:初级(国家职业资格五级)、中级(国家职业资格四级)、高级(国家职业资格三级)。

1.4 职业环境
室内、外,常温。

1.5 职业能力特征
具有良好的语言表达能力;能有效地进行交流,能获取、理解外界信息,进行分析判断并快速作出反应;能准确地运用数学运算;有良好的动作协调性;能迅速、准确、灵活地运用身体的眼、手、足及其他部位完成各项服务操作。

1.6 基本文化程度
高中毕业(或同等学力)。

1.7 培训要求

1.7.1 培训期限
全日制职业学校教育,根据其培养目标和教学计划确定。晋级培训期限:初级不少于90标准学时;高级不少于110标准学时。

1.7.2 培训教师
培训初级前厅服务员的教师应具有本职业中级以上职业资格证书;培训中级、高级前厅服务员的教师应具有本职业高级职业资格证书或本专业中级以上专业技术职务任职资格,同时具有2年以上的培训教学经验。

1.7.3 培训场地设备
教室、模拟服务台以及前厅常备用具和设备。

1.8 鉴定要求

1.8.1 适用对象
从事或准备从事本职业的人员。

1.8.2 申报条件

初级(具备以下条件之一者):

(1)经本职业初级正规培训达规定标准学时数,并取得毕(结)业证书。

(2)在本职业连续见习工作2年以上。

中级(具备以下条件之一者):

(1)取得本职业初级职业资格证书后,连续从事本职业工作1年以上,经本职业中级正规培训达规定标准学时数,并取得毕(结)业证书。

(2)取得本职业初级职业资格证书后,连续从事本职业工作2年以上。

(3)连续从事本职业工作3年以上。

(4)取得经劳动保障行政部门审核认定的、以中级技能为培养目标的中等以上职业学校本职业(专业)毕业证书。

高级(具备以下条件之一者):

(1)取得本职业中级职业资格证书后,连续从事本职业工作2年以上,经本职业高级正规培训达规定标准学时数,并取得毕(结)业证书。

(2)取得本职业中级职业资格证书后,连续从事本职业工作3年以上。

(3)取得高级技工学校或经劳动保障行政部门审核认定的、以高级技能为培养目标的高级职业学校本职业(专业)毕业证书。

1.8.3 鉴定方式

分为理论知识考试和技能操作考核。理论知识考试采用闭卷考试方式,技能操作考核采用现场实际操作方式。理论知识考试和技能操作考核均实行百分制,成绩皆打60分以上者为合格。

1.8.4 考评人员与考生配比

理论知识考试考评人员与考生配比为1:15,每个标准教室不少于2名考评人员;技能操作考核考评人员与考生配比为1:10,且不少于3名考评员。

1.8.5 鉴定时间

各等级理论知识考试时间:初级不超过100分钟,中级、高级不超过120分钟;各等级技能操作考核时间:初级不超过30分钟,中级、高级不超过40分钟。

1.8.6 鉴定场所设备

场所:

(1)标准教室。

(2)服务台或模拟服务台。

设备:

(1)总台。

(2)电脑终端及打印机、扫描仪。

(3)大、小行李车,行李寄存架。

(4)验钞机。

(5)账单架、客房状况显示架、预订状况显示架、住客资料显示架。

(6)邮资电子秤。

(7)钥匙架、钥匙卡。

(8)信用卡压卡机。
(9)电话机、传真机。
(10)雨伞架。
(11)轮椅。
(12)电子钥匙(Card Reader)。
(13)常用办公室及设备。
(14)宣传广告资料架。
(15)贵重物品保管箱。

2．基本要求

2.1 职业道德

2.1.1 职业道德基本知识

2.1.2 职业守则

(1)热情友好,宾客至上。
(2)真诚公道,信誉第一。
(3)文明礼貌,优质服务。
(4)以客为尊,一视同仁。
(5)团结协作,顾全大局。
(6)遵纪守法,廉洁奉公。
(7)钻研业务,提高技能。

2.2 基础知识

2.2.1 计量知识

(1)法定计量单位及其换算知识。
(2)行业用计价单位的使用知识。
(3)常用计量器具的使用知识。

2.2.2 安全防范知识

(1)消防常识。
(2)卫生防疫常识。

2.2.3 电脑使用知识

2.2.4 前厅主要设备知识

(1)钥匙架。
(2)打时机。
(3)电话机、传真机。
(4)贵重物品保管箱。
(5)客史档案柜。
(6)电脑终端。
(7)打印机。
(8)电子钥匙机、钥匙卡。

(9)邮资电子秤。
(10)账单架。
(11)客房状况显示架。
(12)预订状况显示架。
(13)住客资料查询架。
(14)行李寄存架。
(15)大、小行李车。
(16)雨伞架。
(17)轮椅。
(18)信用卡压卡机。
(19)验钞机。
(20)计算器。
(21)税务发票打印机。
(22)扫描仪。
(23)复印机。

2.2.5 相关法律、法规知识
(1)劳动法的相关知识。
(2)合同法的相关知识。
(3)消费者权益保护法的相关知识。
(4)治安管理处罚条例的相关知识。
(5)文物保护法的相关知识。
(6)外汇管理暂行条例的相关知识。
(7)旅馆业治安管理条例的相关知识。
(8)外国人入境出境法的相关知识。
(9)消防条例的相关知识。

3. 工作要求

本标准对初级、中级、高级的技能要求依次递进,高级别包括低级别的要求。

3.1 初级

职业功能	工作内容	技能要求	相关知识
一、工前准备	(一)仪表仪容	能按饭店要求,保持个人良好的仪表、仪容、仪态。	仪表、仪容、仪态的规范。
	(二)准备工作	1.能按标准整理好工作环境。 2.能准备好工作所需的各种报表、表格、收据等。 3.能清洁、调试工作所需的办公用具和设备。	1.工作设施、设备的使用方法。 2.办公用具使用常识。

续表

职业功能	工作内容	技能要求	相关知识
二、客房预订	（一）接受和处理订房要求	1. 能通过电话、信函、电报、传真、当面洽谈及电脑终端的方式了解客人的订房要求。 2. 能根据"房情预订总表"给出选择。 3. 能判断某项预订房能否接受。	1. 接待与电话礼仪。 2. 处理信函预订的注意事项。 3. 传真机的使用方法。 4. 饭店房间的种类和特点。 5. 饭店房价的种类和政策。 6. 判断某项订房能否接受的因素。 7. 我国兄弟民族的习惯、习俗。 8. 英语基本接待用语。
	（二）记录和储存预订资料	1. 能使用电脑终端输入或正确填写"预订单"、"房情预订总表"。 2. 能正确填写预订记录本。 3. 能装订、存放客人的订房资料。	1. 相关表格的填写要求。 2. 预订资料的记录步骤。 3. 订房资料的排列顺序。 4. 订房资料的装订顺序。
	（三）检查和控制预订过程	1. 能用口头或书面的方式确认宾客预订的内容。 2. 能正确记录宾客提出预订的更改和取消内容。 3. 能根据预订更改和取消的内容修改（或电脑输入）"房情预订总表"。 4. 能填写客房预订变更或取消单。	1. 客人预订的种类。 2. 预订修改的注意事项。 3. 饭店客房保留和取消规定。
	（四）客人抵店前准备工作	1. 能核对次日抵店客人的预订内容。 2. 能填写（或打印）"次日抵店客人名单"、"团队/会议接待单"，并分送给相关部门。	相关表(单)的填写、使用要求。
三、住宿登记	（一）为散客办理入住登记	1. 能识别客人有无预订。 2. 能填写（输入、打印）"入住登记表"，查验证件并核实内容。 3. 能根据不同客人的要求安排房间。 4. 能确认房价和付款方式。 5. 能完成入住登记手续。 6. 能建立相关的表格资料。	1. 各类散客办理入住登记的接待、登记方式及工作内容。 2. 排房的顺序。 3. 常用付款方式的信用及处理方式。 4. 完成入住登记相关手续的内容。 5. 各类相关表格的填写要求、内容，以及分送相关部门的规定。 6. 饭店信用政策。

续表

职业功能	工作内容	技能要求	相关知识
三、住宿登记	(二)为团队客人办理入住登记	1.能做好团队抵店前的准备工作。 2.能做好团队抵店时的接待工作。	1.团队抵店前准备工作的内容和工作程序。 2.团队抵店时接待工作的内容和工作程序。
	(三)显示和控制客房状况	能正确显示和控制各种客房状况	1.显示和控制客房状况的目的。 2.需要显示和控制的客房状况的种类。
四、问讯服务	(一)留言服务	1.处理访客留言。 2.能处理住客留言。	1.处理访客留言的服务程序。 2.处理住客留言的服务程序。 3.委婉的留言和口信的内容。
	(二)查询服务	1.能提供查询住店客人的有关情况。 2.能提供询问尚未抵达或已离开店客人的情况。	1.电话提供查询时的注意事项。 2.提供查询服务的原则。 3.供查询尚未抵达店或已离店客人的情况的处理办法。
	(三)邮件服务	1.做好进店邮件的接收、分类工作。 2.做好客人邮件的分发工作。 3.处理错投和"死信"。 4.提供邮件和包裹和转寄和外寄服务。	1.客人邮件的处理程序。 2.错投和"死信"的处理办法。 3.邮寄服务操作程序。
	(四)客人物品的转交服务	1.处理他人转交给住客的物品。 2.处理住客转交给他人的物品。	处理转交物品的操作要求。
五、行李服务	(一)店外迎接服务	1.代表饭店到机场、车站、码头迎接客人。 2.能为客人安排去饭店的交通工具。 3.帮助客人提拿行李。 4.能争取未预订客人入住本饭店。 5.能向饭店提供贵宾到达及交通方面的信息。	店外迎客的要求。

续表

职业功能	工作内容	技能要求	相关知识
五、行李服务	(二)门厅迎送服务	1.为步行、坐车到达的散客提供迎送服务。 2.为团队客人提供迎送服务。 3.做好其他日常服务。	1.步行到达的散客迎送服务的程序及要求。 2.坐车到达的散客迎送服务的程序及要求。 3.团队客人的迎送服务程序及要求。 4.其他日常服务的内容和要求。
	(三)行李服务	1.为散客提供行李服务。 2.为团队客人提供行李服务。 3.提供饭店内寻人服务。 4.及时、准确地递送邮件、报表。 5.提供出租自行车服务。 6.提供出租汽车的预订服务。 7.提供雨具和订票服务。 8.提供电梯服务。	1.散客行李服务程序及要求。 2.团体客人行李服务程序及要求。 3.寻人服务程序及要求。 4.递送服务的注意事项。 5.提供自行车出租服务的注意事项。 6.提供出租汽车预约服务的要求。 7.订票服务的程序及要求。 8.提供雨具服务的程序及要求。 9.提供电梯服务的程序及要求。
六、离店结账	(一)处理客账、办理离店手续	1.为散客建立与核收客账。 2.能为团队客人建立与核收客账。 3.能做好客账的累计。 4.能为住客办理离店结账手续。	1.建立与核收散客客账的程序及要求。 2.建立与核收团体客人客账的程序与要求。 3.客账累计的办法。 4.办理离店结账手续的程序与要求。 5.使用现金、信用卡及转账支票的服务程序及要求。
	(二)贵重物品的寄存、保管服务	能提供贵重物品的寄存、保管服务。	1.贵重物品的寄存、保管服务的程序及要求。 2.贵重物品保管箱的使用方法。

续表

职业功能	工作内容	技能要求	相关知识
七、公关与推销	（一）把握客人的特点	能采用形象记忆法记住客人的姓名、特征。	形象记忆法。
	（二）介绍产品	1. 能介绍饭店的服务设施、服务项目、营业点的营业时间。 2. 介绍饭店客房的种类、设施、位置。	饭店的服务设施、服务项目及营业点的营业时间。
	（三）洽谈价格	1. 报出各种类型客房的房价。 2. 报出各服务项目的收费标准。	1. 服务项目的收费标准。 2. 饭店客房商品的特点。
	（四）展示产品	能将饭店宣传册、广告宣传资料及图片按要求陈列、摆放好。	饭店相关资料陈列、摆放要求。
	（五）促成交易	能准确无误地确认客人最终的选择。	适时成交的技巧。
八、沟通与协调	（一）部门内的沟通、协调	能准确填写（或输入、打印）本岗位的各类报表，并分送到本部门各相关岗位。	沟通协调的重要性及方法。
	（二）与客人的沟通、协调	能主动征求客人意见，并做好记录。	处理客人投诉的重要性。

3.2 中级

职业道德	工作内容	技能要求	相关知识
一、客房预订	（一）接受和处理订房要求	1. 能善于使用语言表达技巧与客人交流。 2. 能根据"客情预订总表"给出选择，并帮助客人作出选择。 3. 能妥善处理婉拒的订房要求。	1. 婉拒订房的处理方法。 2. 语言表达技巧常识。 3. 客人购物心理常识。
	（二）记录和储存预订资料	能选择适合本饭店运作的预订资料储存方式。	两种不同的预订资料储存方式及其特点。

续表

职业道德	工作内容	技能要求	相关知识
一、客房预订	（三）检查和控制预订	1.能核查、处理、纠正《房情预订总表》中的错误。 2.能及时处理"等候名单"上的客人的订房。	1.《预订单》的作用。 2.《房情预订总表》的作用。
	（四）客人抵店前的准备工作	能提前一周填写（或打印）"一周客情预报表"、"贵宾接待规格审批表"、"派车通知单"、"房价折扣申请表"、"鲜花、水果篮通知单"，并分送给相关部门。	1.折扣房价的审批制度。 2.各类贵宾的接待规格及要求。
	（五）报表制作	能正确填写或输入预订处的其他各类报表。	相关的报表填写要求及统计计算公式。
二、住宿登记	（一）显示和控制客房状况	1.能处理客人的换房要求。 2.能查找和更正客房状况的差错。	1.服务工作程序。 2.查找和更正客房状况差错的方法。
	（二）违约行为的处理	1.能处理客人声称已办了订房手续，但饭店无法找到其订房资料的情况。 2.能处理客人抵店时（超过规定的保留时间）饭店为其保留的客房已出租给他人的情况。	1.为客人作转店处理的注意事项。 2.各类客人违约时的处理方法。
三、问讯服务	（一）客用钥匙的控制	1.规范摆放、管理好客用钥匙。 2.能做好客用钥匙的分发和回收工作。	1.钥匙摆放的要求。 2.钥匙的注意事项。 3.保管、控制客用钥匙的重要性。
	（二）提供旅游和交通信息	1.能回答客人对交通信息的问讯。 2.能回答客人对饭店所在地景点方面的问讯。 3.能回答客人对饭店所在地主要康乐、购物、医疗场所等方面的问讯。	1.国内、国际民航、铁路、长短途汽车、轮船的最新时刻表和票价，市内公交车的主要路线。 2.交通部门关于购票、退票，行李大小、重量的详细规定。 3.饭店所在地各主要景点的简介、地址、开放时间。 4.时差计算方法。 5.饭店所在地著名土特产、商品及风味餐馆的简介。 6.常用紧急电话号码。

续表

职业道德	工作内容	技能要求	相关知识
四、行李服务	（一）店外迎接服务	能为客人在沿途适当介绍景观及饭店简况。	1. 沿途景观的简介内容。 2. 饭店简况。
	（二）行李服务	1. 能为客人办理行李寄存服务。 2. 能处理破损、错送、丢失的行李。	1. 办理行李寄存服务的程序及要求。 2. 交通部门有关行李破损、丢失的处理规定。 3. 行李破损、错送、丢失的处理方法。 4. 饭店不负责赔偿的前提。
五、离店结账	（一）处理客账，办理离店手续	能做好夜间审计工作。	1. 夜间审计的目的和内容。 2. 夜间审计的步骤。
	（二）外币兑换	1. 能处理外币现钞的兑换。 2. 能处理旅行支票的兑换。 3. 能识别中国银行可兑现的外币现钞。	1. 可兑换的外币、现钞的种类及兑换率。 2. 外币兑换服务程序及要求。 3. 旅行支票兑换服务程序及要求。
六、公关与推销	（一）把握客人的特点	能自然地与客人沟通，了解客人的愿望与要求。	客我关系沟通技巧。
	（二）介绍产品	1. 能描述饭店各种类型客房的优点。 2. 能引导顾客的购买兴趣。	各种类型客房的优点。
	（三）洽谈价格	能根据客人特点正确使用报价方法。	1. 高码讨价法。 2. 利益引诱法。 3. 三明治式报价法。
	（四）展示产品	1. 能主动将饭店宣传册、广告宣传资料和图片展示给客人。 2. 能带客人实地参观，展现饭店优势。	1. 产品介绍知识。 2. 相关讲解知识及技巧。
	（五）促进交易	1. 能采用正面的说法称赞对方的选择。 2. 能揣摩客人心理，适时抓住成交机会。	客人购买行为常识。

续表

职业道德	工作内容	技能要求	相关知识
七、沟通与协调	（一）部门内的沟通、协调	能做到前厅部内部信息渠道的畅通。	前厅部内部沟通、协调的内容。
	（二）部门间的沟通、协调	1. 能与客房部做好沟通协调。 2. 能与餐厅部做好沟通协调。 3. 能与营销部做好沟通协调。 4. 能与总经理做好沟通协调。 5. 能与其他部门做好沟通协调。	与客房部、餐饮部、营销部、总经理室及其他部门沟通协调的内容。
	（三）与客人的沟通、协调	能妥善处理常见的客人投诉。	1. 处理客人投诉的原则。 2. 处理客人投诉的程序。
	（四）英语服务	能使用常用岗位英语会话。	常用岗位英语。

3.3 高级

职业功能	工作内容	技能要求	相关知识
一、客房预订	（一）接受和处理订房要求	1. 能用英语通过电话或当面洽谈的方式了解和处理客人的订房要求。 2. 能接受和处理"超额预订"。	1. 常用旅游接待英语。 2. "超额预订"的目的及处理方式。
	（二）记录和储存预订资料	1. 能设计制作"预订单"。 2. 能设计制作适用于不同种类饭店的"房情预订表"。	1. "预订单"的内容。 2. 各种"房情预订总表"的适用范围及内容、形式。
	（三）检查和控制预订过程	1. 能设计制作"预订确认书"。 2. 能控制"超额预订"的数量。 3. 能调整预留房的数量。 4. 能处理有特殊要求的订房事宜。	1. "预订确认书"内容。 2. 预订未抵店、提前离店、延期离店、未预订直接抵店客人用房百分比的计算公式。
	（四）客人抵店前准备工作	能审核"一周客情预报表"、"贵宾接待规格审批表"、"鲜花、水果篮通知单"和"团队/会议接待单"。	1. 相关表、单的内容及应用知识。 2. 各类折扣房价的政策。 3. 客情通知可采用的方式。
	（五）报表制作	能设计预订处使用的各类报表。	预订处使用的各类报表的形式。

续表

职业功能	工作内容	技能要求	相关知识
二、住宿登记	（一）为散客办理入住登记	能处理散客入住登记中常见的疑难问题。	1. 外事接待礼仪。 2. 住宿登记表的内容的形式。 3. 前厅服务心理学。
	（二）违约行为处理	能处理客人已获得饭店书面确认或保证为其预订，但现在无法提供客房的情况。	饭店违约时国际惯例的处理方法。
	（三）显示和控制客房状况	1. 能分析未出租客房造成损失的原因。 2. 能提供营业潜力方面的建议。	影响客房状况的原因及分析方法。
三、问讯服务	（一）查询服务	能为有保密要求的住客做好保密工作。	提供住客保密服务的程序。
	（二）客用钥匙的控制	1. 能了解客人钥匙的丢失原因，并做好住客钥匙丢失后的工作。 2. 能选择适用于本饭店的客用钥匙分发模式。	1. 住客钥匙丢失后的处理方法。 2. 各种客用钥匙分发模式的特点及利弊。 3. 新型客房钥匙系统。 4. 饭店钥匙管理体系。
四、行李服务	礼宾服务	1. 能随时为客人办理委托代办的服务。 2. 善于倾听客人的意见，能应变和处理各种事件。 3. 能与相关服务行业建立工作关系。 4. 能为VIP客人（贵宾）提供迎送服务。 5. 能为残疾客人提供迎送服务。	1. 各服务性行业的有关规章。 2. 国际礼仪规范。
五、公关与推销	（一）把握客人特点	能主动与客人沟通，判断客人身份、地位。	消除客人心理紧张的方法。
	（二）介绍产品	1. 能描述给予客人的便利条件。 2. 能正确引导客人购买。	顾客消费需求常识。
	（三）洽谈价格	1. 能营造和谐的销售气氛。 2. 能判断客人的支付能力，使客人接受较高价格的客房。	影响客人购买行为的各种因素。

职业功能	工作内容	技能要求	相关知识
五、公关与推销	(四)展示产品	能陈列、布置饭店产品宣传册、广告宣传资料架、图片。	室内装饰美学常识。
	(五)促进交易	1.能在客人犹豫时多提建议。 2.能掌握客人的购买决策过程,准确把握成交时机。	客人购买决策过程常识。
六、沟通与协调	(一)部门内的沟通、协调	能制定前厅部内部需要沟通协调的内容及方式。	
	(二)部门间的沟通、协调	能制定前厅部与饭店其他各部门需要沟通协调的内容及方式。	
	(三)与客人的沟通、协商	1.能主动征求客人意见,并做好记录。 2.正确处理客人的疑难投诉。 3.能定期对客人投诉意见进行统计、分析、归类。 4.能针对客人反映的问题提出(采取)改进措施。	1.投诉的类型。 2.处理涉及客人个人利益和影响面巨大的投诉的方法。 3.国际上和主要客源地常用的投诉处理方法。 4.主要客源地的风土人情习俗。
	(四)英语服务	1.能用英语了解和处理客人的订房要求。 2.能用英语与客人沟通,办理散客入住。 3.能用英语提供查询服务。 4.能用英语提供旅游交通、康乐、购物、医疗等方面的信息。 5.能用英语办理客人离店结账手续。	旅游接待英语。
七、管理与培训	(一)制定工作职责	1.能制定前厅部各岗位的工作职责。 2.能检查、评估下属员工的工作表现。	1.前厅部组织机构设计原则。 2.大、中、小型饭店前厅部的组织机构图。 3.前厅部各岗位的工作职责。 4.检查、评估员工工作表现的方法。
	(二)业务指导	能够对前厅服务员进行业务指导培训。	业务培训知识。

4. 比重表
4.1 理论知识

项　目		初级(%)	中级(%)	高级(%)
基本要求	职业道德	5	5	5
	基础知识	20	10	5
相关知识	工前准备	5	—	—
	客房预订	10	10	5
	住宿登记	10	10	5
	问讯服务	10	10	5
	行李服务	10	10	5
	离店结账	10	10	—
	公关与推销	10	15	20
	沟通与协调(英语)	10	20(5)	30(15)
	管理与培训	—	—	20
合　计		100	100	100

4.2 技能操作

项　目		初级(%)	中级(%)	高级(%)
技能要求	工前准备	5	—	—
	客房预订	15	15	5
	住宿登记	15	15	5
	问讯服务	15	15	5
	行李服务	15	10	5
	离店结账	15	15	—
	公关与推销	10	15	25
	沟通与协调(英语)	10	15(5)	35(30)
	管理与培训	—	—	20
合　计		100	100	100

附录四

中国旅游饭店行业规范

第一章 总则

第一条 为了倡导履行诚信准则,保障客人和旅游饭店的合法权益,维护旅游饭店业经营管理的正常秩序,促进中国旅游饭店业的健康发展,中国旅游饭店业协会依据国家有关法律、法规,特制定《中国旅游饭店行业规范》(以下简称为《规范》)。

第二条 旅游饭店包括在中国境内开办的各种经济性质的饭店,含宾馆、酒店、度假村等(以下简称为饭店)。

第三条 饭店应当遵守国家有关法律、法规和规章,遵守社会道德规范,诚信经营,维护中国旅游饭店行业的声誉。

第二章 预订、登记、入住

第四条 饭店应当与客人共同履行住宿合同,因不可抗力不能履行双方住宿合同的,任何一方均应当及时通知对方。双方另有约定的,按约定处理。

第五条 饭店由于出现超额预订而使预订客人不能入住的,饭店应当主动替客人安排本地同档次或高于本饭店档次的饭店入住,所产生的有关费用由饭店承担。

第六条 饭店应当同团队、会议、长住客人签订住房合同。合同内容应当包括客人入住和离店的时间、房间等级与价格、餐饮价格、付款方式、违约责任等款项。

第七条 饭店在办理客人入住手续时,应当按照国家的有关规定,要求客人出示有效证件,并如实登记。

第八条 以下情况饭店可以不予接待:
(一)携带危害饭店安全的物品入店者;
(二)从事违法活动者;
(三)影响饭店形象者(如携带动物者);
(四)无支付能力或曾有过逃账记录者;
(五)饭店客满;
(六)法律、法规规定的其他情况。

第三章 饭店收费

第九条 饭店应当将房价表置于总服务台显著位置,供客人参考。饭店如给予客人房价折扣,应当书面约定。

第十条 饭店客房收费以"间/天"为计算单位(钟点房除外)。按客人住一"间/天",计收一天房费;次日12点以后、18时以前办理退房手续者,饭店可以加收半天房费;次日18时以后办理退房手续者,饭店可以加收一天房费。

第十一条 根据国家规定,饭店可以对客房、餐饮、洗衣、电话等服务项目加收服务费,但应当在房价表及有关服务价目表单上注明。客人在饭店商场内购物,不应当加收服务费。

第四章 保护客人人身和财产安全

第十二条 为了保护客人的人身和财产安全,饭店客房房门应当装置防盗链、门镜、应急疏散图,卫生间内应当采取有效的防滑措施。客房内应当放置服务指南、住宿须知和防火指南。有条件的饭店应当安装电子门锁和公共区域安全监控系统。

第十三条 饭店应当确保健身、娱乐等场所设施、设备的完好和安全。

第十四条 对可能损害客人人身和财产安全的场所,饭店应当采取防护、警示措施。警示牌应当中外文对照。

第十五条 饭店应当采取措施,防止客人放置在客房内的财物灭失、毁损。由于饭店的原因造成客人财物灭失、毁损的,饭店应当承担责任。

第十六条 饭店应当保护客人的隐私权。除日常清扫卫生、维修保养设施设备或者发生火灾等紧急情况外,饭店员工未经客人许可不得随意进入客人下榻的房间。

第五章 保管客人贵重物品

第十七条 饭店应当在前厅处设置有双锁的贵重物品保险箱。贵重物品保险箱的位置应当安全、方便、隐蔽,能够保护客人的隐私。饭店应当按照规定的时限,免费提供住店客人贵重物品的保管服务。

第十八条 饭店应当对住店客人贵重物品的保管服务作出书面规定,并在客人办理入住登记时予以提示。违反第十七条和本条规定,造成客人贵重物品灭失的,饭店应当承担赔偿责任。

第十九条 客人寄存贵重物品时,饭店应当要求客人填写贵重物品寄存单,并办理有关手续。

第二十条 饭店客房内设置的保险箱仅为住店客人提供存放一般物品之用。对没有按规定将贵重物品存放在饭店前厅贵重物品保险箱内,而造成客房里客人的贵重物品灭失、毁损的,如果责任在饭店一方,可视为一般物品予以赔偿。

第二十一条 如无事先约定,在客人结账退房离开饭店以后,饭店可以将客人寄存在贵重物品保险箱内的物品取出,并按照有关规定处理。饭店应当将此条规定在客人贵重物品寄存单上明示。

第二十二条 客人如果遗失饭店贵重物品保险箱的钥匙,除赔偿锁匙成本外,饭店还可以要求客人承担维修保险箱的费用。

第六章 保管客人一般物品

第二十三条 饭店保管客人寄存在前厅行李寄存处的行李物品时,应当检查其包装是否完好、安全,询问有无违禁物品,并经双方当面确认后,给客人签发行李寄存牌。

第二十四条 客人在餐饮、康乐、前厅行李寄存处等场所寄存物品时,饭店应当当面询问客人寄存物品中有无贵重物品。客人寄存的物品中如有贵重物品的,应当向饭店声明,由饭店员工验收并交饭店贵重物品保管处免费保管;客人事先未声明或不同意核实而造成物品灭失、毁损的,如果责任在饭店一方,饭店按照一般物品予以赔偿;客人对寄存物品没有提出需要采取特殊保管措施的,因为物品自身的原因造成毁损或损耗的,饭店不承担赔偿责任;由于客人没有事先说明寄存物品的情况,造成饭店损失的,除饭店知道或者应当知道而没有采取补救措施的以外,饭店可以要求客人承担相应的赔偿责任。

第七章 洗衣服务

第二十五条 客人送洗衣物,饭店应当要求客人在洗衣单上注明洗涤种类及要求,并应当检查衣物状况有无破损。客人如有特殊要求或者饭店员工发现衣物破损的,双方应当事先确认并在洗衣单上注明。客人事先没有提出特殊要求,饭店按照常规进行洗涤,造成衣物损坏的,饭店不承担赔偿责任。客人送洗衣物在洗涤后即时发现破损等问题,而饭店无法证明该衣物是在洗涤以前破损的,饭店承担相应责任。

第二十六条 饭店应当在洗衣单上注明,要求客人将送洗衣物内的物品取出。对洗涤后客人衣物内物品的灭失,饭店不承担责任。

第八章 停车场管理

第二十七条 饭店应当保护停车场内饭店客人的车辆安全。由于保管不善,造成车辆灭失或者毁损的,饭店承担相应责任,但因为客人自身的原因造成车辆灭失或者毁损的除外。双方均有过错的,应当承担相应的责任。

第二十八条 饭店应当提示客人保管好放置在汽车内的物品。对汽车内放置的物品的灭失,饭店不承担责任。

第九章 其 他

第二十九条 饭店可以谢绝客人自带酒水和食品进入餐厅、酒吧、舞厅等场所享用,但应当将谢绝的告示设置于有关场所的显著位置。

第三十条 饭店有义务提醒客人在客房内遵守的国家有关规定,不得私留他人住宿或者擅自将客房转让给他人使用及改变使用用途。对违反规定造成饭店损失的,饭店可以要求入住该房间的客人承担相应的赔偿责任。

第三十一条 饭店可以口头提示或书面通知客人不得自行对客房进行改造、装饰。未经饭店同意进行改造、装饰而造成的损失的,饭店可以要求客人承担相应的赔偿责任。

第三十二条 饭店有义务提示客人爱护饭店的财物。由于客人的原因造成损坏的,饭店可以要求客人承担赔偿责任。由于客人原因,饭店维修受损设施、设备期间导致客房不能出租、场所不能开放而发生的营业损失,饭店可视其情况要求客人承担责任。

第三十三条 对饮酒过量的客人,饭店应当恰当、及时地劝阻,防止客人在饭店内醉酒。客人醉酒后在饭店内肇事造成损失的,饭店可以要求肇事者承担相应的赔偿责任。

第三十四条 客人结账离店后,如有物品遗留在客房内,饭店应当设法同客人取得联系,将物品归还或寄还给客人,或替客人保管,所产生的费用由客人承担。三个月后仍无人认领,饭店可登记造册,按拾遗物品处理。

第三十五条 饭店应当提供与本饭店档次相符的产品与服务。饭店所提供的产品与服务如果存在瑕疵,饭店应当采取措施及时加以改进。由于饭店的原因而给客人造成损失的,饭店应当根据损失程度向客人赔礼道歉,或给予相应的赔偿。

第十章 处 理

第三十六条 中国旅游饭店业协会会员饭店违反本《规范》,造成不良后果和影响的,除按照有关规定进行处理外,中国旅游饭店业协会将对该会员饭店给予协会内部通报批评。

第三十七条　中国旅游饭店业协会会员饭店违反本《规范》，给客人的人身造成较大伤害或者给客人的财产造成严重损失且情节严重的，除按规定进行赔偿外，中国旅游饭店业协会将对该会员饭店给予公开批评。

第三十八条　中国旅游饭店业协会会员饭店违反本《规范》，给客人人身造成重大伤害或者给客人的财产造成重大损失且情节特别严重的，除按规定进行赔偿外，经中国旅游饭店业协会常务理事会通过后，将对该会员饭店予以除名。

第十一章　附　　则

第三十九条　饭店公共场所的安全疏散标志等，应符合国家的规定。饭店的图形符号，应当符合中华人民共和国旅游行业标准 LB/T 001—1995 旅游饭店公共信息图形符号。

第四十条　中国旅游饭店业协会会员饭店如果同客人发生纠纷，应当参照本《规范》的有关条款协商解决；协商不成的，双方按照国家有关法律、法规和规定处理。

第四十一条　本《规范》适用于中国旅游饭店业协会会员饭店。

第四十二条　本《规范》自 2002 年 5 月 1 日起施行。

第四十三条　本《规范》由中国旅游饭店业协会常务理事会通过并负责解释。

参考书目

[1] 曾小力,等. 前厅服务与管理. 北京:旅游教育出版社,2002.
[2] 朱承强. 前厅服务. 北京:旅游教育出版社,2001.
[3] 吴军卫. 旅游饭店前厅与客房管理. 北京:北京大学出版社,2006.
[4] 张伟中,姚智瑞. 现代酒店人员素质培训全书. 北京:中国物资出版社,1999.
[5] 孟庆杰,黄海燕. 前厅客房服务与管理. 大连:东北财经大学出版社,1999.
[6] 吴军卫. 前厅疑难案例选析. 北京:旅游教育出版社,2005.
[7] JAMES A. BARDI. 现代美国饭店前厅管理. 全英,李顺,李纯,等,译. 长沙:湖南科学技术出版社,2001.
[8] 陈多友. 日本酒店客房管理实务. 广州:广东旅游出版社,1997.
[9] 陈东明,高香顺. 宾馆前厅与客房操作实务. 沈阳:辽宁科学技术出版社,2001.
[10] 胡君辰,郑绍濂. 人力资源开发与管理. 上海:复旦大学出版社,1999.
[11] (美)KATHLEEN M. IVERSON. 饭店业人力资源管理. 张文,等,译. 北京:旅游教育出版社,2002.
[12] 吴军卫. 饭店前厅管理. 重庆:重庆大学出版社,2002.

责任编辑:孙延旭

图书在版编目(CIP)数据

饭店前厅管理/吴军卫主编. －北京:旅游教育出版社,2003.9(2020.1 重印)

ISBN 978－7－5637－1123－9

Ⅰ.饭… Ⅱ.吴… Ⅲ.饭店－前厅管理－高等学校:技术学校－教材 Ⅳ.F719.2

中国版本图书馆 CIP 数据核字(2003)第 072802 号

教育部职业教育与成人教育司推荐教材
国家旅游局人事劳动教育司推荐教材
高等职业教育饭店服务与管理专业教学用书

饭店前厅管理
(第3版)

吴军卫 主 编

张建业 方雅贤 副主编

出版单位	旅游教育出版社
地　　址	北京市朝阳区定福庄南里1号
邮　　编	100024
发行电话	(010)65778403 65728372 65767462(传真)
本社网址	www.tepcb.com
E－mail	tepfx@163.com
排版单位	北京旅教文化传播有限公司
印刷单位	北京虎彩文化传播有限公司
经销单位	新华书店
开　　本	787 毫米×960 毫米　1/16
印　　张	15
字　　数	229 千字
版　　次	2013 年 3 月第 3 版
印　　次	2020 年 1 月第 2 次印刷
定　　价	22.00 元

(图书如有装订差错请与发行部联系)

《饭店前厅管理》读者建议反馈表

尊敬的读者：

您好！为了使我社高等职业教育系列教材更多地聆听到来自一线的声音，更好地满足您的需求，我们需要来自您的评价和建议，希望您能在百忙中抽出时间协助我们完成读者建议反馈表。衷心感谢您对我们工作的支持和帮助！

1. 您了解本书的途径是_____
_____

2. 您是第_____年使用本书。您选用本书的原因是_____
_____

如果您使用本书2年以上，原因是_____
_____

3. 您是否会继续使用本书，原因是_____
_____

4. 您及您的朋友或学校使用的相关图书还有_____
_____

5. 与您了解的相关图书相比，您认为本书的优点是_____
_____

6. 根据您了解的相关图书资讯，本书的不足和错误是_____
_____
_____

7. 您对本书的期望和建议是_____
_____
_____

8. 如果修订或重新编写本书，您的建议是_____
_____
_____

如果您方便，请提供以下信息：

姓名：_____ 性别：_____ 年龄：_____ 身份：_____

学校及院系：_____ 电话：_____

手机：_____ 邮箱：_____

通信地址：_____ 邮编：_____

您有任何意见和建议,请按如下方式和我们取得联系:
地址:北京市朝阳区定福庄南里1号旅游教育出版社教材中心　邮编:100024
编辑:孙延旭　邮箱:1549244993@qq.com　电话:010-65714708-201

如果您想购买本书,请按如下方式和我们取得联系:
地址:北京市朝阳区定福庄南里1号旅游教育出版社发行部　邮编:100024
电话:010-65778403　　　　　　　　传真:010-65767462

本书配有相关教学资源包,有需要的老师请联系发行部或登录旅游教育出版社网站 www.tepcb.com 免费获取。

旅游教育出版社